大学应用型课程专业（精品）系列教材　喻世友◎主编

大学应用型课程专业（精品）系列教材·工商管理类　陈功玉◎主编

市场调研与预测

林建邦　主编　／　王　天　高　凯　詹雅竹　副主编

中山大学出版社

·广州·

版权所有　翻印必究

图书在版编目（CIP）数据

市场调研与预测/林建邦主编；王天，高凯，詹雅竹副主编 .—广州：中山大学出版社，2018.8

［大学应用型课程专业（精品）系列教材/喻世友主编；大学应用型课程专业（精品）系列教材·工商管理类/陈功玉主编］

ISBN 978 – 7 – 306 – 06383 – 0

Ⅰ.①市… Ⅱ.①林… ②王… ③高… ④詹… Ⅲ.①市场调研—高等学校—教材 ②市场预测—高等学校—教材 Ⅳ.①F713.52

中国版本图书馆 CIP 数据核字（2018）第 145041 号

出 版 人：	王天琪
责任编辑：	粟　丹
封面设计：	曾　斌
责任校对：	梁嘉璐
责任技编：	何雅涛
出版发行：	中山大学出版社
电　　话：	编辑部 020 - 84113349，84111996，84111997，84110771
	发行部 020 - 84111998，84111981，84111160
地　　址：	广州市新港西路 135 号
邮　　编：	510275　　传　真：020 - 84036565
网　　址：	http：//www.zsup.com.cn　　E-mail：zdcbs@mail.sysu.edu.cn
印 刷 者：	佛山家联印刷有限公司
规　　格：	787mm×1092mm　1/16　20 印张　412 千字
版次印次：	2018 年 8 月第 1 版　2022 年 12 月第 5 次印刷
定　　价：	48.00 元

如发现本书因印装质量影响阅读，请与出版社发行部联系调换

大学应用型课程专业（精品）系列教材
编 委 会

主　编　喻世友
委　员　（按姓氏拼音排序）
　　　　陈功玉　陈剑波　陈天祥　丁建新　方海云　冯　原
　　　　何江海　黄静波　黎颂文　廖俊平　孙　立　王丽荣
　　　　卫建国　杨　智　喻世友　赵过渡

大学应用型课程专业（精品）系列教材·工商管理类
编 委 会

主　编　陈功玉
副主编　张　琳
编　委　（按姓氏拼音排序）
　　　　陈功玉　李宏岳　刘　婵　毛锦庚　苏衡彦　张　琳

本书编委会

主　编　林建邦
副主编　王　天　高　凯　詹雅竹

内容简介

随着中国社会经济水平的提高，市场营销活动也越来越活跃。当市场营销快速发展，组织管理日趋现代化、科学化之时，市场调研与预测的必要性和重要作用便表露无遗。市场调研与预测处于营销活动实践的前导地位，成为分析研究市场必不可少的手段。

近几年，市场调研与预测越来越受到高等学校及企业管理者的重视，其方法论也越来越广泛地被应用于各种市场调研的分析研究。在高等学校教育方面，市场调研与预测作为市场营销及工商管理等相关专业的专业课程，其主旨是让学生掌握市场调研与预测的基本概念和方法，使其具备市场调研的分析技能，为将来从事产品定位，价格策略、促销方案、流通策略的制定及市场开发等工作打下坚实的基础，以满足目前企业对具备市场调研技能的专业人才的高度需求。本教材紧扣市场脉搏，着力于"创新""实务""前沿技术"的整合，在内容的编写和组织上有以下几点特色。

一是理论与实务兼顾。目前国内有关"市场调研与预测"的教材版本众多，但多数都侧重于理论或实务的单一方面，本书有别于过去的众多教材，理论与实务的比重相当，是一本理论与实务兼具的特色教材。

二是加入前沿分析技术。时代在变迁，科技技术也日新月异，本教材收集了国内外市场调研及营销研究领域的前沿技术，增加了许多实用的分析方法，其主旨是让学生提早接触更多的方法与观念，以便毕业后顺利与社会接轨，增强竞争力。

三是案例丰富并且涉及不同领域。本教材的另一个亮点在于提供了丰富的案例，并且案例源自不同领域，能让学生更加深入地理解市场调研专业技能的运用领域，达到理论与实际运用的融会贯通。

四是适合相关领域的专业人士参考阅读。本教材编写对象虽为高等学校的学生，但教材中加入了许多新技术与新观念，也可供企业高层管理人员和市场调研人员参考。

五是跨海峡编写团队。本教材的编写团队由海峡两岸在市场调研专业技能培养方面有丰富经验的教师组成，融合了不同地域、不同学缘的知识体系，每位教师组建的学生科研团队也为教材编写团队提供了大量翔实的调研数据。

目　　录

第一章　市场调研概述 …………………………………………………………（1）
　第一节　市场调研的意义、功能与目的 ……………………………………（1）
　　一、市场调研的意义 ……………………………………………………（1）
　　二、市场调研的功能 ……………………………………………………（3）
　　三、市场调研的目的 ……………………………………………………（5）
　第二节　市场调研的特征、内容与分类 ……………………………………（5）
　　一、市场调研的特征 ……………………………………………………（5）
　　二、市场调研的内容 ……………………………………………………（7）
　　三、市场调研的分类 ……………………………………………………（10）
　第三节　市场调研的原则与程序 ……………………………………………（13）
　　一、市场调研的原则 ……………………………………………………（13）
　　二、市场调研的程序 ……………………………………………………（14）
　本章小结 ……………………………………………………………………（15）
　复习思考题 …………………………………………………………………（16）
　课后案例 ……………………………………………………………………（16）

第二章　市场调研环境与市场分析 …………………………………………（19）
　第一节　市场调研环境的意义与特点 ………………………………………（20）
　　一、市场调研环境的意义 ………………………………………………（20）
　　二、市场调研环境的特点 ………………………………………………（20）
　　三、宏观与微观市场调研环境 …………………………………………（22）
　第二节　调研环境分析与对策 ………………………………………………（25）
　　一、市场机会分析 ………………………………………………………（25）
　　二、环境威胁分析 ………………………………………………………（26）
　　三、综合分析与调研对策 ………………………………………………（27）
　第三节　市场分析 ……………………………………………………………（28）
　　一、市场分析的意义 ……………………………………………………（28）
　　二、市场细分 ……………………………………………………………（29）
　　三、目标市场 ……………………………………………………………（31）
　　四、市场定位 ……………………………………………………………（33）

本章小结 …………………………………………………………… (35)
复习思考题 ………………………………………………………… (36)
课后案例 …………………………………………………………… (36)

第三章 市场调研方法 …………………………………………… (39)
第一节 二手资料收集 …………………………………………… (40)
一、二手资料的意义 ……………………………………………… (40)
二、二手资料的来源 ……………………………………………… (40)
三、二手资料的确定 ……………………………………………… (42)
第二节 一手资料收集——定量调研 …………………………… (44)
一、访问调查法 …………………………………………………… (44)
二、观察调查法 …………………………………………………… (48)
三、实验调查法 …………………………………………………… (51)
第三节 一手资料收集——定性调研 …………………………… (52)
一、焦点访谈法 …………………………………………………… (52)
二、深入访谈法 …………………………………………………… (54)
三、德尔菲法 ……………………………………………………… (54)
四、其他定性调研方法 …………………………………………… (56)
本章小结 …………………………………………………………… (58)
复习思考题 ………………………………………………………… (58)
课后案例 …………………………………………………………… (59)

第四章 市场调研课题 …………………………………………… (61)
第一节 市场调研课题的意义、确定原则与确定程序 ………… (62)
一、市场调研课题的意义 ………………………………………… (62)
二、市场调研课题的确定原则 …………………………………… (63)
三、市场调研课题的确定程序 …………………………………… (64)
第二节 市场调研课题的类型 …………………………………… (67)
一、探索性调研 …………………………………………………… (67)
二、描述性调研 …………………………………………………… (67)
三、因果性调研 …………………………………………………… (69)
四、预测性调研 …………………………………………………… (70)
第三节 市场调研报告的撰写 …………………………………… (71)
一、市场调研报告的基本要求 …………………………………… (71)
二、市场调研报告的内容架构 …………………………………… (72)
三、市场调研报告撰写的注意事项 ……………………………… (74)

本章小结 …………………………………………………………… (75)
　　复习思考题 ………………………………………………………… (75)
　　课后案例 …………………………………………………………… (76)

第五章　调研问卷设计 ……………………………………………… (79)
　第一节　调研问卷设计的基本概念 ……………………………… (80)
　　一、调研问卷设计的意义 ……………………………………… (80)
　　二、调研问卷设计的原则 ……………………………………… (81)
　　三、调研问卷设计的架构 ……………………………………… (82)
　　四、调研问卷设计的步骤 ……………………………………… (84)
　第二节　调研问卷问题的设计 …………………………………… (87)
　　一、调研目的的确认 …………………………………………… (87)
　　二、问题构面的选择 …………………………………………… (87)
　　三、问题的种类 ………………………………………………… (87)
　　四、问题的设计 ………………………………………………… (90)
　　五、调研问卷设计的注意事项 ………………………………… (94)
　第三节　调研问卷的评估 ………………………………………… (96)
　　一、前测问卷 …………………………………………………… (96)
　　二、项目分析 …………………………………………………… (96)
　　三、信度分析 …………………………………………………… (97)
　　四、效度分析 …………………………………………………… (98)
　本章小结 …………………………………………………………… (99)
　复习思考题 ………………………………………………………… (99)
　课后案例 …………………………………………………………… (99)

第六章　调研问卷对态度的测量 …………………………………… (103)
　第一节　概述 ……………………………………………………… (103)
　　一、测量的意义 ………………………………………………… (103)
　　二、测量的尺度 ………………………………………………… (104)
　　三、测量的程序 ………………………………………………… (105)
　第二节　测量量表 ………………………………………………… (107)
　　一、量表的定义 ………………………………………………… (107)
　　二、量表的种类 ………………………………………………… (107)
　　三、量表的选择 ………………………………………………… (109)
　第三节　态度量表 ………………………………………………… (111)
　　一、李克特量表 ………………………………………………… (111)

二、语意差别量表 …………………………………………………… (112)
　　三、瑟斯顿量表 ……………………………………………………… (113)
　　四、哥特曼量表 ……………………………………………………… (113)
　　五、其他态度测量量表 ……………………………………………… (114)
本章小结 …………………………………………………………………… (116)
复习思考题 ………………………………………………………………… (116)
课后案例 …………………………………………………………………… (116)

第七章　抽样设计 …………………………………………………………… (120)
第一节　概述 ……………………………………………………………… (120)
　　一、总体与样本 ……………………………………………………… (121)
　　二、普查与抽样调查 ………………………………………………… (121)
　　三、抽样的意义 ……………………………………………………… (121)
　　四、抽样的特点 ……………………………………………………… (122)
　　五、抽样的程序 ……………………………………………………… (123)
第二节　随机抽样方法 …………………………………………………… (124)
　　一、简单随机抽样方法 ……………………………………………… (125)
　　二、分层随机抽样方法 ……………………………………………… (125)
　　三、整群随机抽样方法 ……………………………………………… (126)
　　四、系统抽样方法 …………………………………………………… (127)
第三节　非随机抽样方法 ………………………………………………… (128)
　　一、便利抽样 ………………………………………………………… (128)
　　二、判断抽样 ………………………………………………………… (129)
　　三、配额抽样 ………………………………………………………… (129)
　　四、滚雪球抽样 ……………………………………………………… (129)
第四节　样本的确定 ……………………………………………………… (130)
　　一、样本数计算 ……………………………………………………… (130)
　　二、无回应偏差 ……………………………………………………… (132)
本章小结 …………………………………………………………………… (133)
复习思考题 ………………………………………………………………… (133)
课后案例 …………………………………………………………………… (133)

第八章　SPSS概述 …………………………………………………………… (135)
第一节　SPSS的启动与设置 …………………………………………… (136)
　　一、SPSS的功能简介 ……………………………………………… (136)
　　二、SPSS的窗口 …………………………………………………… (137)

  三、SPSS 的基本设置 …………………………………………………………（140）
 第二节 SPSS 数据的创建与编辑 …………………………………………………（145）
  一、数据的属性及定义方法 ……………………………………………………（145）
  二、SPSS 数据的录入 …………………………………………………………（147）
  三、数据文件的操作 ……………………………………………………………（149）
  四、SPSS 数据的编辑 …………………………………………………………（153）
 第三节 SPSS 数据的管理 …………………………………………………………（155）
  一、排序个案 ……………………………………………………………………（155）
  二、合并文件 ……………………………………………………………………（156）
  三、拆分文件 ……………………………………………………………………（159）
  四、选择个案 ……………………………………………………………………（160）
  五、加权个案 ……………………………………………………………………（162）
  六、计算变量 ……………………………………………………………………（162）
 第四节 SPSS 的图表功能 …………………………………………………………（163）
  一、报告 …………………………………………………………………………（163）
  二、图形 …………………………………………………………………………（166）
  三、交叉表格 ……………………………………………………………………（169）
  四、多重响应分析 ………………………………………………………………（171）
 本章小结 ………………………………………………………………………………（172）
 复习思考题 ……………………………………………………………………………（172）
 课后案例 ………………………………………………………………………………（173）

第九章 SPSS 统计分析 …………………………………………………………………（175）
 第一节 统计分析概述 ……………………………………………………………（176）
 第二节 描述性统计 ………………………………………………………………（177）
  一、描述统计 ……………………………………………………………………（177）
  二、描述统计操作步骤 …………………………………………………………（180）
 第三节 推断性统计 ………………………………………………………………（183）
  一、参数估计 ……………………………………………………………………（183）
  二、假设检验 ……………………………………………………………………（185）
 第四节 均值比较及检验 …………………………………………………………（187）
  一、单个总体均值检验 …………………………………………………………（187）
  二、两个总体均值差检验 ………………………………………………………（189）
  三、单因素方差分析 ……………………………………………………………（195）
 本章小结 ………………………………………………………………………………（199）
 复习思考题 ……………………………………………………………………………（200）

课后案例 ………………………………………………………………… (200)

第十章　市场预测技术 …………………………………………… (203)
第一节　预测概述 ………………………………………………… (204)
一、预测的定义 ……………………………………………… (204)
二、市场预测的种类 ………………………………………… (204)
三、市场预测的步骤 ………………………………………… (205)
第二节　回归分析 ………………………………………………… (206)
一、回归分析概述 …………………………………………… (206)
二、一元线性回归分析 ……………………………………… (209)
三、多元线性回归分析 ……………………………………… (212)
第三节　时间序列分析 …………………………………………… (215)
一、时间序列基本原理 ……………………………………… (215)
二、时间序列分析方法 ……………………………………… (218)
三、时间序列分析步骤 ……………………………………… (220)
本章小结 ………………………………………………………… (234)
复习思考题 ……………………………………………………… (235)
课后案例 ………………………………………………………… (235)

第十一章　多变量分析方法 ……………………………………… (238)
第一节　因子分析 ………………………………………………… (239)
一、因子分析基本原理 ……………………………………… (239)
二、因子分析操作步骤 ……………………………………… (241)
三、因子分析结果 …………………………………………… (244)
第二节　聚类分析 ………………………………………………… (249)
一、聚类分析基本原理 ……………………………………… (249)
二、聚类分析操作步骤 ……………………………………… (251)
三、聚类分析结果 …………………………………………… (254)
第三节　判别分析 ………………………………………………… (257)
一、判别分析基本原理 ……………………………………… (257)
二、判别分析操作步骤 ……………………………………… (258)
三、判别分析结果 …………………………………………… (261)
第四节　信度分析 ………………………………………………… (265)
一、信度分析操作步骤 ……………………………………… (265)
二、信度分析结果 …………………………………………… (266)
第五节　其他多变量分析方法 …………………………………… (268)

一、罗吉斯回归分析 …………………………………………………（268）
　　二、联合分析 ……………………………………………………………（268）
　　三、AHP 分析 …………………………………………………………（269）
  本章小结 ……………………………………………………………………（269）
  复习思考题 …………………………………………………………………（269）
  课后案例 ……………………………………………………………………（270）

第十二章　大数据挖掘技术 ……………………………………………（273）
　第一节　数据挖掘概述 ……………………………………………（274）
　　一、数据挖掘的定义 …………………………………………………（274）
　　二、数据挖掘的程序 …………………………………………………（275）
　　三、常用的数据挖掘方法 ……………………………………………（276）
　　四、数据挖掘的应用 …………………………………………………（280）
　第二节　决策树分析 ………………………………………………（280）
　　一、决策树分析基本原理 ……………………………………………（281）
　　二、决策树分析操作步骤 ……………………………………………（284）
　　三、决策树分析结果 …………………………………………………（288）
　第三节　人工神经网络分析 ………………………………………（290）
　　一、人工神经网络分析基本原理 ……………………………………（291）
　　二、人工神经网络分析操作步骤 ……………………………………（294）
　　三、人工神经网络分析结果 …………………………………………（296）
  本章小结 ……………………………………………………………………（298）
  复习思考题 …………………………………………………………………（299）
  课后案例 ……………………………………………………………………（299）

主要参考文献 ……………………………………………………………（303）

第一章 市场调研概述

导入案例

工业品企业,你多久没做市场调研了?

当博扬工业品牌营销团队给工业品企业的新客户做咨询时,每每向客户索要市场调研报告的时候,大多数客户都说没有做过市场调研。当问为什么时,他们一般会坦然地说:"感觉没必要,我们对自己的客户最了解了。"这句话可算是张东利从事工业品品牌营销策划以来,听到的较多的答复之一。

某些企业之所以无视市场调研,很大原因就在于,他们认为与客户长相厮守,已经很了解自己的客户了。事实果真如此吗?作为企业的决策者,你的团队虽然每天在与客户打交道,但你们真的很了解自己的客户吗?

通过工作实践,博扬工业品牌营销团队对这个问题给出的答案是"不尽然"。你以为很了解自己的客户,但事实是你对客户的了解往往是片面的或肤浅的。张东利这样讲并非信口开河,而是基于亲自组织和主持的许多次工业品企业的市场调研的专业经验的结论。

那么,说到这里,问题就来了:你与客户既然已长相厮守,打成一片,为什么你还不了解客户,还需要做专业的市场调研?

摘录自 http://blog.ceconlinebbs.com/BLOG_ARTICLE_237983.HTM

第一节 市场调研的意义、功能与目的

一、市场调研的意义

"没有调研,就没有发言权。"这是在实际工作和生活中人们对某些事物的评判者和决策者所提出的共识性要求。同样,对于企业的市场营销活动来说,要对企业实施的营销管理过程提出评价、判断和决策,也必须以客观的态度和科学的方法调研和分析市场,才能做出有利于企业发展的市场营销决策。市场调研是企业打入市场的前提也是基础,如果没有进行市场调研,企业将会寸步难行,困难重重。那么,究竟什么是市场调研呢?市场调研是市场调查与研究的简称,译自英文 marketing research,是指个人或组织为某个特定的市场营销问题,按照科学的方法和程序,通

过对营销资料、情报、信息的收集、筛选、分析来了解现有市场的动向，预测潜在市场，从而为企业市场营销决策提供依据的全部工作和过程。另外，美国市场营销协会将市场调研定义为一种借助信息把消费者、顾客及公共部门和市场联系在一起的特定活动——这些信息用以识别和界定市场营销的机会和问题，策划、完善和评估营销活动，监控营销绩效，促进营销理论的发展。

随着市场竞争的加剧，市场调研受到越来越多的企业的重视。企业要在消费者意识不断成熟、不断理性化的环境下获取更大的市场，市场调研必不可少。市场调研在企业市场营销体系中扮演着重要角色，对企业经营决策的制定有着重要的意义。

（一）市场调研工作为营销工作的开展提供了方向

市场调研的目的是发现市场营销的机会或识别当今营销战略中存在的问题。一份完整的市场调研计划对企业的市场营销工作会起到指引方向的作用。一些企业甚至成立专门的市场研究部门来为企业品牌、产品和服务的推广、消费人群的寻找和划分提供更多的策略、战略支持。机会与问题到处都有，决策制定者需要信息以帮助他们正确地进行识别和界定。

（二）市场调研活动为企业制定市场营销方案提供数据支持

"没有调研，就没有发言权"的意思是在进行新产品的市场推广前，如果不先对市场进行深入的营销调研，只是简单分析历史资料，就不可能制定出合理的且具备竞争优势的营销策略。详细而周密的市场调研可以为市场营销方案的编制提供翔实的数据支持，以降低风险。

（三）市场调研活动是营销工作开展的基础

市场营销调研是营销工作开展的基础，是企业开展营销工作的前提，必须认真对待。许多产品在开发之前都会进行深入的市场调研以帮助确定营销组合的一个或多个要素。美国金佰利公司的研究发现衡量女性卫生巾品质的最重要标准是舒适度，公司基于调查结果设计了新产品，也因此提高了产品销售量。随着市场的不断发展与完善，市场调研已经成为企业发展不可逾越的一步，成为企业市场营销活动开展的基石。

（四）市场调研活动有利于企业掌握市场动态的发展

许多公司开展调研不仅是想了解自己在市场中所处的地位，也是想知道竞争对手做得如何。企业要想在市场竞争中站稳脚跟，并且在保持原有市场份额的情况下进一步扩大份额，或者开拓新的市场，就必须全面了解市场供求情况、市场最新趋势、消费者的需求以及本企业产品的销售情况等方面的市场动态。市场调研所获得的相关数据就是企业了解市场需求、竞争动态的窗口。

（五）市场调研活动有利于促进营销理论的发展

美国营销协会给出的营销调研定义提到，调研的另一个作用是促进营销理论的发展。市场营销调研旨在促进与拓展人们对营销的理解，这表明有些营销调研的目的是扩展人们有关营销的基本知识。这类调研成果经常发表在一些学术期刊上，例如《营销期刊》（Journal of Marketing）、《营销研究》（Journal of Marketing Research）和《消费者研究》（Journal of Consumer Research）等，有用来描述、解释和预测营销现象的基础研究（basic research），也有用来解决具体营销问题的应用研究（applied research），它们都是市场营销调研的主题内容。

案例链接

消费者需要产品创新还是功能提升？

INSEAD（欧洲工商管理学院）营销学助理教授 Myungwoo Nam 与爱荷华大学的专家 Jing Wang 和西北大学的 Angela Lee 合作进行的一项新研究表明，企业并不总是需要把注意力放在开发新技术和新产品上，对于某些产品，消费者可能只需要一些提升的功能。那么如何定夺呢？方法之一是对消费者做出调查，尤其是要了解他们的知识水准和经验。

比如数码相机市场，在傻瓜相机类别，消费者一般是新手用户，他们往往只拥有很基本的摄影知识。他们选购时考虑的是像素、重量和变焦镜头等基本参数，而大多数品牌的傻瓜相机的这些参数都是大同小异。但在数码单镜头反光（DSLR）类别，消费者通常是摄影老手，他们掌握 ISO 级别、快门速度等先进功能和复杂参数。这项研究表明，生产商先深入了解目标消费者的专业知识水准，然后才制定产品开发和营销策略，将更能获得良好的业务绩效。

摘录自 http：//www.ceconline.com/strategy/ma/8800064483/01/？pa_art_8

二、市场调研的功能

市场调研在企业的经营活动中有着重要的作用。在企业决策过程中，市场调研数据的准确度受到各企业的重视，很多企业的决策都是依靠对市场调研结果的分析而做出的。在决策执行后的纠错过程中，市场调研也被视为非常重要的手段。

（一）为企业的经营决策提供科学依据

经营决策决定企业发展方向与目标，它的正确与否直接关系到企业的生存与发展。只有通过市场调研，才能及时探明市场需求变化的特点，掌握市场供求之间的平衡情况，从而有针对性地制定市场营销和企业经营发展策略，否则就会因盲目和脱离实际的决策而造成损失与失败。有了市场调研提供的准确数据、科学合理的分析，企业才能保证决策正确，找准位置，认清自身不足，扬长避短，寻求资源的最佳配置，达到实现高利润的目的。

（二）促进新产品开发，增强市场开拓

许多新产品的开发都应该归功于市场调研的结果。市场调研了解到客户的需求和市场上的状况，指导企业提供客户需要的产品和服务。市场调研可以帮助企业制订销售计划、促销手段、公关方式，甚至分析新产品在未上市之前会给市场带来的影响等。通过市场调研，了解消费者消费趋向、需求变化及对本企业产品的期望，决定企业以何种方式，在哪个方面开发新产品，以及新产品的生产数量、品种、规格和花色等，更好地满足消费者的需求；同时，也可以通过市场调研了解区域市场的需求信息，从而决定有效的市场开拓计划，不断增加产品的市场占有率。

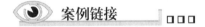 案例链接

太阳能：企业转型升级需把握趋势

迈能高科以"专业生产搪瓷储热水箱"而著称，并致力成为该领域的专家与领导者。迈能高科认为，"热水使用舒适性"和"综合节能贡献率"这两大要素必然是未来产品的价值取向。因此，迈能团队已在着手研究5年乃至10年后的产品发展趋势。他们和房产商合作，和建筑设计院进行紧密的沟通交流，对此，朱庆国表示："我们不仅是在研发产品，更是在研发市场。虽然不和房产商直接做生意，但我们需要和房产商保持供需信息的对称，和他们进行双向沟通，从市场出发了解建筑对产品的诉求，提供相应的解决方案，这样我们研发出来的产品才能真正满足这个市场，才是真正符合未来需求的。"基于这一理念，迈能有针对性地推出了切合市场的新产品，如GMO微控智循环阳台壁挂系统储热水箱、GMO侧循环塔式盘管储热水箱……

摘录自 http://info.solar.hc360.com/2013/08/290925130406.shtml

（三）促进企业改善价格体系，提高经济效益

价格的制定对所有的企业来说都是一个十分关键的问题。市场调研可以帮助企业科学地制定价格策略。什么价格有助于销售量的提高？什么价格会减少客户的购买欲？这些问题可以通过市场调研找到答案，市场人员可以通过市场调研的结果达成价格与销售量之间的平衡关系。只有重视市场调研，不断收集和获取生产和管理技术的最新动态，更多地了解其他企业的优势和本企业在市场竞争中的地位，才能通过对比反映出本企业在经营管理上的差距，为提高企业的竞争力和管理水平指明

方向。

(四) 增强企业核心竞争力, 拓展持续发展的能力

对于企业来说, 能否及时了解市场变化情况, 并适时、适当地采取应变措施是企业在竞争中能否取胜的关键; 而且, 市场调研资料还可以对市场变化趋势进行预测, 企业可以据此提前做出计划和安排, 充分利用市场的变化谋求利益, 获得持续发展的能力。

三、市场调研的目的

通过上面的内容, 我们意识到市场调研对于企业而言是非常重要的。那么, 为什么要做市场调研? 我们的目的是什么? 市场调研的目的主要是收集足够的、真实的和有效的信息为企事业单位开展活动和制定策略服务, 为管理部门提供参考依据。市场调研可能是为了制定长远的战略性规划, 也可能是为了制定某阶段或针对某问题的具体政策或策略, 其服务对象可以是企业、公司、团体以及任何一切企事业单位的管理决策层或个人。

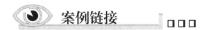

调研带动产品转型

易方数码从 1995 年成立开始, 一直从事 CRT 电脑显示器的生产, 主要供应国内市场。总经理王斌平时喜欢进行各种调研, 多年来一直把市场调研看作企业的生命线。他搜集了各种资料, 尤其是 IT 方面的权威媒体报道, 通过对国内外市场的分析和对 IT 行业的预测, 认为辐射强、污染大的 CRT 显示器材必将成为淘汰产品, 被更环保的显示器所取代。易方数码进行产品转型之后, 发现国际市场更适合自己。首先是国际上需求更大, 利润更高, 只要控制得当, 出现国内常见的坏账、三角债的机会更少。更为重要的是, 国内市场价格混乱, 低价竞争令商家大伤元气。领先一步走出国门, 道路会更广阔。事实证明, 易方数码的外向型销售策略成为它后来腾飞的关键因素。如今, 公司的销售额中, 有六成以上来自出口。

摘录自 http://www.17diaoyan.com/index.php?file=news&homepage=jnqx&itemid=779

第二节 市场调研的特征、内容与分类

一、市场调研的特征

市场调研工作是企业或市场调研专业机构组织的专门用于收集、记录和分析与企

业市场营销有关的市场信息资料的活动。一般来说，市场调研工作有三个明显的特征。

（一）市场调研目标的明确性

市场调研是一项由企业或受企业委托的市场调研相关机构有组织、有计划和有步骤进行的有关市场信息情报的搜集工作，其目的性非常明确。每次进行市场调研，首先需要确定市场调研的范围和应该达到的目标。没有明确调研范围和目标的市场调研是比较盲目的信息搜集活动，可能会给企业造成不必要的人力与物力浪费，企业的营销活动所得到的数据和信息的真实性和针对性会大打折扣，自然也就算不上真正的"市场调研"。总的来说，市场调研的目的性体现在：通过市场调研，可以为企业开发生产新产品提供市场需求信息和相关产品的信息；通过市场调研，可以让企业的产品适销对路，增加更多的销售数量；通过市场调研，可以不断改进企业生产技术，提高业务和管理工作的水平；通过市场调研，可以为企业的发展降低经营风险。

（二）市场调研的实践性

实践性是指市场调研是一项离不开实践的工作，调研工作人员必须深入实践才能搜集到全面、具体和时效性强的调研资料。研究人员通过对调研资料的分析，从中得出富有行动意义的结论，为企业管理部门进行决策提供依据，并指导企业的实践，更好地组织市场营销工作。企业决策是否得当还须通过各种市场信息的反馈来判断，接受实践的检验，而这种反馈信息也得依靠市场实地调研才能得到。这一系列的市场调研工作的目的都是为了指导企业实践，以便更好地组织产品营销工作。在整个市场调研工作中，调研人员经常要考虑企业实际工作中可能发生的问题，思想更是时刻不能脱离实践，因为市场管理部门需要根据调研工作人员所提供的情况进行决策，所以所有的决定无不与企业的营销活动有直接的关系；市场部门根据市场调研资料做出的决策是否得当还须接受实践的检验，再通过各种反馈信息，不断修正企业决策。由此可知，市场调研活动自始至终都离不开实践。

（三）市场调研的相关性

市场调研一般均以某种产品的营销活动为中心展开具体的调研工作，因此与产品的营销业务直接有关，这是市场调研的相关性。它为产品的营销提供各种有关市场和市场环境的信息，并对消费者的需求变化和潜在市场的变化趋势进行预测，直接指导企业的营销活动。这一特点也使市场调研有别于其他的一些社会调研活动。例如，中国每十年一次的人口普查会提供大量的人口统计的数据和信息，尽管这些调研所提供的资料也可能对某些企业的市场调研或产品的营销业务十分有用，但它们不是专门针对企业的营销活动设计的，所以不能称之为市场调研。因此，一项调研活动是否属于市场调研范畴，不仅要看它是否有较强的目的性和实践性，还应看它是否与企业的营销活动有直接的关系。

二、市场调研的内容

市场调研作为企业市场营销的一项重要职能，包括了市场营销的方方面面，具体而言主要包括以下内容。

（一）市场营销环境调研

市场营销环境是企业生存和发展的基础，是企业市场营销活动不可控制的因素。它主要包括：国家或地方的有关方针政策、制度调整、体制变化、颁布的法规法令等；经济状况中的工商、农业、财政、金融、基础设施、GDP、产业机构、人口结构变化等；社会文化中的社会生活方式、风俗习惯、宗教信仰、价值观、教育水平、职业状况等；地理自然状况中的地理位置，自然资源，气候，交通，人口分布、数量、结构等；科研状态中的科研新发展、新发明、新创造、新技术、新工艺，新材料的研发、应用、发展趋势，新产品开发上市情况等。这些环境从不同方面影响和制约着企业的营销活动，它们既可能给企业带来市场机会，也可能给企业造成威胁。因此，企业通过市场营销环境的调研，可以分析环境对企业营销的影响，提高企业对环境的适应能力和应变能力。

（二）消费者信息调研

消费者是市场活动的主体，是企业产品的最终购买者和服务对象。市场需求是企业营销的中心和出发点，企业要想在激烈的竞争中获得优势，就必须详细了解并满足目标客户的需求。因此，对市场需求的调研是市场调研的主要内容之一，企业必须研究消费者，根据消费者的需要组织生产和销售，这是企业制订营销计划和营销策略的出发点。消费者调研包括调研消费者的需求特点、购买心理和动机、购买行为和购买模式，以及分析影响消费者购买决策的主要因素、消费需求变化趋势等。企业只有在充分了解消费者的基础上，发现和识别消费者真正需要的产品和服务，才有可能把握市场机会，不断改进产品及营销组合，满足消费者的需求。

案例链接

变革时期，化妆品企业的发展之路

化妆品属于快速消耗品，消费频率高，人们几乎每天都要使用，消费基数大，市场广阔。同时，化妆品更看重质量、效果与保质期，因此售中、售后服务很重要，消费者不仅要买到一流的产品，还要买到一流的服务。某生态化妆品曾经红极一时，遍布大江南北，给营销人士留下了深刻印象。其在营销模式上，别出心裁地推广俱乐部，以全新的护肤理念和强有力的营销宣传方式，在化妆品领域刮起了一股"生态美旋风"，曾经倍受业界关注。

事实上，化妆品企业最好的方式就是自己与自己竞争，通过对消费者深入研究，找到消费者对产品的潜在需求，然后通过人性化设计，与消费者产生共鸣，得到他们的追捧。一个不断推陈出新、抓住市场消费脉搏的企业或品牌，是会因为得到消费者的信任而建立起领导地位的。

摘录自 http://blog.ceconlinebbs.com/BLOG_ARTICLE_246542.HTM?b_xiangguan

（三）企业产品决策调研

我们这里所说的产品是指企业提供给市场的，能满足顾客需求的任何有形物品和无形服务。产品决策是市场营销中最重要的决策之一，是企业制定营销组合决策的基础。随着国家对环保要求的提高，随着消费者消费需求层次的提升，不同的市场对产品产生不同的需求，产品在地区之间的需求也出现差异化。因此，产品调研也成为市场调研中不可忽略的问题。由于产品的概念是复合性和多层次的，所以产品调研的内容也非常广泛，包括产品组合决策、品牌、包装、产品生命周期、新产品开发、新产品市场推广、产品售后服务等，产品调研项目具体包括产品品质需求调研、产品品种需求调研、产品质量调研、产品服务调研等。

（四）企业市场营销策略调研

市场营销策略调研在这里是指除了产品决策调研以外的价格决策调研、分销渠道决策调研和促销决策调研。它的目的是使企业在市场调研的基础上，制定出更有效的市场营销组合策略，以更好地满足目标市场的需求。

1. 价格策略调研

价格会直接影响产品的销售额和企业的收益情况，价格调研对于营销企业制定合理的价格策略有着至关重要的作用。价格调研的内容包括产品市场需求变化趋势调研、国际产品市场走势调研、市场价格承受心理调研、主要竞争对手价格调研、国家税费政策对价格影响的调研，以及定价目标和定价方法、影响定价的因素、价格调整的策略、顾客对价格变化的反应等调研项目。

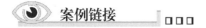
案例链接

AT&T 的定价策略调查

圣路易市 Aragon 咨询集团的调研部针对 AT&T 的定价策略，在全国范围内随机抽取了 401 人进行调查。这项定量研究是在广泛的试探性调研后实施的。调研结果显示，美国 34.8% 的成年人觉得每分钟 15 美分的固定话费率没有什么吸引力，不过，如果通话费降到每分钟 9～10 美分，他们会改变主意。调研还显示，近 41% 的 AT&T 的顾客说，他们注意到了 AT&T 公司每分钟 15 美分的话费率。Aragon 咨询集团的总裁格雷·米勒（Gray Miller）说："既然大多数顾客熟悉目前的固定话费率服务项目，那么电话公司需要采取其他战略来赢得竞争。"他建议将其他服务与固定话费率组合在一起。如果将蜂窝电话服务加入服务组合，蜂窝电话和移动电话顾客对每分钟15美分的固定话费率的兴趣会大大提高。在这些顾客中，感兴趣的人增加到49.5%，而不感兴趣的人下降到39.7%。同样地，如果可以免费上网的话，拥有家庭PC机的客户对每分钟15美分的话费率更感兴趣。家庭计算机用户中对此感兴趣的比例上升到53.9%，而不感兴趣的比例降到40.4%。"当向家庭PC机用户提供包括每分钟15美分话费、移动电话服务、免费上网等一揽子服务时，50.0%的人说他们感兴趣。不感兴趣的人只有42.3%。"米勒说。

摘录自寻金亮、熊凯《市场调查与分析》，电子科技大学出版社2007年版，第27页

2. 促销策略调研

促销策略调研主要侧重于消费者对促销活动的反应，了解消费者最容易接受和最喜爱的促销形式，具体内容包括：调研各种促销形式是否突出了产品特征，是否起到了吸引客户、争取潜在客户的作用。其中，广告调研是促销调研中最重要也是最常见的调研，它是企业制订广告计划和策略的依据，是使广告促销获得预期效果的前提。广告调研的内容主要包括广告受众调研、广告媒体调研和广告效果调研等。广告受众调研就是调研广告对象的性别、年龄、收入状况、生活方式、购买习惯、文化程度、价值观念和审美意识等。广告媒体调研即调研媒体的传播范围和对象、媒体被收听和收看的情况、媒体的费用和使用条件、媒体的适用性等。广告效果调研即调研广告发布之后的效果，如产品知名度、消费者态度、品牌使用习惯、购买的动机与行为等。

3. 营销渠道调研

营销渠道选择合理，产品的储存和运输安排恰当，对于提高销售效率、缩短运输周期和降低运输成本有着重要的作用。因此，营销渠道的调研也是产品市场调研的一项重要内容。营销渠道调研的内容主要包括：对供应商、批发商、连锁零售商的经营状况、销售能力的调研；对配送中心规划的调研；对物流优化组织的调研；对降低运输成本方法的调研；对营销渠道的结构和地理范围、渠道选择的效果、影响渠道选择的主要因素等的调研。

4. 竞争对手调研

竞争对手调研主要侧重于企业与竞争对手的比较研究。通过对成本和经营活动的比较，找出本企业的竞争优势，从而扬长避短、避实就虚地开展经营活动，提高企业的竞争能力。竞争对手调研的内容主要有：竞争对手的基本条件调研，包括竞争对手的数量、业务范围、资金状况、经营规模、人员构成、组织结构等；竞争对手的产品情况调研，包括竞争对手的产品品牌、性能、价格、经销渠道、市场占有率等；竞争对手的市场沟通方式调研，包括竞争对手的政府资源、公共关系、促销

方式、广告策略以及形象策略等。

总之，市场调研的内容主要涉及影响营销策略的宏观因素和微观因素，如需求、产品、价格、促销、分销、竞争、外部环境等。根据不同的调研目的，调研内容的侧重点也会有很大不同。随着企业竞争的加剧以及消费者需求的多样化，市场调研工作的重要性更加突出，市场调研可以为营销企业制定营销决策提供可靠依据。

三、市场调研的分类

市场调研从不同的角度出发，可以将市场调研区分为不同的类型，这有利于对市场调研工作的全面系统的理解，也有利于在市场调研实践中明确调研目的和确定调研内容。

（一）根据购买商品的目的分类

根据购买商品的目的不同，市场调研可分为消费者市场调研和产业市场调研。

1. 消费者市场调研

消费者的购买目的是满足个人或家庭的生活需要。消费者市场是最终产品的消费市场，是社会再生产消费环节的实现。消费者市场调研的目的主要是了解消费者需求数量和结构的变化，而消费者的需求数量和结构的变化受到多方面因素的影响，如人口、经济、社会文化、购买心理和购买行为等。对消费者市场进行调研，除直接了解需求数量及其结构外，还必须对诸多的影响因素进行调研。

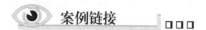
案例链接

会交"学费"的营销人

2012年，百事可乐中国市场团队预测中国消费者对带有功能诉求的饮料有需求，于是向研发部门提出了"开发一款适合中国市场的轻功能性饮料，并且要保持饮料口感清淡、爽快"的意见。彼时，百事亚洲研发中心已经在上海落户，为市场和研发团队合作开发这款新品提供了契机和完备的基础条件。从提出想法到设计成型，并不是一件容易的事情，因为市场变化太快。如何设计、要契合消费者什么需求，针对这些问题，市场团队不断根据市场变化进行调研，并将调研结果提供给研发部门，这是一个慢慢精进的过程。

经过长时间的调研，市场团队发现：在中国市场，消费者对维生素的需求远远大于欧美市场。于是，"清淡味的维生素饮料"定位确立。同时，为这款饮料增加气泡，这样，即使在中国市场普遍无法提供冷藏条件的环境下，还能保证饮料的爽快口感。

摘录自 http://www.ceconline.com/sales_marketing/ma/8800075233/01/

2. 产业市场调研

产业市场也被称为生产资料市场，其购买目的是生产出新的产品或进行商品转卖。产业市场是初级产品和中间产品的消费市场，涉及生产领域和流通领域。产业市场主要是对市场商品供应量、产品的经济寿命周期、商品流通渠道等方面的内容进行调研。

（二）按商品流通环节分类

根据商品流通环节的不同，市场调研可分为批发市场调研和零售市场调研。

1. 批发市场调研

批发市场调研主要是从批发商品交易的参加者，批发商品流转环节的不同层次，批发商品购销形式，批发市场的数量和规模等方面进行的调研。批发市场调研着重掌握我国批发市场的商品交易状况，分析商品批发市场的流通数量、流通渠道与社会生产的关系和零售市场的关系等。

2. 零售市场调研

商品零售是为了满足个人或社会集团消费的商品交易。零售市场调研主要是调研不同经济形势下，零售商业的数量及社会零售商品流转的比重，并分析研究其发展变化的规律；调研零售市场的商品产销服务形式；调研消费者在零售市场上的购买心理和购买行为；调研零售商品的数量和结构；等等。

（三）按空间层次分类

根据空间的不同，市场调研可分为国内市场调研与国际市场调研。国内市场调研是指以国内市场为对象进行的调研，可以分为全国性、地区性市场调研，还可以划分为城市、农村市场调研。国际市场调研是以世界市场的需求动向为对象进行的调研。我国国内市场是国际市场的重要组成部分，国际市场同时也影响着我国国内市场。按不同空间组织的市场调研资料对研究不同空间市场的特点，合理地组织各地区商品生产与营销，以及进行地区间合理的商品流通具有十分重要的价值。

（四）按时间层次分类

根据时间层次的不同，市场调研可分为定期市场调研和不定期市场调研。定期市场调研是对市场现象每隔一段时间就进行一次调研，目的是获得关于事物全部发展变化过程及其结果的信息资料；不定期市场调研则是为了解决特定市场问题而专门组织的一次性市场调研，目的在于收集事物在某一特定时点上的水平、状态等资料。

（五）按调研组织的方式分类

根据调研组织的方式不同，市场调研可分为全面市场调研和非全面市场调研。

全面市场调研是对市场调研对象总体的全部单位进行的调研,对市场状况做出全面、准确的描述,从而为制定有关政策、规划提供可靠的依据。其调研结果虽比较准确,但不易进行,需要一定的人力、物力配合。非全面市场调研指的是对总体中的部分单位进行的调研,又可分为市场典型调研、市场重点调研和市场抽样调研。市场典型调研是从总体中选择具有代表性的部分单位作为典型进行的调研;市场重点调研是从调研对象总体中选择少数重点单位进行调研;市场抽样调研则是根据概率原则抽出适当样本进行的调研,在市场调研中应用较广。

(六) 按调研的内容分类

根据调研的内容不同,市场调研可分为定性市场调研与定量市场调研。定性市场调研是根据性质和内容对市场进行调研,如对市场环境、政治经济环境,以及来自消费者各个方面的反映等进行定性分析,为企业的营销决策提供可靠依据;定量市场调研主要是指收集和了解有关市场变化的各种数据进行量化或模型分析,预测潜在的需求量和商品销售的变化趋势。例如,"尼尔森报告显示,在参与调查的中国网络用户中,有65%的受访者表示会在亲友的建议下尝试创新型产品"便属于定量市场调研。

(七) 按调研的方法分类

根据市场调研方法不同,市场调研可分为文案调研和实地调研。文案调研又被称为二手资料调研或文献调研,是指通过收集各种历史和现实的动态统计资料,从中摘取与市场调研课题有关的信息。文案调研具有简单、快速、节省调研经费等特点,尤其是用于历史资料和现状的了解,它既可经作为一种独立方法来运用,也可作为实地调研的补充。实地调研是指调研者自身收集第一手市场资料的方法,包括观察法、实验法和访问法等。实地调研在借助科学研究方法的基础上,能够得到比较真实的资料和信息。

(八) 按调研的目的和功能分类

市场调研是用来帮助解决特定营销问题的,根据调研的功能或目的来划分可以使我们更好地理解营销问题的性质是如何影响调研方案选择的。根据调研的目的和功能,可以把市场调研分成探索性调研、描述性调研、因果性调研以及预测性调研四种,我们将在第四章详细说明。

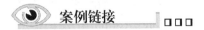

本土品牌在食品和饮料行业优势明显

尼尔森调查显示,中国消费者明显更加倾向于购买本地的新鲜食物品牌。绝大部分的中国受访者表示，他们更喜欢本地蔬菜（71%）、本地的肉类食品（67%）、本地水果（66%）、本地海产（58%）和酸奶（58%）。

另外，消费食品和饮料也是本地品牌更受欢迎。中国受访者表示，他们更喜欢本地的果汁（47%）、水（56%）和牛奶（46%）。而对于这些人而言，国际品牌（39%）的碳酸饮料比本地品牌（32%）更受欢迎。

至于包装食品和零食，本地的口味在中国更加流行——38%的人更喜欢本地冰淇淋品牌，36%的人更喜欢购买本地产的薯片，59%的人更喜欢本地早餐麦片品牌，51%的人更喜欢本地方便面，还有52%的人更喜欢本地罐装蔬菜。

摘录自 http://news.yipu.com.cn/shangye/tuozhandongtai/821604.html

第三节　市场调研的原则与程序

一、市场调研的原则

市场调研既然是通过收集、分类、筛选资料，为企业生产经营提供正确依据的活动，它就需要遵循以下原则。

（一）时效性原则

时效性原则是指市场调研必须及时。市场调研的时效性表现为应及时捕捉市场上任何有用的情报、信息，及时分析和及时反馈，为企业在经营过程中适时地制定和调整策略创造条件。在现代企业经营管理中，时间就意味着机遇，时间就是金钱。如果不能充分利用有限的时间尽可能多地收集所需要的资料情报，不仅会增加费用的支出，更严重的是造成经营决策的滞后，使企业生产的产品不能适销对路。福特曾在1957年推出 Edsel 系列的中价位汽车，但实际销售却一败涂地，原因在于针对 Edsel 系列的消费者偏好的调查研究是在10年前着手进行的，调查丧失了时效性。

（二）科学性原则

市场调研不是简单地搜集情报、信息的活动，为了在时间和经费有限的情况下，获得更多、更准确的资料和信息，就必须对调研的过程进行科学的安排。例如，采用什么样的调研方式，选择谁作为调研对象，问卷如何拟定才能达到既明确表达意图又能使被调研者易于填答的效果等。

（三）客观性原则

客观性原则是指调查资料必须真实、正确地反映客观实际，防止过于主观或片面。除了借助科学的调查研究方法，进行合乎逻辑的推论，对收集的数据资料也应进行反复核查，对数据分析结果的解读与阐述要做到公正与客观，才能真正发挥市场调研的作用。切勿为了得到委托方要求的结果而故意发生调查偏差，隐瞒事实真相或者做不切实际的宣传。

（四）准确性原则

市场调研收集到的资料必须体现准确性原则，对调研资料的分析必须实事求是，尊重客观实际，切忌以主观臆造来代替科学的分析；同样，片面、以偏概全也是不可取的。要使企业的经营活动在正确的轨道上运行，就必须要有准确的信息作为依据，才能瞄准市场，看清问题，抓住时机。

（五）系统性原则

市场调研的系统性表现为应全面系统地收集有关企业生产和经营方面的信息资料。企业是社会经济大系统中的一个子系统，其营销活动是一个牵涉方方面面的复杂的社会经济活动过程，受很多因素的影响。市场调研既要了解企业的生产和经营实际，又要了解竞争对手的有关情况；既要认识到其内部机构设置、人员配备、管理素质和方式等对经营的影响，也要调研社会环境的各方面对企业和消费者的影响程度。所以，要考虑环境因素的影响，不能单纯地就事论事，要把握事物发生、发展及其变化的本质，抓住关键因素，做出正确的结论。

（六）经济性原则

经济性原则是指市场调研必须考虑经济效益。市场调研是一件费时费力费财的活动。它不仅需要体力和脑力的支出，同时还要利用一定的物质手段，以确保调研工作顺利进行和调研结果的准确性。如果企业通过市场调研而获取的收益不足以支付市场调研费用，那么这样的市场调研是没有企业会做的。市场调研要讲求经济效益，力争以较少的投入取得最好的效果。在成熟稳定的市场中，一般认为企业将每年营业额的0.5%投入调研较为合适。

（七）保密性原则

市场调研的保密性原则体现在两个方面。一是为客户保密。许多市场调研是由客户委托市场调研公司进行的。因此，必须对调研获得的信息保密，不能将信息泄露给第三者。二是为被调研者提供的信息保密。不管被调研者提供的是什么样的信息，也不管被调研者提供的信息的重要程度如何，一旦信息被暴露出来，将不再得到被调研者的信任和配合，那么，整个市场调研业的前景也是不堪设想的。

二、市场调研的程序

通过上面两节论述，已经知道了市场调研的内容十分丰富，方法又多种多样。

一旦你对事物发展现状有了一个明确的认识，那么，不仅你的问题是清晰的，而且你的调研步骤也会随之被设计出来。所以说，为了使市场调研工作顺利进行，保证其质量，市场调研应按一定程序来进行。市场调研通常包括明确调研的问题、拟订调研计划、收集信息资料、整理分析调研资料、撰写和提交调研报告等步骤。

（一）明确调研的问题

在这个阶段中，市场营销调研的主要任务是对调研主题及目标进行非正式的探测性调研，必须了解调研的问题和调研的目的是什么。

（二）拟订调研计划

调研前必须拟好具体且明确的调研计划，一般包括调研目的、调研方法、经费与日程计划等内容。

（三）收集信息资料

信息收集就是对市场环境的信息资料进行采集，采集资料的真实性和有效性对调研分析的科学性产生直接的影响，而采集资料的真实性和有效性直接取决于信息采集的调研方法。

（四）整理分析调研资料

这一步骤是将调研收集到的资料进行汇总整理、统计和分析。针对不同的问题，我们需要制定不同的方案来解决，以保证市场调研的有效性。

（五）撰写和提交调研报告

撰写和提交调研报告是市场调研工作的最后一环。调研报告反映了调研工作的最终成果。要十分重视调研报告的撰写，并按时提交调研报告。

本 章 小 结

本章主要讨论了市场调研的意义、特征、内容和程序等。在企业市场营销体系中，市场调研扮演着重要角色，对企业经营决策的制定有着重要的意义。市场调研不仅可以为企业决策提供科学的依据，而且能够增强企业核心竞争力，拓展企业持续发展的能力。市场调研具有目标的明确性、实践性和相关性等特征，其主要的研究内容包括调研环境、调研消费者、调研企业竞争对手和调研营销组合等，这些内容相辅相成，构成市场调研的客体。

市场调研有较多分类，具体的划分标准有按照空间和时间来分、按照组织方式来分、按照流通环节来分、按照调研的内容和目的来分等。市场调研作为一个独立的学科有其自身的原则，如时效性原则、准确性原则、经济性原则、系统性原则和科学性原则等。其程序较复杂，包含明确调研目的、拟订调研计划、收集信息资料、整理分析调研资料、撰写和提交调研报告这五个步骤。

复习思考题

1. 什么是市场调研？其存在对于企业而言有何意义？
2. 市场调研有哪些功能？
3. 市场调研的主要内容有哪些？
4. 如何按照调研的目的和功能对市场调研进行分类？
5. 简述市场调研的程序。

课后案例

保健品消费者需求调查方案

近年来，我国居民生活水平的不断提高，以及人们健康意识的不断增强，使保健品市场呈快速增长趋势。但切不可盲目入市，因为当前保健品市场产品类型众多、产品功能多样化，企业在进入保健品市场前，必须清晰把握市场，了解市场现状、竞争环境、消费者需求及特征，以明确自身产品定位及目标消费者定位，确保成功打开市场。保健品消费者需求调查方案是开元研究市场调研公司针对保健品新产品入市而设计的全新方案。开元研究成立于2002年，是一家专业的市场调研公司。产品、消费者研究是开元作为综合性调研公司的重要业务内容之一。

一、调查目的

本次项目调查的主要目的是解决四个关键问题。

（1）选择什么样的产品入市？

（2）目标消费者是谁？在哪里？

（3）消费者通过什么渠道购买？

（4）如何让消费者知道我的产品并购买？

开元建议通过调查明确以上问题之后，再依照市场调查结论并结合自身资源情况进行市场进入决策，这样做可大大降低风险，确保入市成功。

二、研究思路

根据本项目的调查目的，我们的研究思路如下。

（一）研究内容

1. 消费者使用习惯和态度研究（U&A）

（1）消费者特征：性别、年龄、文化程度、职业、收入等。

（2）生活形态：社会价值观、对生活的态度、对家庭和事业的态度、对购物的态度等。

(3) 购买情况：购买的产品，购买者，购买场合、方式、频率、数量等。

(4) 使用情况：使用的产品，使用者，使用时间、场合、方式、频率等。

(5) 品牌认知：知名度、尝试度、品牌转换、忠诚度等。

(6) 对各品牌的态度：总体、功能属性、情感属性等。

(7) 媒介接触：电视、报纸、广播、网络、户外等。

2. 消费者购买决策行为研究模型

开元研究围绕消费者对保健品的使用和购买的多个维度进行研究，覆盖了消费者对保健品的使用习惯、媒介接触情况、购买行为、影响购买因素和购物心理等。

3. 影响购买行为的因素分析

影响消费者购买行为的因素有许多，主要包括心理因素、内部因素和外部因素。

(二) 延伸挖掘

在消费者行为研究过程中，消费者的背景信息搜集是必要的和必需的，而这部分信息的深度挖掘研究往往被忽视或遗漏。实际上，紧密结合消费者背景信息（性别、年龄、民族、文化、职业、收入、地域分布、家庭结构、兴趣爱好、个人价值观、生活形态）的消费行为和态度研究会呈现很有营销意义的信息。

三、调查设计

(一) 方法设计

整个研究过程主要分为两个阶段：第一个阶段是案头研究，主要目的是多方面了解该项目的背景资料，掌握目前市场保健品产品的分类、产品品牌、功效及相关专业知识，结合二手资料，初步对保健品市场进行描绘；第二个阶段主要进行定量访问调查。

(二) 具体操作

1. 样本配置及费用

2. 调查周期

项目确定后，一周内开始问卷调查执行，30 个工作日内提交研究成果。

3. 质量控制

(1) 事前控制。

A. 问卷设计：在问卷中尽可能详细地给出书面指导语，以规范访问实施的标准化。

B. 预调查：对一定量的受访者进行预调查，保证访问问卷设计得合理与完善。

C. 访问培训：依据"街头拦访操作手册"，规范项目的操作细节。对参与访问的人员进行统一的培训，确保其准确地把握和理解访问技巧与研究目标。

(2) 事中控制。

A. 执行督导控制：各地至少安排一名执行督导对访问员进行培训，并全面掌控一个城市的项目人员、项目进度、项目资料的整理。

B. 设立质控督导：负责在现场巡查各访问员的访问质量，并协助对部分访问进行录音等工作。

C. 项目进度报告：开元项目管理部门将对整个项目实施过程进行全程监控；同时，项目小组将向客户提交项目进展通报，使客户对项目进展情况保持动态性的了解并和研究小组合作，对项目实施过程可能出现的问题进行快速、有效的处理。

（3）事后控制。

A. 问卷核查：由各地执行督导对完成问卷的完整性、逻辑对应性进行100%核查，对发现的遗漏与逻辑问题及时进行补充访问，纠正问题。开元质控督导对各地回收的问卷进行30%的抽审。项目经理对所有的问卷进行10%的抽审。

B. 100%电话复核：由各地执行督导对完成的访问进行100%的电话复核。回收的问卷由北京总部的质控人员进行30%的电话复核。

C. 30%的录音复核：由开元督导对执行样本进行30%的录音复核。

D. 合理备份：各城市分别扩大5%的样本作为备份。

E. 数据双录：对数据进行双重录入，最大限度减少录入错误。

F. 报告审核：正式报告提交前，开元内部的专家小组对报告进行审核，项目经理答辩，通过后方可提交给客户。

摘录自 http://www.ceconlinebbs.com/FORUM_POST_900001_900086_1061650_0.HTM

第二章 市场调研环境与市场分析

导入案例

2016—2020年全球虚拟现实市场分析报告：Sony占据了将近1/3的市场份额

近日，市场研究与行业分析机构01 Consulting发布了《2016—2020年全球虚拟现实市场分析报告》。根据报告提供的数据，在硬件领域，Sony、Facebook、Google以及Samsung占据了市场的半壁江山，其中Sony以30%的占有率独占鳌头，Facebook以11%的占有率紧随其后，排名第三位和第四位的Google和Samsung的市场占比分别是8%和7%。

报告从硬件、软件、内容三方面对三十多家公司的四十余款产品进行研究，分析了产品的收入情况、出货量以及使用情况。其关键发现为：

● 2016年硬件制造商占据了市场的主导地位。其中Sony（PS VR）是最大的市场占有者，占据了将近1/3的市场份额。这主要是因为卖出4 000万台到5 000万台PS是PS VR的完美升级目标，而300到400美元的头盔价格性价比达到了最佳平衡点。

● Facebook和Google尽管排在第二位、第三位，但是市场占有率跟Sony相差甚远。Facebook有Oculus，Google则推出了Card Board、Day Dream以及Tilt Brush等。

● 排名第四位、第五位的是Samsung和HTC。Samsung的Gear VR拿到了7%的市场占有率。而HTC得益于与Valve建立的合作关系，其Vive头戴设备也拿到了6%的市场占有率。

● 中国品牌当中，小米是唯一出现在报告里面的厂商，有4%的市场占有率。

摘录自 https：//technews.tw/2016/12/05/global-virtual-reality-market-report/

第一节　市场调研环境的意义与特点

一、市场调研环境的意义

企业总是生存于一定的环境之中，企业调研活动离不开自身条件，也离不开周围环境。企业调研活动不仅要主动地去适应这些外部环境，而且可以利用自身资源，通过把握和预测环境的变化趋势，在某种程度上去影响环境，使环境有利于企业的发展。可见，对周围环境及其变化进行调研是企业调研的基本工作。那么，什么是市场调研环境呢？市场调研环境指的是一切影响和制约企业市场调研决策和实施的内部环境和外部环境的总和。具体包括企业内部环境中由企业高层管理者所调控的环境因素和由企业各职能部门所调控的环境因素以及企业不可控的外部环境因素。

虽然企业不能从根本上去控制环境的变化，但企业可以积极主动地去预测、发现和分析环境变化的趋势及其变化的特点，进而及时甚至超前地采取相应的措施去适应环境的变化。因此，研究市场调研环境的意义在于：及时了解和掌握调研环境的变化、变化的特点及变化的趋势，并分析环境变化给企业带来的有利影响和不利影响，即机遇和挑战，在此基础上，对企业调研策略的调整做出正确的决策，以适应变化的调研环境，从而提高企业对环境的适应能力。企业对环境的适应能力是企业生存发展的重要能力，它关系到企业的生存与发展。

二、市场调研环境的特点

市场调研环境是企业生存和发展的条件。市场调研环境的发展变化既可以给企业带来市场机会，同时也可能对企业造成严重的威胁。因此，企业要想在复杂多变的环境下熟练地驾驭市场，就必须认真研究市场调研环境。而市场调研环境是一个多因素、多层次且不断变化的综合体，对市场调研环境的研究是一项复杂的工作，要做好这项工作，首先要了解它的特点。概括来说，企业市场调研环境的特点主要表现在四个方面。

（一）客观性

企业市场调研环境有自己的运行规律和发展趋势，它是不以调研者的意志为转移的客观存在。企业的调研活动能够适应和利用客观环境，但不能改变或违背客观环境。主观臆断必然会导致调研策略的盲目与失误，造成调研活动的失败。

（二）差异性

调研环境的差异主要存在于企业所处的地理环境、生产经营的性质、政府管理制度等方面，不仅表现为不同企业受不同环境的影响，而且同样一种环境对不同企业的影响也不尽相同。

(三) 动态性

由于区域以及产业的不同,企业面临的是迥然不同的环境。有的企业处在一个变化甚少的环境中,有的企业处在一个持续变化但变化本身比较平稳的环境中,有的企业则处在一个急剧变化的环境中。对企业而言,环境变化本身无所谓好坏,给企业带来影响的往往不是环境变化本身而是企业应对变化的方式。企业必须积极调整自己以适应环境的变化,否则就会非常被动。

案例链接

三星中国"加料"式改进的背后

自三星进入中国以来,就非常重视中国用户的需求。尤其是从 2010 年开始爆发的智能机时代,三星在中国市场每年都会同步引进各款国际化机型,并在国际化机型上进行"加料"式的改进,成为最早推出双卡双待机型的国际厂商;此外,三星每年都会联手中国电信推出 W 系列双屏翻盖的"全球独享"超高端机型。

三星对中国消费者的反应非常积极,其产品策略也是与时俱进。2016 年,三星在对中国消费者需求进行深入调研后,针对中国年轻人沉迷智能手机,喜欢社交、网购、分享等特征,推出 Galaxy C 系列,其中 C 代表的就是 China。C 系列在软件和内容服务上做了上百项的改进,如增加了社交相机、红包助手、伪基站屏蔽以及公交卡等专门定制的功能,全面改善了易用性。

在旗舰机型 Galaxy S7 和 S7 edge 上,中国版的机型拥有的功能比国际化版本更多,新增的两个本地化功能微信 WiFi 和 S 漫游,前者联合微信,将在中国大陆境内共享多达 400 万个 WiFi 热点,无须密码一键上网;后者是出国漫游服务流量包,据称已和全球 140 多家运营商合作,用户无须换卡就可以在全球使用。

摘录自 http://tech.huanqiu.com/news/2017-02/10205992.html

(四) 关联性

市场调研环境是一个系统,在这个系统中,各影响因素相互依存、相互作用和互相制约,某一因素的变化会引起其他因素的变化,形成新的环境。这是由于社会经济现象的出现往往不是由单一的因素决定的,而是受到一系列相关因素影响的结果。例如,宏观环境中的政治法律因素或经济政策的变动会引起行业竞争环境的变动,从而形成新的竞争格局。又如,企业开发新产品,不仅受经济因素的影响和制约,还受社会文化因素的影响和制约。

三、宏观与微观市场调研环境

(一) 宏观市场调研环境

宏观市场调研环境是指企业无法直接控制的因素，是通过影响微观环境来影响企业调研能力和效率的一系列巨大的社会力量，它包括人口、经济、政治法律、科学技术、社会文化及自然生态等因素，见图2-1。由于这些环境因素对企业的调研活动起着间接的影响，所以又被称为间接调研环境。微观市场调研环境和宏观市场调研环境之间不是并列关系，而是主从关系。

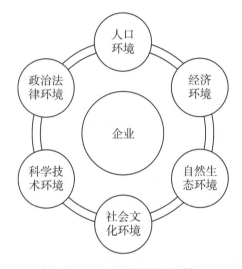

图2-1 宏观市场调研环境

1. 人口环境分析

人口是市场调研的第一要素。人口数量直接决定市场规模和潜在容量，人口的性别、年龄、民族、婚姻状况、职业、居住分布等也对市场环境产生着深刻影响，从而影响着企业的营销活动。企业应重视对人口环境的调研，密切关注人口特性及其发展动向，及时地调整营销策略以适应人口环境的变化。

2. 政治法律环境分析

政治法律环境是影响企业调研的重要宏观环境因素，包括政治环境和法律环境。政治环境引导着企业调研活动的方向，法律环境则为企业规定了经营活动的行为准则。政治与法律相互联系，共同对企业的市场调研活动产生影响和发挥作用。

3. 经济环境分析

经济环境是影响企业调研活动的主要环境因素，它包括一个国家经济发展状况、收入因素、消费支出、产业结构、经济增长率、货币供应量、银行利率、政府支出等因素，其中收入因素、消费支出对企业调研活动影响较大。

4. 社会文化环境分析

社会文化环境是指一个国家或地区长期形成的价值观、宗教信仰、风俗习惯、道德规范等的总和。企业处于一定的社会文化环境中，企业调研活动必然受到所在社会文化环境的影响和制约。为此，企业调研管理者应了解和分析社会文化环境，针对不同的文化环境制定不同的调研策略，开展不同的调研活动。

京东大数据看农村电商消费趋势 快销将成新增长点

12月1日，京东联合21世纪经济研究院重磅发布《2016农村电商消费趋势报告》，这是双方合作发布的首份农村电商行业完整生态报告。基于京东大数据，对京东平台上农村电商消费区域、用户画像、购买行为、支付行为、品牌偏好等维度进行分析，同时也展示了"农产品上行"、农村金融的现状和趋势，深度剖析中国农村电商目前的生态与消费新动向。

报告显示，农村电商用户数量近年来呈爆发式增长。无论是"网货下乡"用户，还是"农产品上行"（特产馆）用户，其消费习惯与消费结构均呈现独有的特征：女性、年轻、重促销，电商采购行为还有待成熟；从品牌等角度分析，农村电商用户对品质、品牌需求明确；农资电商成长迅猛，体现明确地域特色。通过京东的特产馆可以看到，消费"上行"农产品的用户偏高端，注重地域特产和农产品的品质。

摘录自 http://tech.huanqiu.com/news/2016-12/9756551.html

5. 科学技术环境分析

科学技术环境是社会生产力中最活跃的因素，它影响着人类社会的历史进程和社会生活的方方面面，对企业调研活动的影响也比较明显。科学技术环境是指创造新技术、开发新产品对企业所造成的影响力。它不仅直接影响企业内部的生产与经营，同时还与其他环境因素互相依赖、相互作用。科学技术的发展为提高调研效率提供了更新、更好的物质条件。因此，企业要密切注意技术环境的发展变化，了解科学技术发展变化对企业市场调研的影响，从而做出更好的发展决策。

6. 自然环境分析

企业所处的自然环境也会对企业的调研活动产生影响，有时这种影响对企业的生存和发展起决定性作用。企业要避免由自然环境带来的威胁，最大限度利用环境变化可能带来的市场调研机会，就应不断地分析和认识自然环境变化的趋势。

（二）微观市场调研环境

微观市场调研环境是指与企业紧密相连、直接影响企业调研能力和效率的各种力量和因素的总和，主要包括企业自身、供应者、调研中介、目标顾客、竞争者及社会公众，见图2-2。由于这些环境因素对企业的调研活动有着直接的影响，所以又被称为直接调研环境。微观市场调研环境受制于宏观市场调研环境，微观市场调研环境中的所有因素均受到宏观市场调研环境中的各种力量和因素的影响。

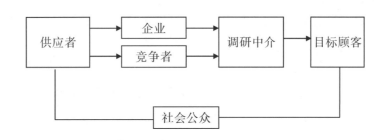

图2-2 微观市场调研环境

1. 企业本身

微观环境中的第一种力量是企业内部的环境力量。一个企业的市场调研部门不是孤立的，它面对着许多其他职能部门，如财务、研发、采购、制造等部门，而这些部门、各管理层次之间的分工是否科学都会影响企业的调研管理决策和调研方案的实施，例如，在调研计划的执行过程中，资金的有效运用、资金在制造和调研之间的合理分配、可能实现的资金回收率都与财务部门有关；新产品的设计和生产方法则是研发部门集中考虑的问题。所有这些部门都与调研部门的计划和活动有着密切的关系。

2. 供应者

供应者是指向企业及其竞争者提供生产所需资源的企业或个人。供应者好坏对企业有实质性的影响，企业要慎选质量、价格、供货承担风险、信誉等方面条件最好的供应者。资源供应短缺、价格高、质量低等因素都可能影响企业产成品的交货时间和品质，损害企业的利润和顾客心目中的企业形象，从而使市场占有份额降低。因此，企业应选择多个备用供应者，不可依赖于任何单一供应者，以免企业受到严重影响。

3. 调研中介

调研中介是指能协助企业推广、销售和分配产品给最终用户的企业，包括代理商、经销商、货物储运公司、调研服务机构及金融机构等。

4. 目标顾客

目标顾客是企业产品消费者的总称。企业调研者通常把企业产品的顾客群体称为市场。它包括消费者市场、生产者市场、社会集团市场、中间商市场及国际市场。

5. 竞争者

企业要想在激烈的市场竞争中获得成功，就必须能够比竞争对手更好地满足消费者的需要和欲望，使产品在消费者心目中形成明显差异，从而取得竞争优势。企业通过分析消费者如何做购买决策，了解什么是主要竞争者，从而采取有针对性的调研对策，以求在市场竞争中取胜。

6. 社会公众

社会公众指对企业完成其调研目标的能力有着实际或潜在利益关系和影响力的群体或个人，主要包括金融公众、媒介公众、政府公众、社团公众、社区公众和内部公众。社会公众对企业的态度会对企业的营销活动产生巨大的影响，可能有助于实现该企业的目标，同样也可能会妨碍该企业目标的实现。

第二节 调研环境分析与对策

一个企业要进入到一个行业之中，可能会面临很多发展机会，也有可能会遇到阻力或威胁。因此，企业在进入某一行业或领域之前，需要对其所面临的市场机会和环境威胁进行总体分析。市场机会是指市场上存在的尚未满足或尚未完全满足的需求，或者说是外界环境变化对企业产生的有利影响，它能够给企业带来发展的机会或使企业优势得到充分发挥。简单来说，机会就是指对企业富有吸引力，企业拥有竞争优势的领域。环境威胁是指外界环境变化对企业产生的不利影响，它给企业带来挑战，如果企业不采取措施，其市场地位将会受到冲击和动摇。

企业面对威胁程度不同和市场机会吸引力不同的调研环境，需要通过环境分析来评估环境机会与环境威胁。企业的市场调研管理团队可采用"市场机会分析矩阵图"和"环境威胁分析矩阵图"来分析、评价调研环境。

一、市场机会分析

企业寻求市场机会以后，还必须对各种市场机会进行分析和评价，以判断其能否成为企业发展的"企业机会"。所谓企业机会，也就是符合企业的经营目标和经营能力、有利于发挥企业优势的市场机会，主要考虑其潜在的吸引力和成功的可能性大小。外界环境变化可能同时给企业带来若干个发展机会，但并非所有市场机会都对企业具有同样的吸引力。因此，企业应对各种市场机会进行分析和评价，并判断哪些市场机会对企业具有较大吸引力，哪些市场机会吸引力较小，应该放弃。此外，对市场机会的分析还必须区分机会的性质，如环境市场机会与企业市场机会、行业市场机会与边缘市场机会、目前市场机会与未来市场机会等，以便企业寻找对自身发展最有利的市场机会。

在图2-3的市场机会分析矩阵图之中，市场机会可以按照潜在吸引力大小和成功概率高低进行分类。以横坐标表示成功概率高低，以纵坐标表示潜在吸引力大小，市场机会可以分为四种类型。

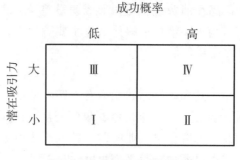

图 2-3 市场机会分析矩阵

(1) Ⅰ区域：成功概率低和潜在吸引力小的市场机会，企业应该放弃。

(2) Ⅱ区域：成功概率高和潜在吸引力小的市场机会，中小企业应加以利用。

(3) Ⅲ区域：潜在吸引力大和成功概率低的市场机会，企业应密切加以关注。

(4) Ⅳ区域：潜在吸引力大和成功概率高的市场机会，企业应准备若干计划充分利用这种机会。

二、环境威胁分析

对环境威胁的分析，一般着眼于两个方面：一是分析威胁的潜在严重性，即影响程度；二是分析威胁出现的可能性，即出现概率。一个企业往往面临着若干环境威胁，但并不是所有的环境威胁都一样大，这些威胁可以按照潜在严重性和出现的可能性加以分类。以横坐标表示环境威胁出现的可能性，以纵坐标表示环境威胁的潜在严重性，环境威胁也可以分为四种类型，见图 2-4。

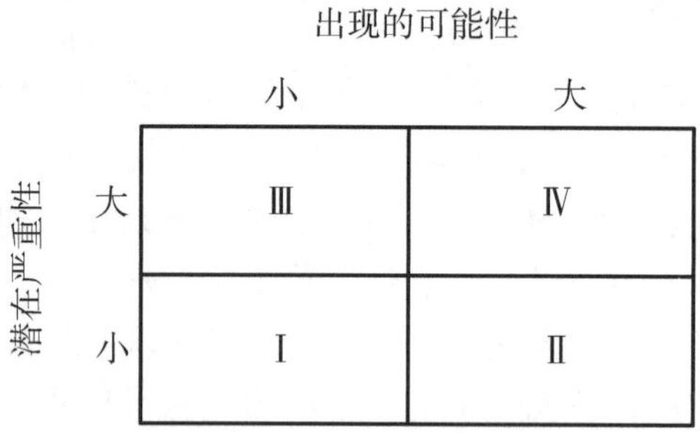

图 2-4 环境威胁分析矩阵

(1) Ⅰ区域：潜在严重性和出现可能性都小的环境威胁，企业可以不加理会。

(2) Ⅱ区域：潜在严重性小但出现可能性大的环境威胁，企业应制订出应对计划。

(3) Ⅲ区域：潜在严重性大但出现可能性小的环境威胁，企业不能掉以轻心，以免此种威胁变为现实。

(4) Ⅳ区域：潜在严重性和出现可能性都大的环境威胁，企业应准备多个决策方案和应对环境变化的计划，并且计划应阐明在威胁出现之前或威胁出现时企业应采取的对策。

三、综合分析与调研对策

企业在对市场调研环境进行分析和评价的基础上采取相应的对策，把握市场机会，避免环境威胁。企业处于何种环境状态在很大程度上是宏观环境造成的。因此，企业要经常监控和预测宏观环境的变化，并善于分析和识别由于环境发展变化对企业造成的主要机会和威胁，以便及时采取适当的对策，使企业与环境变化相适应。用上述市场机会与环境威胁矩阵法分析、评价调研环境，可得出四种不同的结果，即理想业务、冒险业务、成熟业务和困难业务，见图2-5。企业对这四种机会与威胁水平不等的业务，应采取不同的对策。

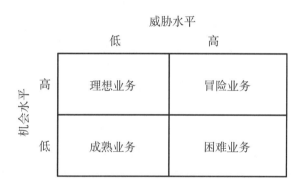

图2-5　环境综合分析

（1）理想业务：拥有很多大好机会，却很少有甚至没有威胁的业务，即高机会、低威胁的业务。因此，企业要适当地利用机会，扬长避短，开发新产品和服务，或在原有的基础上扩大生产和经营规模，并充分运用企业的市场营销组合策略，全面提高产品或企业的市场地位，争取将产品和企业发展、培育为名牌产品和名牌企业。

（2）冒险业务：高机会、高威胁业务。因此，企业的市场调研管理人员应当抓住机会，勇于冒险，果断决策，努力在冒险性环境中捕捉商机，开拓业务。面对威胁，要冷静分析，弄清企业主要的威胁是什么，主要来自哪些领域，要善于扬长补短，适应环境变化，以减轻威胁给企业调研带来的不利影响，争取使企业向理想环境方向转换。

（3）成熟业务：机会与威胁均处于较低水平的业务，可作为企业的常规业务，用以维持企业的正常运转，并为开展理想业务和冒险业务准备必要的条件。企业一方面可以维持正常的经营，另一方面则应积极主动地做好应变的准备。为了在竞争中取得主动,企业要积极寻找适合自己生存的环境,开拓新的调研领域。在宏观环境一时无法改变的情况下,企业应努力改善微观环境,创造出新的竞争空间,以使企业长盛不衰。

(4)困难业务:低机会、高威胁的业务。因此,企业要迅速摆脱这种不利局面,尽快开拓新的目标市场和实施新的调研手段及策略,既要减轻、摆脱威胁,又要及时发现机会,将企业的业务尽快转移到盈利水平更高的其他行业或市场,尽快使企业走出困境,以避免更大的损失。

案例链接

华为看好印度市场 手机和电信网络机会多多

华为在印度市场已经深耕多年,深知这一人口大国的巨大潜力。华为轮值CEO胡厚崑表示,印度是一个十分重要且前景广阔的新兴市场,在手机和电信网络业务方面存在巨大的商机。2016年9月,华为就表示未来要在印度设厂制造手机,而借助与当地运营商良好的关系,华为在印度的发展一直非常迅速。

胡厚崑表示:"在移动宽带方面,印度是一个十分有前景的市场。此外,该国人口众多,而且从人口统计学来看,印度的年轻人占了大多数,因此我们必须大力支持终端业务的发展。"

借助本土的12亿人口,印度未来必然会成为仅次于中国的世界第二大智能手机市场,而如今印度的智能手机普及率还相当低,因此未来各家厂商必将迎来新的智能手机销售高潮,这在全球智能机销量陷入个位数增长的时代显得弥足珍贵。

华为在班加罗尔已经有了自己的研发中心,2017年年初该公司还将对其规模进行扩大。完成了自己在印度的品牌形象建设后,未来华为需要建立自己的数字生态系统并凭借廉价设备来吸引年轻消费者。

摘录自 http://tech.huanqiu.com/news/2016-11/9735782.html

第三节 市场分析

一、市场分析的意义

市场分析主要是通过市场调查研究分析所需要调研的目标客户群体的特征,以便于企业更好地选择目标客户群体和分析目标客户群体,从而更好地进行市场定位,也就是我们所讲的STP战略,即市场细分(segmentation)、目标市场(target)和市场定位(position)战略。

STP理论是20世纪90年代由营销学之父菲利浦·科特勒教授所提出的。STP

的主要内容分三步：第一步为市场细分，即根据消费者对产品或调研组合的不同需要，将市场分为若干不同的顾客群体；第二步为确定目标市场，即选择要进入的一个或多个细分市场；第三步则为定位，即在目标市场顾客群中形成一个差异化的形象，以便于和竞争对手区分开来。

对一个企业来说，如何制定企业调研战略十分重要。企业面对着成千上万的消费者，他们的消费心理、购买习惯、收入水平和所处的地理环境和文化环境等都存在着很大的差别。对于这样复杂多变的大市场，任何一个企业，不管它的规模多大、资金实力多雄厚，都不可能满足整个市场上全部顾客的所有需求。在这种情况下，企业只能根据自身的优势从事某方面的生产调研活动，选择力所能及的、适合自己经营的目标市场开展目标市场调研。总体来说，STP 战略有助于企业发掘市场机会、开拓市场，企业可以通过市场调研方法获得竞争优势；STP 战略还有利于企业了解各细分市场的特点，制定并调整营销组合策略。

二、市场细分

（一）市场细分的概念

市场由消费者构成，而消费者或多或少都会存在差别。消费者是一个庞大而复杂的整体，由于消费心理、购买习惯、收入水平、资源条件和地理位置等差别，不同消费者对同类产品的消费需求和消费行为具有很大的差异性。对于企业来说，没有能力也没有必要全都予以满足，只能通过市场调研，将消费者细分为需求不同的若干群体，并制定周密的市场调研战略了解目标市场的需求。

市场细分是指调研者通过市场调研，依据消费者的需要和欲望、购买行为和购买习惯等方面的差异，把某一产品的市场整体划分为若干消费者群的市场分类过程。每一个消费者群就是一个细分市场，每一个细分市场都是由具有类似需求倾向的消费者构成的群体。市场细分是以消费者需求的某些特征或变量为依据，将整体市场区分为具有不同需求的消费者群体的过程。经过市场细分，同一细分市场中，消费者需求具有较多的共同性，而不同细分市场之间的需求具有较多的差异性。

（二）市场细分的作用

市场细分被西方企业誉为具有创造性的新概念，它对企业有四个方面的作用。

1. 有利于发现市场机会

企业调研决策的起点在于发现有吸引力的市场环境机会，这种环境机会能否发展成为市场机会，取决于企业的调研过程和环境因素是否与战略目标一致，利用这种环境机会能否比竞争者更具优势并获得显著收益。通过市场细分可以发现哪些需求已得到满足，哪些只满足了一部分，哪些仍是潜在需求；同时，也可以发现哪些产品竞争激烈，哪些产品较少竞争，哪些产品急需要进行研发和推广。通过市场细分，企业可以根据自身的经营优势选择竞争企业不愿顾及、市场需求量相对较小的细分市场，集中力量满足特定市场的需求，在整体竞争激烈的市场条件下，在某一局部市场取得较好的经济效益，求得生存和发展。

2. 有利于选择和投入目标市场

任何一个企业的人力、物力、财力等资源都是有限的。通过细分市场，选择了适合自己的目标市场，企业可以集中人力、财力、物力等去争取局部市场上的优势，然后再占领自己的目标市场。企业在确定战略方式时，需要对其进行相应的战略分析，以确保自身的战略可以顺利实施。经过市场细分后的子市场比较具体，容易了解消费者的需求，企业可以根据自己能够利用的内部资源和运用资源的能力，确定自己的服务对象，即目标市场。针对较小的目标市场，制定特殊的策略；同时，在细分的市场上，信息容易了解和反馈，一旦消费者的需求发生变化，企业可迅速改变策略，制定相应的对策，以适应市场需求的变化，提高企业的应变能力和竞争力。

3. 有利于制定合适的产品策略

市场细分的最大好处是让企业快速全面地掌握目标市场的特点。不区分各个细分市场的需求特点，就不能进行有针对性的市场调研。如欧洲某企业出口某国家的冰鲜鸡原先主要面向消费者市场，以超级市场、专业食品商店为主要销售渠道。随着市场竞争的加剧，销售量呈下降趋势。为此，该企业对冻鸡市场做了进一步的调查分析，以掌握不同细分市场的需求特点。该企业把消费者区分为三种类型：一是饮食业用户；二是团体用户；三是家庭主妇。这三个细分市场对冻鸡的品种、规格、包装和价格等需求不尽相同。饮食业对鸡的品质需求较高，但对价格的敏感度低于零售市场的家庭主妇；家庭主妇对冻鸡的品质、外观、包装均有较高的要求，同时要求价格合理，购买时比较挑剔。根据这些特点，该企业重新选择了目标市场，以饮食业和团体用户为主要顾客，并据此调整了产品、渠道等组合策略，销售量大幅度增长。

4. 有利于制定市场营销组合策略

市场营销是综合考虑产品、价格、促销形式和销售渠道等各种因素而制定的市场策略方案。就每一特定市场而言，有多种不同的营销组合方式可以选择，但是最佳的只有一种，这便是市场细分结果的展示。例如，我国曾向国外某市场出口真丝丝绸，消费者是上流社会的女性。由于我国相关部门没有认真进行市场细分，没有掌握目标市场的需求特点，因而营销策略发生了较大失误：产品配色不协调、不柔和，未能赢得消费者的喜爱；销售策略与目标顾客的社会地位不相适应；销售渠道选择了街角商店、杂货店，甚至跳蚤市场，大大降低了真丝丝绸的"华贵"地位；广告宣传也乏善可陈。这是个失败的案例，说明通过市场调研了解细分族群的需求，有利于制定严谨合适的营销组合。

 案例链接

美妆行业火爆增长 细分类目孕妇护肤品潜在市场持续放大

《2016中国女性消费市场研究报告》显示，女性消费能力比男性要高出5个百分点，是家庭消费主导，也是国民经济发展的主力军。据显示，书报杂志、黄金珠宝、旅游、服饰鞋包、美容护理五类是女性最爱的消费项目，其中美容护理品占76.8%。

作为全球最大的护肤美妆产品消费大国，在经济放缓时期，我国美妆市场发展犹如初升的明月，冉冉升起，光芒四射。据统计，销售额以平均每年25%的速度增长，增速远远高于国民经济增长速度，而且预计到2017年，护肤美妆市场的年销售额将轻松达到千亿级别，年增速有望达到13%以上，成为未来国民经济的重大支柱。

另外，孕妇护肤品行业作为美妆行业的一个细分类目，随着全面二胎政策的落地，迎来了爆发式增长。据预测，二胎政策实行之后，每年将新增100万～200万新生儿，预计2018年新生儿数量有望超过2 000万。这意味着，在"人流量即钱流量"的时代，人口消费红利每年将达到1 200亿元～1 600亿元！孕妇消费支出将占据家庭支出的30%，孕妇护肤品年消费额约60亿元，并且这一数据还在呈几何增长趋势。

摘录自http://china.huanqiu.com/co-release/2016-12/9801195.html

三、目标市场

市场细分揭示了企业所面临的各种可供选择的细分市场。企业还需要对各个细分市场进行评估，然后决定将多少和哪些细分市场作为目标市场。

1. 评估细分市场

（1）规模和潜力。细分市场要具有适度规模和预期的增长率，只有规模和预期增长率适当的细分市场才能成为企业进入的动力。适当的规模和预期增长率是一个相对值，对实力雄厚的大企业来讲，是指规模较大、增长速度快的细分市场；对中小企业来讲，则是指不被大企业看好、规模较小、增长率速度适中的市场。任何企业都必须考虑到目前的销售量及其增长率，选择与自身条件相适合的市场作为目标市场。

（2）盈利能力。细分市场不但要具备理想的规模和预期增长率，还要有理想的盈利能力。当然，不同企业的目标利润率是不同的，即使同一个企业，在不同时期的利润率也会有所不同；但从长期来看，任何企业都必须保证一定的获利水平，否则企业将无法维持生存与发展。

(3) 结构吸引力。理想的盈利能力会使细分市场更具吸引力，但具有相同市场盈利能力的细分市场，由于结构的差异，对企业的吸引力是不同的。一个细分市场的结构可从细分市场内的竞争状况、新加入的竞争性产品的提供状况、替代产品、消费者的议价能力及供应商的议价能力等方面加以研究。

(4) 企业的目标和资源。即使某一细分市场具有合适的规模和增长速度，也具有较好的盈利能力和结构吸引力，调研者仍需要将本企业的目标和资源与其所在细分市场的情况结合起来考虑。如某一细分市场符合企业的目标，企业也必须考虑其是否具备进入该市场并在竞争中取得优势的资源和技术条件。如果企业没有超过竞争者的技术和资源，甚至缺乏赢得市场竞争的必备力量，那么也不应该进入该细分市场。

2. 选择目标市场

目标市场是企业打算进入的细分市场，或者打算满足的具有某一特定需求的消费者群体。企业在选择目标市场时有五种可供考虑的市场覆盖模式。

(1) 市场集中化。集中化战略是指企业把经营的重点目标放在某一特定消费群体，或者某种特殊用途的产品上，或者某一特定地区内，来建立企业的竞争优势及其市场地位。在这个特定的消费群体中，建立自己在产品功能上或生产成本上的差异，并取得优势地位。一般来说，采取这种战略的企业，其产品往往具有很强的个性特征。例如，美国迪士尼童装就是针对儿童市场。

(2) 产品专业化。企业可生产一种产品、提供一种服务，以此向各类客户销售。产品专业化有利于企业在生产技术上形成优势，在该产品领域树立起专业化的形象，但潜在风险在于市场需求的变化和技术更新。例如，爱普生只生产打印机等办公设备，但它的产品有多种型号，适合企业、个人等消费群体。

(3) 市场专业化。企业为某一顾客群体提供多种能够满足不同需求的服务或产品。如宝洁公司作为一家以洗涤、个人卫生护理为特色的专业公司，是实行市场专业化的典范，其旗下的洗发水产品就分为洗发护发二合一的飘柔、含有丰富维生素B_2的潘婷、去除头屑的海飞丝和专业美容美发的沙宣等。

(4) 选择性专业化市场。企业选择若干个子市场为目标市场，并分别以不同的产品满足其需要。这实际上是一种多角化经营模式，它可以较好地分散经营风险，有较大的回旋余地，即使某个市场失利，也不会使企业陷入绝境；但它需要具备较强的资源和调研实力。如中国的海尔集团涉猎白色、黑色和米色家电，还向房地产、医药和零售等领域拓展。

(5) 全面覆盖。企业多种产品满足市场上各种需要，以达到占领整体市场的目的。美国通用汽车公司的别克品牌旗下，各种产品覆盖了高中低三个档次，满足不同群体需求。这样的企业一般实力都非常雄厚，是市场中的领导者。

3. 确定目标市场策略

企业在决定为哪些细分市场服务，即确定其目标市场涵盖策略时，通常有三种目标市场策略可以选择。

（1）无差异市场策略。企业在市场细分之后，不考虑各细分市场的特性，只注重细分市场的共性，决定只推出单一产品，运用单一的市场营销组合，力求满足尽可能多的顾客的需求。这种战略的优点是产品的品种、规格、款式简单统一，有利于标准化及大规模生产，有利于降低生产、存货、运输、研发、促销等成本费用。其主要缺点是单一产品要以同样的方式广泛销售，并让所有消费者都满意是不可能的。

（2）差异性市场策略。企业为了适应各子市场的需要，并针对每一个细分市场制订一套独特的市场方案，以满足不同消费者的需求，扩大市场份额。这种策略要求企业充分考虑各细分市场的特性，推出多种不同的差异产品，制定不同的价格和渠道策略，运用不同的促销方式，力求满足尽可能多的顾客的需求。宝洁公司就是较为典型的差异化战略的执行者。优点是能够满足不同特征顾客群体的需要，从而提高本品牌产品的竞争力，吸引更多的现有消费者和潜在消费者，以提高市场占有率；缺点为相关成本提高，或者资源配置不能有效集中，顾此失彼。

（3）集中市场策略。集中市场是指企业集中所有力量，以一个或少数几个性质相似的细分市场作为目标市场，试图在较少的细分市场上实现较大的市场占有率。实行集中市场策略的企业一般是资源有限的中小企业，或是初次进入新市场的大企业。由于服务对象比较集中，对一个或几个特定细分市场有较深的了解，而且在生产和市场调研方面实行专业化，可以比较容易地在这一特定市场取得有利地位。因此，如果细分市场选择得当，企业可以获得较高的投资收益率。但是，实行集中市场策略有较大的风险，因为目标市场范围比较狭小，一旦市场情况突变、竞争加剧或消费偏好改变，企业可能陷入困境。

四、市场定位

（一）市场定位的含义

随着市场经济的发展，在同一市场上有许多同一品种的产品。企业为了使自己生产或销售的产品获得稳定的销路，要从各方面赋予产品一定的特色，树立产品鲜明的市场形象，以求在顾客心目中形成一种稳定的认知和特殊偏好，这就表现为市场定位。所谓市场定位就是企业根据目标市场上同类产品竞争状况，针对顾客对该类产品某些特征或属性的重视程度，为本企业产品塑造强有力的、与众不同的鲜明个性，并将其形象生动地传递给顾客，求得顾客认同。市场定位的实质是使本企业与其他企业严格区分开来，使顾客明显感觉和认识到这种差别，从而在顾客心目中占有特殊的位置。如产品工艺、产品功能、价格特性、服务态度和企业文化等；也可以从消费者心理上反映出来，如豪华、朴素、时髦、典雅等；还可以表现为价格水平、质量水准等。

企业在市场定位过程中，一方面要了解竞争者的产品的市场地位，另一方面要研究目标顾客对该产品的各种属性的重视程度，然后选定本企业产品的特色和独特形象，从而完成产品的市场定位。

（二）市场定位的方式

市场定位作为一种竞争战略，显示了一种产品或一家企业同类似的产品或企业之间的竞争关系。定位方式不同，竞争态势也不同。

1. 比附定位

比附定位就是攀附名牌，比拟名牌来给自己的产品定位，沾名牌之光而使自己的品牌生辉。

2. USP 定位

USP（unique selling proposition）中文意思为"独特销售主张"或"独特卖点"，一个产品只提供一个卖点。USP 定位策略的内容是在对产品和目标消费者进行研究的基础上，寻找产品特点中最符合消费者需要的、竞争对手所不具备的最为独特的部分。如美国 M&M 巧克力就是以"只溶在口，不溶于手"提供了一个最重要的卖点为市场所记住。

3. 特定消费群体定位

该定位直接以某类消费群体为诉求对象，突出产品专为该类消费群体服务来获得目标消费群的认同。把品牌与消费者结合起来，有利于增进消费者的归属感，使其产生"我自己的品牌"的感觉。

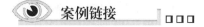
案例链接

苹果智能手表定位新市场：企业员工福利采购

第三方统计显示，苹果手表的销量第三季度出现了七成的同比暴跌，智能手表市场面临前所未有的危险境地。苹果公司也开始考虑通过各种方法扩大手表的销量，进而推出专门网页，希望苹果手表成为企业员工福利计划的采购产品，专门开辟了有关在企业员工福利计划中使用苹果手表的栏目，其中，苹果公司介绍了过去和 IBM、Aetna、Lockton 等公司的合作方案。

除了介绍和员工福利有关的功能之外，苹果公司也推出了专门的销售办法。据称，雇佣 100 人以下的公司可以直接和苹果产品零售店联系，安排单独的购买交易，但是苹果公司并未提供具体的价格折扣信息；员工超过 100 人的大中型企业，则可以直接和苹果公司的"企业福利"部门联系，商谈采购计划。

摘录自 http://tech.huanqiu.com/news/2016-12/9834181.html

4. 市场空当定位

市场空当定位是指企业寻求市场上尚无人重视或未被竞争对手控制的位置，使自己推出的产品能适应这一潜在目标市场的需要。霸王洗发水的防脱发定位，关键是找到一个极好的市场空白地带，市场空当定位获得极大成功。

5. 类别定位

该定位就是与某些知名而又属于司空见惯类型的产品做出明显的区别，把自己的产品定位为与之不同的另类，这种定位也被称为与竞争者划定界线的定位。美国的七喜汽水之所以能成为美国第三大软性饮料，就是由于采用了这种策略，宣称自己是"非可乐"型饮料，是代替可口可乐和百事可乐的消暑解渴饮料，突出其与"两乐"的区别，因而吸引了相当部分的"两乐"转移者。

6. 对比定位

对比定位是指通过与竞争对手的客观比较来确定自己的定位，也被称为排挤竞争对手的定位。在该定位中，企业设法改变竞争者在消费者心目中的现有形象，找出其缺点或弱点，并用自己的品牌进行对比，从而确立自己的地位。在止痛药市场，由于阿司匹林有潜在的引发肠胃微量出血的可能，泰诺制作了针对性的广告，宣传"为了千千万万不宜使用阿司匹林的人们，请大家选用泰诺"，最终，阿司匹林一蹶不振，其位置自然由泰诺取代。

7. 首席定位

首席定位即强调自己在同行业或同类产品中的领先地位，在某一方面有独到的特色。企业在广告宣传中使用"正宗的""第一家""市场占有率第一""销售量第一"等口号，就是首席定位策略的运用。如容声冰箱一直诉求"连续八年全国销量第一"；百威啤酒宣称是"全世界最大，最有名的美国啤酒"；乐华通过其母公司长城电子出口量大的事实，以"国际品牌，回到中国"的口号塑造出高于一般国内品牌的地位。

8. 重新定位

重新定位是指企业变动产品特色，改变目标顾客对其原有的印象，使目标顾客对其产品新形象有一个重新的认识过程。市场重新定位对于企业适应市场环境、调整市场人群或者品牌形象是必不可少的。如可口可乐旗下的酷儿果汁饮料，从开始入市就以儿童为主要消费人群。但是，在销售过程之中，市场人员通过调研发现，从性别比例来看，酷儿的饮用者中女性比例超过了60%，酷儿主要是针对儿童的产品，而女性通常与儿童在消费习惯上更为接近。

本 章 小 结

本章主要探讨了市场调研的环境和市场分析，对市场调研环境存在的意义、特点和市场调研环境中最重要的两大环境因素——宏观环境和微观环境进行了分析和总结。

在分析调研环境的基础上，本章还讨论了具体的分析环境的两种方式——机会分析和威胁分析，并提出了应对策略。最后，本章从分析调研市场的角度出发，对市场调研环境中最重要的目标客户群体进行了分析，探讨了如何细分目标客户群体，如何选择目标客户群体和如何引导企业进行市场定位的问题。

复习思考题

1. 什么是营销环境？它的存在对企业而言有何意义？
2. 简述宏观营销环境的主要内容。
3. 什么是微观营销环境？它包含哪些影响因素？
4. 结合某企业，针对经营环境进行机会和威胁分析，并给出对策。
5. 什么是市场分析？为什么要进行市场分析？

课后案例

红罐王老吉品牌定位战略

2002年以前，从表面看，红色罐装王老吉（以下简称"红罐王老吉"）是一个"活得"很不错的品牌，在广东、浙南地区销量稳定，盈利状况良好，有比较固定的消费群，红罐王老吉饮料的销售业绩连续几年维持在1亿多元。发展到这个规模后，加多宝的管理层发现，要把企业做大，要走向全国，就必须克服一连串的问题，甚至原本的一些优势也成为困扰企业继续成长的障碍。而所有困扰中，最核心的问题是企业不得不面临一个现实难题——红罐王老吉当作"凉茶"卖，还是当作"饮料"卖？在红罐王老吉前几年的推广中，消费者不知道为什么要买它，企业也不知道怎么去卖它。在这样的状态下红罐王老吉居然还平平安安地度过了好几年。在中国，这样一批中小企业糊里糊涂地赚得盆满钵满，但在发展到一定规模之后，企业要想做大，就必须搞清楚一个问题：消费者为什么买我的产品？

2002年年底，加多宝找到成美营销顾问公司（以下简称"成美"），初衷是想为红罐王老吉拍摄一条以赞助奥运会为主题的广告片，要以"体育、健康"的口号来进行宣传，以期推动销售。成美经初步研究后发现，红罐王老吉的销售问题不是通过简单的拍摄广告可以解决的——这种问题目前在中国企业中特别典型：一遇到销量受阻，最常采取的措施就是对广告片动手术，要么改得面目全非，要么赶快搞出一条"大创意"的新广告——红罐王老吉的销售问题首先需要解决的是品牌定位。

红罐王老吉虽然销售了7年，其品牌却从未经过系统、严谨的定位，企业都无法回答红罐王老吉究竟是什么，消费者就更不用说了，完全不清楚为什么要买它——这是红罐王老吉缺乏品牌定位所致。这个根本问题不解决，拍摄什么样"有创意"的广告片都无济于事。正如广告大师大卫·奥格威所说："一个广告运动的效果更多的是取决于你产品的定位,而不是你怎样写广告(创意)。"经过一轮深入沟通后,加多宝公司最后接受了建议,决定暂停拍摄广告片,委托成美先对红罐王老吉进行品牌定位。根据合同要求,成美首先需要在 45 个工作日内完成对红罐王老吉的定位研究。

按常规做法,品牌的建立都是以消费者需求为基础展开,因而大家的结论与做法亦大同小异,所以仅仅符合消费者的需求并不能让红罐王老吉形成差异。而品牌定位的制定是在满足消费者需求的基础上,通过了解消费者认知,提出与竞争者不同的主张。又因为消费者的认知几乎不可改变,所以品牌定位只能顺应消费者的认知而不能与之冲突。如果人们心目中对红罐王老吉有了明确的看法,最好不要去尝试冒犯或挑战,就像消费者认为茅台不可能是一种好的"啤酒"一样。所以,红罐王老吉的品牌定位只有不与广东、浙南消费者的现有认知发生冲突,才可能稳定现有销量,为企业创造生存以及扩张的机会。

为了了解消费者的认知,成美的研究人员一方面研究红罐王老吉、竞争者传播的信息,另一方面,与加多宝内部、经销商、零售商进行大量访谈,完成上述工作后,聘请市场调查公司对王老吉现有用户进行调查。以此为基础,研究人员进行综合分析,厘清红罐王老吉在消费者心目中的位置,即在哪个细分市场中参与竞争。

在研究中发现,广东的消费者饮用红罐王老吉主要在烧烤、登山等场合。其原因不外乎"吃烧烤容易上火,喝一罐先预防一下""可能会上火,但这时候没有必要吃牛黄解毒片"。而在浙南,饮用场合主要集中在"外出就餐、聚会、家庭"。在对当地饮食文化的了解过程中,研究人员发现:该地区消费者对"上火"的担忧比广东有过之而无不及,如消费者座谈会桌上的话梅蜜饯、可口可乐都被说成"会上火"的危险品而无人问津。而他们对红罐王老吉的评价是"不会上火""健康,小孩老人都能喝,不会引起上火"。这些观念可能并没有科学依据,但这就是浙南消费者头脑中的观念,这是研究需要关注的"唯一的事实"。消费者的这些认知和购买消费行为均表明,消费者对红罐王老吉并无"治疗"要求,而是将其当作一种功能饮料购买,购买红罐王老吉的真实动机是用于"预防上火",如希望在品尝烧烤时减少上火情况发生等,真正上火以后可能会采用药物,如牛黄解毒片、传统凉茶类治疗。

再进一步研究消费者对竞争对手的看法,则发现红罐王老吉的直接竞争对手,如菊花茶、清凉茶等由于缺乏品牌推广,仅仅是低价渗透市场,并未占据"预防上火的饮料"的定位。而可乐、茶饮料、果汁饮料、水等明显不具备"预防上火"的功能,仅仅是间接的竞争。任何一个品牌定位的成立都必须是该品牌最有能力占据的,即有据可依。如可口可乐说"正宗的可乐"是因为它就是可乐的发明者。研究人员对企业、产品自身在消费者心智中的认知进行了研究,结果表明,红罐王老吉的"凉茶始祖"身份、神秘中草药配方、175 年的历史等显然是有能力占据"预防上火的饮料"这一定位的。由于"预防上火"是消费者购买红罐王老吉的真实动机,自然有利于巩固加强原有市场;而能否满足企业对新定位"进军全国市场"的期望,则成为研究的下一步工作。

通过二手资料、专家访谈等研究表明,中国几千年的中医概念"清热祛火"在全国广为普及,"上火"的概念也在各地深入人心,这就使红罐王老吉突破了凉茶概念的地域局限。研究人员认为:"做好了这个宣传概念的转移,只要有中国人的地方,红罐王老吉就能活下去。"至此,品牌定位的研究基本完成。

在研究一个多月后,成美向加多宝提交了品牌定位研究报告,首先明确红罐王老吉是在"饮料"行业中竞争,竞争对手应是其他饮料;其品牌定位——"预防上火的饮料"——独特的价值在于喝红罐王老吉能预防上火,让消费者无忧地尽情享受生活,吃煎炸、香辣美食,烧烤,通宵达旦看足球……

这样定位红罐王老吉,是从现实格局通盘考虑。红罐王老吉能取得巨大成功,总结起来,以下五个方面是加多宝公司成功的关键所在。

(1) 为红罐王老吉品牌准确定位。
(2) 广告对品牌定位传播到位,这主要有两点:广告表达准确与投放量足够。
(3) 企业决策人准确的判断力和果敢的决策力。
(4) 优秀的执行力,渠道控制力强。
(5) 量力而行,滚动发展,在区域内确保市场推广力度处于相对优势地位。

摘录自 http://www.docin.com/p-1457708957.html

第三章 市场调研方法

导入案例

新东方在挖掘市场中壮大

2017年是新东方成立的第26个年头。从当初的快速扩张式发展,到2006年在美国纽约证券交易所成功上市,成为中国第一家海外上市的教育机构,新东方曾经掀起教育行业的培训热潮,但也遭受到过度扩张、人才供给乏力的质疑。从2011年开始,新东方放缓了新建学校开班的步伐,实行稳健化发展战略,借机进行内部组织管理的调整和升级。新东方发展到今天的态势,是它深挖市场需求并快速反应进而形成口碑效应的结果。

2008年年初,正值春节期间,孔建龙被俞敏洪派去兰州开辟新市场。新东方的老师们进行市场调研的方法很"土",就是在大街上转悠。孔建龙在兰州市区转了好几天,但毫无收获。直到有一天,他在兰州步行街看到一家门店前面排起了很长的队伍,心生疑问,上前一问才知这是一家卖元宵的老字号。顿时,孔建龙觉得有希望了。孔建龙对市场判断的逻辑:第一,兰州人正月里能在这家老店门前排起百米长队买元宵,说明他们认品牌;其次,不管前面排多少人都要等,说明他们对品牌的忠诚和坚持。这两点让孔建龙坚信兰州有市场。

在随后的调研中,他发现兰州在一个狭长的空间里容纳了三百万人口,密度比周边的银川、西宁等地都大。再有,兰州是个移民城市,有很多市民都是20世纪50年代以来从上海、天津、东北等地来支边的,他们对自己的子女都有着走出去改变命运的期盼。新东方没有进入兰州之前,每年寒暑假到外地新东方学习的学生很多,孔建龙了解到这些情况之后,对下一步的宣传计划有了想法。开业前一周,他在全市的报纸头版位置、公交车身以及兰州新东方学校门口打出巨幅广告——"对不起,我们来晚了"。于是,新东方强势入驻兰州,学校开办当年就超额完成全年预算。

摘录自 https://lightblog.1688.com/article/34904568.html?tbpm=3

第一节 二手资料收集

一、二手资料的意义

二手资料是相对于一手资料而言的,这些资料是研究与调研项目有关资料的过程中经他人收集、整理的资料,有些是已经发表过的。与原始数据一手资料相比,二手资料具有成本低、易获取、能为一手资料的收集奠定基础等优点。有些二手数据,例如,由国家和地方各级统计机构普查结果所提供的数据,是不可能由任何一个调查公司按原始数据去收集的。尽管二手数据不可能提供特定调研问题所需的全部答案,但二手数据在许多方面都是很有用的。

二、二手资料的来源

二手资料的收集可通过文案调查法或文献资料调查法取得。市场竞争在很大程度上是一场信息的竞争,谁掌握了信息,谁就赢得了市场。二手资料的来源主要可以分成两大类:内部资料来源和外部资料来源。

(一) 内部资料来源

内部资料来源指的是出自所要调查的企业或公司内部的资料。完整的内部资料能提供相当准确的信息,主要包括企业内部各有关部门的记录(尤其是销售记录)、会计账簿、统计表、报告、用户信息、代理商和经销商的信息,以及以往相关调研项目已搜集的信息资料与调研报告等。

(二) 外部资料来源

外部资料指的是来自被调查的企业或公司以外的信息资料。一般来说,主要包括九种。

1. 政府部门

政府的统计机关定期发布各种统计数据。从政府机构可以得到的信息有统计资料、销售机会、经营各类具体产品的批发商和代理商、求购具体数量的具体产品的买主名称等。如政府每隔10年要做一次人口普查,包括全国各省的城市人口、农村人口、年龄结构、男女比例、家庭收入、人口增长、经济增长等内容。目前国家、省、地、县都有抽样调查的队伍。有些大城市还有其他专门的调查队伍,比如广州就有"广州市社情民意调查中心",收集有大量有关居民收入、家庭消费等方面的资料情况。

2. 图书馆

图书馆能提供有关市场的基本经济资料,有关具体课题的大量资料一般从专业图书馆和资料室索取。图书馆的资料非常丰富，可以查阅到的资料可能包括公开出版的期刊、文献、报纸、书籍、研究报告、工商企业名录、统计年鉴、企业手册，以及政府公开发布的有关政策、法规、条例规定、规划、计划等。图书馆的优势是资料多而且全，缺点是许多资料过于陈旧。

3. 行业协会

行业协会是很好的有关特定产业部门的信息源。许多国家和地区都有行业协会，如包装协会、电子产品协会、消费者协会、物流协会、营销协会等。许多行业协会都定期搜集、整理甚至出版一些有关本行业的产销信息。行业协会经常发表和保存详细的有关行业销售情况、经营特点、增长模式及竞争企业的产品目录、样本、产品说明与公开的宣传资料。此外，他们也开展自己行业中各种有关因素的专门调研。

4. 专门调研机构、咨询机构和广告公司

企业可向这些机构购买相关数据或信息，或提出咨询，委托调查。这些专门从事调研和咨询的机构经验丰富，搜集的资料很有价值，但一般收费较高。

5. 企业的相关利益群体

企业的营销人员经常在顾客和市场中活动，直接接触市场，他们可提供许多非常具体的市场信息。此外，供应商、分销商、竞争对手也是很好的二手资料收集对象。

6. 互联网

互联网上每天都有数以亿计的信息在流动，它是一个巨大的"信息仓库"，其中包含大量的二手资料。利用因特网收集信息是市场调查未来发展的一个重要方向，值得营销人员重视。目前国内较好的经济管理类的网站有"中国经济信息网""中国中小企业网""广东经济信息网"等。

7. 当地高校

大学的工商管理系、市场营销系、社会学系经常有许多研究项目要组织学生做市场调查和案例分析，因此可以提供一定的二手信息。

8. 竞争对手

竞争对手的报价单、产品目录、公司年报、公司刊物等也能提供很多信息，可以从中了解竞争产品价格、款式、型号、包装、服务、成本、技术等方面的情况。

9. 利用公开的情报

人们总以为商业情报是锁在竞争对手的保险柜里的，其实有关竞争对手的大部分资料都是可以从公开的媒体和各种资料上获得的。因为任何企业都不可能完全地封锁自己，除非不销售产品、不对外宣传，而竞争对手的任何一个"行动"，总会有一些"预兆"，只要经营者掌握了这个规律，便能够洞悉市场变化，决胜于千里之外了。

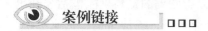

奥美调查报告：网络社区如何改变着网民生活

奥美中国于2008年4月21日发布了《中国的生产消费者》调研报告。奥美通过探究网络社区得以形成的原因以及生产消费者们发挥影响力的技术基础，着重分析了这些因素对社会和个人生活的影响。

互联网和数字媒体已经在很大程度上改变了中国人生活、娱乐、消费和经商的方式。如果数千万的中国人都在通过互联网购买和销售商品，通过网络来选择股票和度假目的地，通过在网上分享视频来寻求一举成名，那么在这些选择和消费行为的背后，是什么样的影响力在起着推动的作用？

奥美中国调研部试图发现这样一群核心的"生产消费者"——他们聪明、活跃并且善于使用技术；他们从互联网和数字媒体上获取信息，在生活方式和品牌选择的方方面面影响着大众。在这次调查中，我们研究了在游戏、音乐、娱乐、电子商务、在线讨论和博客领域的生产消费者，目的在于理解他们的动机和价值观念，并解释他们影响力的本质。

奥美认为，网络影响力的本质是不同寻常的。这是因为生产消费者们并不是在领导潮流，而是在某种运动或趋势处于潜伏或一触即发之际，为之宣传造势，起到推波助澜的作用。我们认为成功的营销并不在于找到那些具有影响力的人并将现成的想法交给他们，而是发掘社会中潜在的趋势走向，并且帮助生产消费者发现它们。

摘录自 http://tech.hexun.com/2008-04-23/105502056.html

三、二手资料的确定

尽管二手资料调研具有省时间、省费用的优点，然而许多二手资料也存在着严重缺陷。所以，在利用二手数据的时候，市场调研人员需要特别注意五个方面的问题。

（一）可获性

人们在选用第二手资料时应该考虑所需的资料是否能被调研人员迅速、方便、便宜地使用。一般只有在迫切需要信息时才会使用昂贵的资料来源；但是，调研经费如果很少，那么花钱少的信息源应该加以优先考虑，快速和便利则是次要的了。

（二）时效性

在某些信息来源中得到的数据资料往往已过时数年，不能作为企业决策的主要依据。因此，用过时的资料和数据来推断当前的市场状况将使企业的调研缺乏时效性与准确性，无法被决策者所采用。

（三）可比性

从不同国家得到的数据有时无法进行相互比较，这是由于各国条件不同、数据搜集程序和统计方法不同等原因所致。有时，同一类资料在不同的国家可能会使用不同的基数，指标在含义上也可能不大相同。例如，电视机的消费量在欧洲某些国家被归入消遣性支出，而在美国则被归入家具类支出。不同地区和国家的数据在各国之间的不可比性必然会影响数据的有用性，从而影响企业决策。

（四）相关性

市场调研人员必须确定所找到的资料是否最能切中要研究的问题。例如，已公布的 GDP 发展报告强调的是某一国的经济状况，而市场调研人员所感兴趣的是一个特定的行业信息，尽管一个国家的经济状况和这个指定的行业发展方向是一致的，但是也不可以完全替代。如果简单地使用 GDP 发展数字来取代指定行业的发展状况，那么企业据此所做的营销决策将对指定行业的发展毫无用处。

（五）精确性

在很少的情况下，一些由第三方单位和机构公布的第二手资料会全面、精确地论述市场调研人员所要调查的主题，但多数情况并不如此。当得不到直接切题的第二手资料时，市场调研人员可能只得利用代用资料，因此要适当地对这些替代资料做一些修改或补充，以提高资料的精确度。

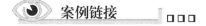

百度取消新闻源数据库，对公关意味着什么？

自媒体时代之前，百度作为搜索引擎的龙头老大，掌握了市面上大部分流量。知乎用户梅正周曾发帖说明，想要快速被百度收为新闻源，内容上需具备四个主要特点。

（1）解决资源时效性：更新必须及时，能够第一时间发布最新的新闻、资讯等。

（2）解决资源稀缺性：提供稀缺的、资源匮乏领域的独家原创内容。

（3）解决资源零散性：对散布在各种媒体的资源进行了高价值的收集和整理。

（4）满足好的用户体验：页面的打开速度快、干净清爽、排版合理、没有大幅的翻页。

随着今日头条、一点资讯、微信公众号、百度百家、企鹅号等内容平台的出现，这种一家独大的格局逐渐被打破，流量已经分散。对于品牌公关，新闻源站点的权重可能就不会有原来那么高了。百度本身不生产内容，套用农夫山泉的广告词就是"我们不生产内容，我们只是内容的搬运工"，通过自有的搜索工具快速地将其他平台的内容抓取过来呈现给大众，基于此，这些站点成为公关的重要阵地。

通过百度新闻源发布的内容，会更及时地被百度收录，那么取消新闻源数据库，影响了公关稿的收录速度，从而影响了品牌公关的时效性。新闻源时代结束，大分发时代崛起，这种趋势在发展，自媒体公关将会越来越重要。特别是"内容＋渠道"模式，将大大影响公关的效果，好的内容放在合适的渠道能发挥更大的价值。

摘录自 http：//blog. ceconlinebbs. com/BLOG_ARTICLE_246666. HTM

第二节　一手资料收集——定量调研

一手资料收集可分为定量调研与定性调研两种。定量调研是对一定数量的代表性样本进行调查或研究，然后对调查的数据进行录入、整理和分析，并撰写报告的方法。定量调研具体的方法如下。

一、访问调查法

（一）访问调查法的含义与特点

访问调查法又被称为询问法，是指通过调查者与被调查者的直接对话而收集事实材料的一种调查研究方法。一般而言，调研人员会根据事先设计好的调查项目，以某种方法向被调查对象提出问题，要求其给予回答，由此获取信息资料。访问调查法是市场调查中最基本、应用最普遍的方法。访问既可以通过口头语言访问，也可以采用书面访问。这种方法有两个特点。

（1）访问调查是调查者与被调查者相互作用、影响的过程，也是人际沟通过程。访问调查法一般是由调查者提出问题，被调查者回答问题的过程。这一过程不是单向作用的，而是相互作用、相互影响的过程。如果只有调查者的询问，而无被调查者的回答，就不能称其为访问调查。访问过程中，调查者要努力掌握访谈过程的主动权，积极对被调查者进行影响，激起被调查者回答问题的欲望。

（2）访问调查效果取决于调查者的素质，也取决于被调查者的素质和合作态度。访问调查结果受访谈双方的态度和素质的影响。例如，被调查者是否认真负责地提供资料，即他肯不肯回答问题、回答多少、真实程度如何都会影响调查结果。

（二）访问调查的类型

根据不同的调查方式，访问调查可分为人员面访、邮寄调查、电话访问、留置问卷、网络调研等。

1. 人员面访

人员面访是指调查者直接面对面向被调查者询问有关的问题，以获取相关的信息资料的一种方法。由于是面对面地进行访问，通常具有较强的灵活性。优点是问卷回收率高且有助于提高调查质量，收集更多的信息。缺点是需要耗费较多的人力和财力，调查所需的时间较长；同时，调查结果较易受人为因素影响。因此，在实施人员面访调查时，应特别对调查者进行培训，使其注意中立客观原则并了解访问技巧。人员面访可以具体分为入户访谈和街头拦截访谈。

（1）入户访谈。入户访谈是指调查者按照研究项目规定的抽样原则到被调查者的家中，寻求符合项目要求条件的访问对象，然后进行面访的调查方式。主要调查对象是普通居民，调查内容也多是针对普通居民的各类产品消费习惯和意见等。

由于访问的地点一般是在家里，访问环境舒适、安全，且干扰因素比较少，一般受访者接受访问时，会比较耐心地回答问题，获得的问卷质量比较高，复核数据难度较低，适合用于信息量比较大、访问时间比较长的数据采集。缺点则是访问成本比较高、访问时间受限、调查者容易作弊及拒访率高。随着住宅小区的安防措施不断加强，很难接触到一些中高端的住户。入户访问的形式也逐渐被其他的调查方式取代。

（2）街头拦截访谈。街头拦截访谈除了具有与入户访谈相同的能直接获得反馈、对复杂问题进行解释等优点外，还因为不需要四处寻找被访者而节约路费及行程时间，可以将大部分的时间用于访谈，且更容易接近目标顾客，收集到适合的资料。不过，该方法仍有着拒访率较高、无法进行比较复杂且长时间的面谈等缺点。

购物中心定位研究

"新荟广场"规划发展为大型综合购物中心，主力消费客群锁定嘉定新城主城区及周边组团的大众人群。2014年乐调研公司受委托为新荟广场购物中心进行前期潜在用户消费行为和需求调研，为后续招商和市场营销活动提供决策支持。本次研究将帮助该购物中心了解有关目标客户的购物习惯及需求等营销相关问题。

乐调研接受委托后，在上海进行为期4周的街头流动拦截方法进行问卷调查（问卷长度5分钟），共取得800位样本。调查结果发现：目前市场需求缺口主要存在于有停车场/停车方便、选择丰富/具有多样性、有年轻/时尚的品牌、有好的娱乐活动提供，以及有丰富的餐饮；同时，被调查者也期望看到更多来自传统媒体渠道的宣传信息，包括商场内张贴的宣传物和商场班车上的车身广告。

摘录自 http://www.lediaoyan.com/上海嘉宝地产有限公司–购物中心定位研究

2. 邮寄调查

邮寄调查法是指将事先设计好的调查问卷邮寄给被调查者，由被调查者根据要求填写后再寄回,是市场调查中常用的调查方法之一。优点为方便、费用低廉、节约了人力,同时能给被调查者较充裕的时间思考回答问题,不会受到调查者有意识或是无意识的干扰。缺点为:该方法无法确认实际填写问卷者是否为真正要调查的对象;无法由专人解释问卷,要求被调查者有一定的文字理解能力和表达能力;问卷邮寄时间长,信息反馈时间久,甚至被调查者不愿填写寄回,造成问卷的回收率低。因此,调查者通常会附上贴好邮票的回程信封,适当地提醒或赠送小礼品、回馈金或抽奖,提高邮寄调查的问卷回收率。

3. 电话访问

电话访问指的是调查者按照统一问卷,通过电话向被调查者提问,并根据回答内容记录答案。这种调查方法在电话普及率很高的国家很常用,在我国只适用于电话普及率高的人口总体。

电话访问法的优点:①费用低;②速度快;③被调查者不受调研人员在场的心理压力;④电话访问员管理方便;⑤有可能获得高质量的样本。

电话访问法的缺点:①极大地限制了各种调研工具的综合使用;②不适合较长时间的访问;③不适合深度访谈或开放式问题的回答;④辨别回答真伪以及记录的准确性都受到限制;⑤容易遭到拒访。

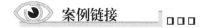

公共服务满意度案例

乐调研公司接受合资水务公司委托进行一次满意度的跟踪调研,主要为了检测供水服务水平的进度,提供更好的自来水供水服务。该调研项目主要通过客户提供的顾客名单进行电话访问。调查结果显示,最近几年满意度变化不大,基本维持不变。不过,虽然总体满意度变化不大,但水质的满意度相比上一年有较大幅度下降。综合考虑各因子对消费者的重要性,乐调研公司提出,"水质"是对消费者比较重要,同时满意度较低的指标,应作为下一步重点改进方向。水质的"口味"相比上一年下降明显,应作为提升"水质"的重点改进领域。

摘录自 http://www.lediaoyan.com/Case/publicservice

4. 留置问卷

留置问卷是介于人员面访和邮寄调查之间的一种折中方法。该调查方法是指访问员到受访者家中访问,委托协助调查并留下问卷,日后再予以回收的方法。

留置问卷的优点:即使问题项目多,被调查者还是可依据自己的时间从容作答,可回答需要耗费时间或难以当面回答的问题;访问时即使被调查者不在家亦可进行调查,不需要面谈技术纯熟的调查者;此外,与访问面谈调查相同,只要在回收时确认问卷回答状况,就可避免漏答或错误,调查问卷回收率高,被调查者可以当面了解填写问卷的要求,澄清疑问,避免由于误解提问内容而产生误差,并且填写问卷时间充裕,便于思考回忆,受访者意见不受调查员的影响。

留置问卷的缺点:难以确认是否是被调查者本人的回答,即使是本人回答也可能受家人和朋友意见的影响;需要委托调查及回收共两次访问,交通及人员费用耗费较多;调查地域范围有限,也不利于对调查人员的管理监督。

5. 网络调研

网络调研是指基于互联网系统地进行信息的收集、整理、分析和研究。网络调研将成为21世纪应用领域最广泛的主流调查方法之一。现如今处于大数据时代,网络获取信息的可靠性越来越高。根据网络调研获取信息的不同方式,可以通过在线调查表、电子邮件调查以及对访问者的随机抽样调查获得所需资料。

(1) 在线调查表。在网页上设置在线调查表,访问者在线填写并提交到网站服务器,这是网上调查最基本的形式,实际上也就是问卷调查方法在互联网上的延伸。研究表明,74%的用户表示愿意在网站上提供产品满意度反馈,有50%的用户愿意回答产品需求和偏好方面的问题。

(2) 电子邮件调查。电子邮件调查是在线调查的另一种表现形式,与传统调查中的邮寄调查表同一原理。将设计好的调查表直接发送到被调查者的邮箱中,或者在电子邮件正文中给出一个网址,链接到在线调查表页面。

(3) 对访问者的随机抽样调查。利用一些访问者跟踪软件,可以按照一定的抽样原则对特定的访问者进行调查,类似传统方式中的拦截调查。例如,在某一天或几天中某个时段,在网站主页上设置一个弹出窗口,其中包含调查问卷设计内容,或者在网站主要页面的显著位置放置在线调查表,请求访问者参与调查。另外,也可以对满足一定条件的访问者进行调查,这些条件可以根据自己的要求设定,比如来自哪些IP地址,或者一天中的第几位访问者。

随着互联网的发展,网络调研有以下特点。

第一,网络信息及时而共享。任何网民都可以在企业调研过程中随时参加,并随时查看调研阶段性结果。

第二,网络调研较方便,成本低。可节省传统调查中所耗费的大量人力和物力。在网络上进行调研,只需要一台能上网的计算机即可。调查者在企业站点上发出电子调查问卷,然后通过统计软件对访问者反馈回来的信息进行整理和分析完成。

第三,网络调研的交互性和充分性。网络的最大好处是交互性。在网上调查时,被调查对象可以及时就问卷相关的问题提出自己更多的看法和建议;同时,被调查者还可以自由地在网上发表自己的看法,也没有时间限制的问题,这在传统的方法中是不可能做到的。

第四,网络调研结果的可靠性和客观性。由于企业站点的访问者一般都对企业产品有一定的兴趣,没有人强迫浏览者填写问卷,都是自愿的行为,所以结果是客观的和真实的,在很大程度上反映了消费者的消费心态和市场发展的趋势。

第五，无时空限制。网络调研通过网络平台开展，而互联网具有无时空限制特性，这为网络调研提供了一个没有时间和空间限制的强大平台，让网络调研比传统调研更加便利，这也是网络调研与传统调研最大的区别所在。

第六，可检验性和可控制性。网络调研可有效地对采集信息的质量实施检验和控制：一是附加全面规范的指标解释，消除调查员口径不一造成的调查偏差；二是由计算机自动复核。

二、观察调查法

（一）观察法的含义与特点

观察法是指调查者根据研究的目的，通过自身的感官和辅助仪器，有目的、有计划地对处于自然情境下的人、物体或事件进行系统感知观察的一种科学研究方法。

观察法的优点包括：①观察法所观察的是处于自然状态下的市场现象，较好地保证了观察结果的客观性；②观察者只记录实际发生的情况，没有受到历史的或将来的意愿影响；③观察者到现场观察，不仅可以了解现象发生的全过程，还能身临其境获得更深入的资料；④有时对于特定问题，观察法是唯一可用的调研方法。

观察法的缺点包括：①观察是公开的，一旦被发现，可能导致人们改变他们的行为或出现不正常表现，从而使观察结果失真；②有些事情是不易或不能观察到的；③观察结果容易受观察者主观影响；④被观察到的当前行为有可能不代表未来的行为；⑤如果被观察的行为不是经常发生，那么观察调研会很耗时而且成本很高。

（二）观察法的适用范围

1. 商品资源和商品库存观察

市场调研人员通过观察了解工农业生产状况，判断商品资源数量，提出市场商品供应数量的报告。通过对库存场所的观察、库存商品的盘点数来判断商品的分类结构，观察商品的储存条件，从而了解存货货源及销售数量、计算储存成本、检查分析热销商品的情况等，为企业购销决策提供依据。

2. 顾客行为观察

通过观察顾客在营业场所的活动情况，可以了解顾客的构成、行为特征、偏好以及成交率等重要市场信息资料。

案例链接

让顾客参与产品设计——观察学习法

通过观察顾客的行为就可能产生伟大的想法。华纳-兰伯特制药公司（Warner-Lambert）在研发清凉李施德林漱口水（Fresh Burst Listerine）的过程中，就发现了对顾客进行观察的意义。为了获得反馈，公司委托的一家调研公司向37个家庭支付报酬，以便获准在其浴室安装摄像机。尽管李施德林的使用者及其竞争产品Scope的使用者都宣称，他们使用漱口水的目的是保持口气清新，不过，调研公司发现实际情况没这么简单。Scope的使用者往往先将漱口水含入口中，不久便将它吐出；李施德林的使用者则会将漱口水含在口里很长一段时间。有一位使用者曾经含着李施德林漱口水上了车，过了一个街区才将它吐入下水道。这些发现意味着使用者仍然偏向于将李施德林漱口水作为药物看待。

有时，你甚至能发现顾客没有意识到的需求。例如，Cheerios麦片的生产商通用磨坊（General Mills）通过仔细观察，发现了顾客食用这种麦片的一种新方法。他们发现，人们并不仅仅在早餐时间才会食用麦片，有些家长会在身边带上几袋Healthy O's麦片，然后在不同时候将其作为点心发给小孩，这出乎生产商的预料。

摘录自 http://www.ceconline.com/sales_marketing/ma/8800047128/01/

3. 营业状况观察

主要是通过观察营业现场的情况，综合分析判断企业的经营管理水平、商品供求情况，如商品陈列、橱窗布置、商品价格变动和促销活动。

4. 人流量观察

通过记录某一地段、街道在一定时间内道路上的行人或车辆的数目、类型及方向，借以分析、评定该地域的商业价值或交通情况，如行人流量观察、非机动车流量观察、机动车流量观察、道路特征观察。

（三）观察的具体方法

1. 实况详录法

实况详录法是在一段时间内，连续地、尽可能详尽地记录被观察对象的所有表现或活动从而进行研究的方法。其目的是无选择地记录被研究行为或现象系列中的全部细节，获得对这些行为或现象的详细的、客观的描述。例如，对一天内某超市中顾客的所有行为均进行观察和记录。

2. 时间取样法

时间取样法是在一定时间内，按一定的时段观察预先确定好的行为或表现，从而进行研究的方法。它是把被研究者在每一时间阶段中的行为看成是通常情况下的一个样本，如果抽取充分多的时段，通过在这些时间段中所观察到的行为，便可得出规律性的结论。例如，利用时间取样观察法研究学生的上网时间集中和分散情况。

3. 事件取样法

事件取样法是根据一定的研究目的观察某些特定行为或事件的完整过程而进行的研究方法。它不受时间间隔与时段规定的限制，只要所期待的事件一出现，便可记录。调查者可采用行为分类记录系统与对事件前因后果及环境背景等的描述性记录结合起来使用的记录方法。

4. 日记描述法

日记描述法是对同一个或同一组顾客以日记的形式描述被观察者长期反复被观察到的行为表现，从而进行研究的方法。一般适用于个案研究，当观察者与被观察者关系较密切或接触频繁时也常运用。

5. 神秘顾客调查法

神秘顾客调查最早出现在美国银行与零售业，用来防止员工偷窃行为。20世纪40年代，"mystery shopping"（神秘购物）一词正式出现，并且开始使用这种方法评估客户服务。20世纪70年代至80年代，Shop'n Chek公司普及了神秘顾客调查，为其开拓了广阔的发展空间。20世纪90年代，得益于互联网的发展，神秘顾客调查行业经历了前所未有的快速增长阶段，并获得了公众的认可。神秘顾客调查法在国外应用很广泛，诸如肯德基、飞利浦、麦当劳等跨国公司都有使用。

神秘顾客是由经过严格培训的调查员，在规定或指定的时间里扮演成顾客，对事先设计的一系列问题逐一进行评估或评定的一种调查方式。由于被检查或需要被评定的对象事先无法识别或确认"神秘顾客"的身份，故该调查方式能真实、准确地反映客观存在的实际问题。

6. 观察顾客法

观察顾客法是指在各种商场中秘密注意、跟踪和记录顾客的行踪和举动，以获取企业经营所需的信息。顾客观察法的观察项目主要包括：顾客的行走方向、路线，顾客关注的商品，顾客购买的商品，顾客在商场停留的时间等。观察顾客的数量可以根据商场的客流量来确定，可以等距抽样来确定观察对象。

案例链接

会赚钱的头脑是如何炼成的？

广西某民营医院老板老K原来钱赚得挺舒坦，突然开了一家竞争对手医院，请了三线明星代言，投放了大量户外广告，医院装修得富丽堂皇，服务人员服装、服务像空姐。这家医院一开，老K的业绩掉了20%。

他潜伏到对手医院做探子，观察地点、面积，评估租金成本，观察医务人员、服务人员人数、职位配置算出工资成本，调查对手投的广告算出推广成本。经过一系列调研算出对手的保本价格是一个项目6 800元。对方现在的定价是7 800元，于是他把价格降到6 600元，这个价格他有利润，对方会亏损。因为他判断对方"环境、人员配置过高"，广西有很大一部分"追求性价比"的顾客。

他专门针对对手改了广告内容、推广话术，调整了广告媒体，6 600元的活动一推出，果然业绩开始止损回升。

摘录自 http：//www.sohu.com/a/200868316_599186

三、实验调查法

(一) 实验调查法的含义

实验调查法是指市场调研者有目的、有意识地改变一个或几个影响因素来观察市场现象在这些因素影响下的变动情况,以认识市场现象的本质特征和发展规律。实验法的基本原理是实验者假定某些自变量会导致某些因变量的变化,并以验证这种因果关系假设作为实验的主要目标。例如,通过实验调查,企业可以发现广告与销售量、价格与销售量之间的逻辑关系。

(二) 实验调查法的组成

1. 自变量与因变量

自变量是实验中的激发因素,是引起实验对象变化的原因。因变量是激发因素的受体,是要被解释的现象和变化的结果,在实验中处于关键地位。

2. 实验组与对照组

实验组是接受自变量激发的一组对象,对照组则是不接受自变量激发的一组或几组对象,它们在实验之前各方面条件和状态都基本一致。

3. 前测与后测

前测是进行实验激发之前对实验对象,如实验组和对照组所做的测量。后测则是实施实验激发之后对实验对象所做的测量。从两次测量结果的比较中,就能看出实验对象的因变量是否发生了变化、怎样发生了变化以及发生了哪些变化。这正是实验法关注的焦点。

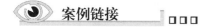

行为定价:"引导"消费者的购买决策

有一个有趣的实验是,实验方发给两组人同样的止痛药,他们告诉第一组人,这片药2.5元,而告诉第二组人,这片药0.1元。当实验方问参与实验的人该药是不是有效、能否缓解疼痛时,第一组有85.4%的人认为有效,第二组有60%的人认为有效。很明显,价格会影响消费者对产品价值的认知。这个试验显示消费者是非理性的,他们会从价格的设定感知产品的价值。

摘录自 http://www.ceconline.com/sales_marketing/ma/8800074356/01/?pa_art_4

(三) 实验调查法的特点

1. 实验调查法的优点

实验调查法也是市场调研中常用的一种方法,具体而言,它有如下优点。

(1) 客观性、实用性。实验调查法通过实地实验来进行调查,将实验与正常的市场活动结合起来,因此,取得的数据比较客观,具有一定的可信度。

(2) 可控性、主动性。调查者可以成功地引起市场因素的变化,并通过控制其变化来分析、观察某些市场现象之间的因果关系以及相互影响程度,是研究事物因果关系的最好方法。

(3) 精确性。实验调查法可提高调查的精确度。在实验调查中,可以针对调查项目的需要,进行实验设计,有效地控制实验环境,并反复进行研究,以提高调查的精确度。

2. 实验调查法的缺点

实验调查法虽然比较精确,过程和结论也比较客观,但是也有其自身的局限性。

(1) 实验对象和实验环境的选择难以具有充分的代表性。

(2) 实验调查的结论带有一定的特殊性,其应用范围受到一定限制。

(3) 实验中人们很难充分有效地控制实验过程,因此准确区分和检验实验效果与非实验效果很困难。

(4) 实验调查时对调查者要求比较高,花费的时间较长。

第三节 一手资料收集——定性调研

定性调研是指对所调查的对象进行科学抽象、理论分析、概念认识等,而不对其进行量的测定。定性调研是与定量调研相辅相成的,这不仅表现在调研内容侧重点有所不同,也表现在二者功能上的互补关系。具体而言,定性调研主要包括焦点访谈法、深入访谈法、德尔菲法等。

一、焦点访谈法

(一) 焦点访谈法的含义

焦点访谈法又被称为小组座谈法,就是采用小型座谈会的形式,由一个经过训练的主持人以一种无结构、自然的形式与一个小组的具有代表性的被调查者交谈,从而获得对有关问题的深入了解。

(二) 焦点访谈法的实施步骤

1. 准备环节

(1) 布置会场:主要设备应包括话筒、单向镜、室温控制、录音机、摄像机等。

(2) 征选参会者:一般建议7～12人,主要依讨论的内容而定。

(3) 选择主持人:应具备良好的倾听能力及观察力,同时专业知识丰富且掌控协调能力强。

(4) 确定会议主题与详细提纲。

2. 实施环节

(1) 要善于把握座谈会的主题。

(2) 要做好与会者之间的协调工作。

(3) 要做好座谈会记录。

3. 会后环节

(1) 及时整理、分析座谈会记录。

(2) 回顾和研究座谈会情况。

(3) 做必要的补充调查。

(三) 焦点访谈法的注意事项

(1) 焦点访谈的目的决定了所需要的信息,企业可能应用一些特殊的调研技术,如测试态度的量表技术,或者使用一些特殊的仪器,都需要提早落实,准备到位。

(2) 参与者中应该避免亲友、同事关系,因为这种关系会影响发言和讨论,万一发生这种现象,应该要求他们退出。

(3) 吸引参与者参加座谈的措施。例如:通过提高报酬的方式吸引人参与,座谈会要尽量安排在周末举行,向目标人选描述座谈会如何有趣、有意义,强调目标人选的参与对研究十分重要等。

> **案例链接**
>
> **大同万达影城举办"服务与责任"焦点小组座谈会**
>
> 3月19日,万达院线大同区域影城在凯德世家广场店举办了2016年第一次"焦点小组"座谈会。不同于以往的影迷座谈,本次焦点小组"邀请"到的成员全部是"自己人"——影城员工,大家围绕"3·15"国际维权日,以"服务与责任"为主题展开讨论,旨在进一步树立责任意识,为影城发展把脉。
>
> 本次座谈会打破传统——发言、各抒己见的讨论模式,两家门店六个家族组成六支代表队,以小品、相声、演讲等形式展示和分享各自对"服务与责任"的理解和认识。精心的编排、生动的表演把员工平日工作中的经历和思考直观地、夸张地表现出来,让大家在笑声中意识到责任心对于服务的重要意义。
>
> 摘录自 http://www.wanda.cn/2016/2016latest_0323/32848.html

二、深入访谈法

(一) 深入访谈法的含义与特点

深入访谈法是指拥有专门访问技巧的访问员对一个符合特定条件的访问对象使用半结构式的方法进行个人对话式访问。深入访谈法使研究者有机会认识、了解当事人的经验、观察和体会,另外也有机会听到当事人对自己经验的解释(如求职就业的经验和解释),了解当事人的世界观,了解他对周遭的人、事、物的看法。

深入访谈法的优势包括:消除了被访谈者的群体压力,因而每个被访谈者会提供更真实的信息;一对一的交流使被访谈者感到自己是被重视的焦点,更容易与访谈者进行感情上的交流与互动;在单个个体上的交流时间较多,这可以鼓励他们提供更新更多的信息;可以更深入地揭示隐藏在表面陈述下的感受和动机;因为不需要保持群体秩序,所以更容易临场发挥;特殊情况下,深入访谈法是唯一获取信息的方法,如竞争者之间的调查和有利益冲突的群体之间的调查等。

深入访谈法的劣势包括:与焦点访谈法相比调查成本较高;调查速度较慢,每天完成的调查样本量较少;访问结果的质量过于依赖访谈者的水平与技巧;访问时间较长,可能会影响访谈者和被访谈者的情绪;开放式问题,不同人对结果的解读有时会出现较大差异。

(二) 深入访谈法的实施

1. 邀请访问对象

使用经过委托方确认的过滤问卷进行候选人员过滤与邀请。其中,中高端深度访谈在预约前会与委托方就名单进行确认。

2. 人员安排

由公司受过专门访谈技巧训练的研究人员进行访谈。根据实际情况的需要,有时会配备 1 名研究助理协助开展研究工作。

3. 组织实施

每次访谈大约 1 个小时,使用现场录音或者书面记录访谈(有时因访问内容敏感,受访者不愿接受录音),结束后给付受访对象礼金或礼品。

4. 资料处理

撰写深入访谈报告,与其他资料一起呈送委托方。

三、德尔菲法

(一) 德尔菲法的含义与特征

德尔菲法是美国兰德公司于 1964 年发明并首先用于技术预测的专家会议预测法

的改进方法。有的学者认为，德尔菲法可能是最可靠的预测方法。在长期规划者和决策者心目中，德尔菲法享有众望。德尔菲法本质上是一种反馈匿名函询法。其大致流程为：在对所要预测的问题征得专家的意见之后，进行整理、归纳、统计，再匿名反馈给各专家，再次征求意见，再集中，再反馈，直至得到稳定的意见。由此可见，德尔菲法是一种利用函询形式的集体匿名思想交流过程。它有三个明显特点，分别是匿名性、多次有控制的反馈、小组的统计回答。

1. 匿名性

匿名是德尔菲法极其重要的特点，从事预测的专家不知道有哪些人参加预测，他们是在完全匿名的情况下交流思想的。（后来改进的德尔菲法允许专家开会进行专题讨论）

2. 多次有控制的反馈

小组成员的交流是通过回答组织者的问题来实现的，一般要经过若干轮反馈才能完成预测。

3. 小组的统计回答

最典型的小组预测结果是反映多数人的观点，少数派的观点至多概括地提及一下，并没有表现出小组的不同意见的状况。统计回答却不是这样，它报告一个中位数和两个四分点，其中一半落在两个四分点内，一半落在两个四分点之外。这样，每种观点都包括在这样的统计中，避免了专家会议法只反映多数人观点的缺点。

（二）德尔菲法的具体实施步骤

（1）组成专家小组。按照课题所需要的知识范围确定专家。专家人数的多少可根据预测课题的大小和涉及面的宽窄而定，一般至少20人。

（2）向所有专家提出所要预测的问题及有关要求，并附上有关这个问题的所有背景材料，同时请专家提出还需要什么材料，然后由专家做书面答复。

（3）各个专家根据他们所收到的材料，提出自己的预测意见，并说明自己是怎样利用这些材料并提出预测值的。

（4）将各位专家第一次判断意见汇总，列成图表，进行对比，分发给各位专家，让专家比较自己同他人的不同意见，修改自己的意见和判断；也可以把各位专家的意见加以整理，或者请身份更高的其他专家加以评论，然后再把这些意见分送给各位专家，以便他们参考后修改自己的意见。

（5）将所有专家的修改意见收集起来汇总，再次分发给各位专家，以便做第二次修改。逐轮收集意见并为专家反馈信息是德尔菲法的主要环节。收集意见和信息反馈一般要经过三、四轮。这一过程重复进行，直到每一个专家不再改变自己的意见为止。

（三）德尔菲法的优缺点

德尔菲法的优点主要是简便易行，具有一定科学性和实用性，可以避免会议讨论时产生的因害怕权威而随声附和、固执己见或因顾虑情面不愿与他人意见冲突等弊病;同时也可使大家发表的意见较快集中,参加者也容易接受结论,具有在一定程度上综合意见的客观性。

其缺点是由于专家一般时间紧,回答可能比较草率;同时由于决策主要依靠专家,因此归根到底仍属专家们的集体主观判断。此外,在选择合适的专家方面也较困难,征询意见的时间较长,需要快速决策时不适用。

四、其他定性调研方法

(一) 头脑风暴法

1. 头脑风暴法的含义

所谓头脑风暴,最早是精神病理学上的用语,针对精神病患者的精神错乱状态而言的。现在则成为无限制的自由联想和讨论的代名词,其目的在于产生新观念或激发创新设想。头脑风暴法是由美国创造学家 A. F. 奥斯本于 1939 年首次提出、于 1953 年正式发表的一种激发性思维的方法。这种方法认为在群体决策中,由于群体成员心理相互作用影响,易屈于权威或大多数人意见,形成所谓的"群体思维"。为了保证群体决策的创造性,提高决策质量,管理上发展了一系列改善群体决策的方法,头脑风暴法是较为典型的一个。

2. 头脑风暴法的分类

头脑风暴法可分为直接头脑风暴法(通常简称为"头脑风暴法")和质疑头脑风暴法(也被称为"反头脑风暴法")。前者是在专家群体决策的基础上尽可能激发创造性,产生尽可能多的设想的方法;后者则是对前者提出的设想、方案逐一质疑,分析其现实可行性的方法。

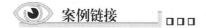
案例链接

创意是怎样讨论出来的

在美国著名的设计公司 IDEO,经常会进行有效的头脑风暴式的集体讨论,这种讨论在很大程度上让这家公司长久保持高水准的创新能力。该公司总经理汤姆·凯利在其著作《创新的艺术》(中信出版社 2013 年版)一书中,总结出企业在进行集体讨论时应该避免的六种情况。

(1) 老板率先发言。如果老板率先发言,他可能会设定讨论的范围和议程,讨论会受到局限。

(2) 大家轮流发言。大家坐在一起,按照顺时针或者逆时针的方向轮流发言,气氛看似民主,事实却很难捱。这将会导致大家把发言当成一种任务,不利于进行有效的集体讨论。

(3) 只让专家发言。参与讨论的不应该都是专家，应该注意各个行业和层次的人员搭配，理论和实践人员的相结合。有时，一些外行人的介入恰恰可以提供一些有价值的见解。

(4) 远离现场举行。在滑雪胜地或者海滩举行集体讨论可能达不到预期目的，地点的接近性则会引发一些相关的灵感。

(5) 不允许愚蠢素材。一些看似愚蠢的素材可能为我们的工作提供良好的创意，虽然之前看似笑话。

(6) 无所不记。如果把会议讨论的任何东西都记下来，会使你分散注意力而影响创意的产生。

摘录自 http://www.ceconline.com/operation/ma/8800045135/01/

(二) 投射法

1. 透射法的含义和特点

投射法也被称为投射测试，在心理学上的解释是指个人把自己的思想、态度、愿望、情绪或特征等不自觉地反应于外界的事物或他人的一种心理作用。此种内心深层的反应实为人类行为的基本动力，而这种基本动力的探测有赖于投射技术的应用。常用的投射法包括词语联想法、句子填空法和故事建构法、图画测试法、照片归类法等。

投射法的优点包括：主试者的意图目的藏而不露，这样创造了一个比较客观的外界条件，可以测试出被试者更真实的一面；真实性强，比较客观，对被试者心理活动了解得比较深入。投射法的缺点是对测试结果分析比较困难，需要有经过专门培训的测试人员。

2. 几种常用的投射方法

(1) 词语联想法。这种方法是一种与词语相关联的测验，是非常实用和有效的，经常用于给新产品选择名称、确定广告主题和广告文案。具体操作的方式是先给受访者一个词语，然后要求他说出看到这个词语后脑海中联想到的第一种事物，要求受访者快速地用一连串的词语表达出来，不要受心理防御机制的干扰。比如，当看到"王老吉"这个词语时，你会想到什么？如果受访者不能在3秒钟内做出回答，那说明他已经受到心理情感因素的干扰了。需要强调的是，选择的受访者必须是该商品的目标消费者，因为只有他们的联想才能真正代表这个群体。

(2) 句子填空法和故事建构法。其基本操作原理和词语联想法基本一致，只是具体做法上稍有不同，即受访者得到的是一段不完整的故事或是一组缺损的句子，要求将它们补充完整。目的是希望受访者把自己的潜在心理投射到故事或句子所展现的情节中去，事实上，人们在编故事或句子的时候，会不自觉地将自己的感觉和愿望投入其中。这种方法被调研者认为是很可靠的测试方式。比如当我们问这样一个问题——"当你和你的朋友去海边度假时,你觉得有可能会发生什么故事?"我们会要求被调查者根据自己的想象编一个故事,此时,他们所讲述的故事实际上是他们内心想法的投射。

(3)图画测试法。图画测试法通常测试人们对两个不同类型的问题的看法,具体的测试方法是安排两个人物的对话,一个人物的对话框中已经写明他对某问题的看法,在另一个对话框中则留有空白,让受访者回答。人物的图像是模糊的,没有任何的暗示,目的是让受访者能够随意地表达自己的想法。这种心理实验法最初是用于测试儿童的智力成熟度的,后来应用越来越广泛,逐步运用到对特殊群体,甚至正常群体的测试和研究中。这种方法常用于测试消费者对某种产品或品牌的态度的强弱,以及表达出特定的态度。比如,希望你表达对"计划生育"问题的看法,用画面来表达自己对生育的态度。

(4)照片归类法。照片归类法是要求消费者将一组特殊的照片进行分类,以此来表达他们自己对品牌的感受。这种测试方法起源于一家美国的广告代理公司。具体的做法是提供给受访者一组照片和一组品牌,照片中有不同的人物,从白领人群、清洁工人、企业高管到大学生应有尽有,然后请受访者将他们认为这些人应该使用什么品牌,对号入座联系起来。这种方式可以从受访者那里分析和寻找到不同品牌的真正消费者应该是谁。

本 章 小 结

本章主要讨论了市场调研的方法,包括一手资料和二手资料收集的方法、定性调研方法、定量调研方法以及网络调查方法。

企业调研过程中需要收集大量的二手资料和一手资料,这些资料对于企业调研是否能够获得准确的结论具有非常重要的意义。在收集二手资料和一手资料过程中,需要严谨科学的收集数据的方法。本章在定量调研方法中,重点阐述了定量调查数据的收集方法,如访问法、观察法和实验法等。在定性调研方法中,重点阐述了定性调研方法,如焦点小组访谈法、深入访谈法、德尔菲法等。

本章还探讨了网络调研法,阐述了网络调研方法的概念、网络调研方法的步骤,以及网络调研方法的特点等内容。

复 习 思 考 题

1. 什么是二手资料?二手资料的来源有哪些?
2. 什么是一手资料?收集一手资料的方法有哪些?
3. 简述定性调研和定量调研的含义及区别。
4. 什么是观察法?观察法包括哪些步骤?

5. 什么是深入访谈法？如何实施？
6. 什么是德尔菲法？实施德尔菲法应该注意什么问题？

课 后 案 例

王品台塑牛排：顾客反馈的秘密

来自中国台湾地区的第一大餐饮集团——王品集团（以下简称"王品"），在过去几年挖掘、积攒了丰富的消费者反馈数据，王品台塑牛排在中国台湾地区的顾客资料已达到约 200 万份，自 2003 年进入大陆市场到现在累积的客户资料近 20 万份。海量的顾客资料和数据俨然成为王品发展的助力。2012 年王品于中国台湾地区上市，旗下拥有王品台塑牛排、西堤牛排、陶板屋、原烧等 13 个品牌和 300 多家门店，年销售额为 25.40 亿元，其中进驻大陆的有 5 个品牌共 58 家门店，营收额为 5.60 亿元。

王品如何将顾客反馈做成一门学问？顾客反馈除了能帮助改进其菜品和服务外，还有怎样的玄妙？

初看王品台塑牛排的意见调查表，与通常的餐后问卷别无二致，但细究一下则发现其细致之处，比如在用餐后感觉的问题中，详细列举了主餐、面包、汤类、沙拉、甜点、饮料、服务和整洁等类别。除了常规的满意度调查，还涉及顾客生日和结婚纪念日等个人问题。王品集团大陆事业群执行长李森斌表示，他们遵循客户自愿填写的原则，即便这样，每月还是能够收到约 2 000 份新客户的有效资料。

王品的开发部门成立了一个资料分析小组，从"满意度"寻找产品和服务的问题；从"用餐频率"分析消费者忠诚度；询问消费者是否愿意推荐给家庭成员或朋友，这比"满意度"更能了解消费者的真实想法。通过数据分析，王品的店长也能从中针对异常情况进行管理控制。

如遇有客人在填写调查表时对某项菜品和服务打出差评，店长会马上道歉并找出原因和解决之道。王品设置了一个"400 意见专线"，如果客户直接拨打电话进行投诉，专线负责人会将意见记录在案后，马上电话通知该店店长，同时在 30 分钟内将此意见编辑短信发送给李森斌和大陆事业群主席陈正辉，他们是第一时间了解情况的最高负责人。该店店长需在 3 小时内联系到顾客进行口头致歉，并在 3 天内对顾客进行拜访。"只要客户有抱怨，跪也要把客人跪回来。"李森斌表示，这是公司内部的一条准则。

"400 意见专线"由上海呼叫中心的三名专职人员负责。由于服务的不断改进，目前抱怨和投诉意见的电话每月不到 10 个。曾经有一次，一位女性顾客跟专线人员抱怨了整整 8 小时。

让顾客使用畅通便捷的渠道表达不满会带来什么结果？

"越刁钻的客人其实我们越欢迎。"李森斌透露，几天前刚拜访了一位"刁钻"

的顾客，此人几乎吃遍了王品在北京的所有门店，几乎每次就餐结束都会拨打王品的"400意见专线"进行抱怨，诸如上菜慢了些、汤不够热、柠檬少了一片或者服务员笑容不够热情等细小问题。在郑重道歉和拜访后，李发现这位顾客其实已经是王品的铁杆粉丝，他经常把公司活动和客户见面的地点选择在王品。事实显示，哪怕是最挑剔的客户也可以让王品受益。

王品对不同地域的消费者偏好很有研究。华北地区偏好餐厅装修大气宽敞，上海喜欢小资情调，华南地区则偏爱阳光普照。通过消费者反馈分析，王品更能了解消费者的目的与愿望，从而采取措施吸引踏进王品牛排的顾客重复消费。

在店面选址上，王品最初依靠在中国台湾地区的经验，由于中国台湾地区的顾客喜欢临街的餐厅，他们也倾向于寻找临街店铺，但结果却是租金高而有效客流量不足。例如，王品在上海的第二家店面选址在淮海路，看重的是客流量，但实际上游客居多，造成开业后经营一直比较惨淡。现在选择在哪里开店，王品会从消费者的反馈问卷分析中获得答案。最新的王品消费者意见调查表中新增了短期调研问题，通过"何时决定来本店消费？""从何处来本店就餐？""除王品外，还经常光顾哪些中餐、咖啡和奢侈品业态？"等问题来判断顾客与店面的距离和市场开发的机会。"我们希望通过这些数据的统计分析，找到自身的开店DNA。"李森斌对记者说。

摘录自 http://www.ceconline.com/strategy/ma/8800067706/01/

第四章 市场调研课题

导入案例

分析报告称 2020 年全球 VR 市场内容将增长 128%

大型科技调查顾问公司 Technavio 近日根据深入市场分析和业界专家意见，发布了一项报告，指出在 2016—2020 年，全球 VR 内容市场的年复合增长率有望达到 128%。

该报告全称为《2016—2020 年全球 VR 内容市场分析》，针对 VR 不同细分市场和地理区域做出了最新分析和预测。报告中根据设备种类的不同，将全球 VR 内容市场分为三大类：个人电脑（PC 端）、游戏机、移动设备。

1. 个人电脑

2015 年，整个 VR 内容市场产生的 2.212 亿美元收入中，PC 就超过 9 500 万美元。预测在 2016—2020 年这段时期，PC 端 VR 收入还会有显著增长。Technavio 首席分析师 Ujjwal Doshi 表示："PC 领域增长指数的上升，主要是由于 PC 端 VR 游戏的体验容易令人上瘾。"比如 Oculus Rift 上的游戏《精英：危机四伏》，允许玩家在虚拟世界中体验、交流和控制。不过目前，阻碍玩家投向 PC 怀抱的主要还是低带宽和无线技术。

2. 游戏机

2015 年，游戏机游戏占据超过 29% 的第二大市场份额。Technavio 预计，2020 年会达到 30%。这主要是由于各家 VR 厂商不断推陈出新，推出各种配件来支持 VR 主机游戏，例如索尼 PSVR。

3. 移动设备

事实上，在 VR 市场，针对移动设备的内容在预测期内最有可能增长最快。移动游戏是全球游戏市场中增长最快的细分市场之一，占据 30% 以上的份额。Technavio 预测，预测期内，全球移动游戏市场很可能达到近 20% 的年复合增长率。

随着移动设备成本不断下降，人口消费能力不断增长，移动内容将进一步增长。Ujjwal 表示："许多厂商受移动设备普及率和手机游戏数量的增长激励，会推出相应的 VR 内容和兼容配件。"

摘录自 http://smart.huanqiu.com/roll/2016-11/9732652.html

第一节 市场调研课题的意义、确定原则与确定程序

一、市场调研课题的意义

市场调研课题是指企业进行营销活动所面临和需要解决的核心问题,包括判断需要获得什么信息,以及如何获得最大的效益和效率。通常,市场调研课题可分为经营管理及市场调研两个方面。从经营管理角度来看,营销问题代表着改善经营管理的一种机会,主要关心的是决策者需要做什么,属于行为导向型课题。例如,如何进一步扩大市场占有率?是否推出新系列产品?是否需要进行促销?这种机会可以通过市场调研得到明确。从市场调研角度来看,它是以信息为导向,也就是说营销机会必须转换成市场调研课题,才能对其开展调查,获得有效的信息。例如,确定消费者对新产品的偏好程度及购买意愿,掌握消费者购买行为与特点。实际上,只有确认经营管理者想做何种决策,才能最后确认市场调研的课题。

普通的市场调研课题着重于为企业管理提供数据,层次化的市场调研课题则是为企业的决策提供依据,替企业的竞争寻求动力。市场调研课题的真实意义就在于能使管理者在市场调研数据和信息资料分析的基础上,通过企业策划的职能来实现营销决策,所以,市场调研课题没有脱离企业策划的领域。因此,在一项市场调研项目开始和在进行市场调研方案设计之初,确定市场调研的课题具有十分重要的意义。

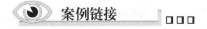

埃森哲调研:中美电动汽车市场潜力领先全球

埃森哲最新的研究发现,中国和美国的电动汽车销量不断增长,预示这两个市场有着巨大的潜力。埃森哲对巴西、加拿大、中国、法国、德国、印度、日本、荷兰、挪威、俄罗斯、韩国、瑞典、英国和美国这14个国家进行了市场调研分析,旨在准确衡量各国电动汽车市场的差异性和发展潜力。调研发现,中美两国的电动汽车市场规模巨大且增长迅速,成为"最佳机遇市场",这两个市场拥有大量有购买能力的电动汽车消费者,以及不断发展的充电基础设施。埃森哲认为,汽车制造商应在中美两国电动汽车市场上建立更广的销售网络,同时调整产品组合,满足消费者的特定喜好。埃森哲在调研中对各市场进行了维度定位,衡量的关键因素包括:政策法规及补贴等特定市场环境因素,以及车辆续航里程及价格接受度等非特定市场环境因素。埃森哲大中华区汽车业董事总经理王华表示:"中国市场蕴含着巨大潜力,汽车制造商只有做好充足准备,才能在需求增长时迅速建立规模优势。同时,续航能力更强的经济型电动汽车更受大众欢迎,将推动电动汽车销量增长。随着市

场间的差异不断扩大,汽车制造商在制定规划时必须评估各个国家的电动汽车市场吸引力。"

摘录自 http://finance.huanqiu.com/roll/2016-12/9808654.html

二、市场调研课题的确定原则

市场调研课题在正式调查之前,需根据企业想达到的目的和要求,对市场调研的各个方面和各个阶段进行通盘考虑和安排,以便顺利完成市场调研工作,取得决策的依据。市场调研的第一步,也是最关键的一步,便是市场调研课题确定。企业或调研人员在进行市场调研课题时,要注意三项原则。

(一) 针对性原则

市场调查课题的确定首先应明确为什么要做调查研究(目的),才能正确界定做什么样的调查研究(课题)。调查课题的确定要围绕企业经营活动中要实现的营销目标或要解决的营销难题来进行,必须满足管理决策的信息需求,才能具有针对性。

针对性原则另外一个含义是指对竞争者进行调查。任何企业都存在不同地位的竞争者,如市场领导者、市场挑战者、市场追随者及市场补缺者等。一个企业在行业中,必须找准自己的竞争者,并确定需了解的竞争者课题,才能采取正确的竞争战略和策略。

(二) 价值性原则

市场调研要讲求经济效益,力争以较少的投入取得最好的调研效果。企业进行市场调研的目的是效益最大化,企业需考虑如何花费最少的调研费用获得全面而有价值的资料。因此,市场调查课题的确定应评估此项调查研究是否值得做,包括评估是否能搜集到有用的信息价值,市场调研的成本花费是否高于得到的信息价值。

确定市场调研课题的核心价值是非常重要的。有些课题设定的范围太大,企业根本没有条件完成;有些课题设定的范围太小,便失去调研的价值;还有些课题没有对核心价值进行确认,企业也不清楚应该研究什么内容,研究到什么程度,什么时候该停止等,最终达不到市场调研课题的目的。因此,企业或调研人员在确定市场调研课题前,都应该对研究课题的核心价值进行清晰的界定,这样才有利于深入开展市场调研的课题。

(三) 可行性原则

市场调查课题的确定应研究信息获取的可能性,调查组织能力的可行性,人力、物力和财力等约束条件的可行性,评估委托的调查公司的能力、职业道德和信誉。一般可以用三种方法进行确定。

1. 逻辑分析法

逻辑分析法是指从逻辑的层面对市场调研课题进行把关，通过不同方面的分析，例如市场需求、资源供应、环境影响、资金筹措、盈利能力、技术支援等，确定其是否符合逻辑和情理，避免出现无法执行的状况，或导致资源的浪费。

2. 经验判断法

经验判断法是指通过组织一些具有丰富市场调研经验的专业人士，对市场调查课题及方案进行初步研究和判断，以说明调研课题的合理性和可行性，并根据专业人士提出的建议方向进行讨论，以确定更符合企业所需要的市场调研课题，避免徒劳无功或收集到的信息有偏差，误导管理者决策。

3. 试点调查法

试点调查法是通过在小范围内选择部分单位进行试点调研，对市场调研课题进行实地检验，以说明可行性的方法。通过对小范围的试点，可先行了解市场调研课题在执行中的问题，在正式调研前通过改正的方法进行信息的收集，或是放弃该市场调研课题。

三、市场调研课题的确定程序

市场调研课题的确定是非常重要而且关键的，企业或调研人员在确定市场调研课题时必须考虑到很多方面的工作。为保证课题确定工作能够完善且适合解决企业的需求与问题，可依下列确定程序（见图4-1）进行。

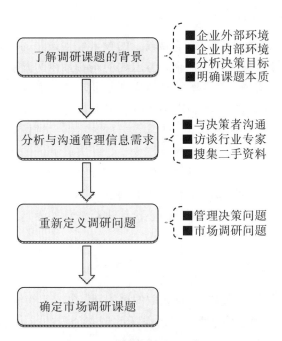

图4-1 市场调研课题确定程序

(一) 了解调研课题的背景

为了了解市场调研课题的背景,调研人员必须先了解企业或课题自身的情况,才能够真正确定好适当的市场调研课题。因此,可以由以下几方面来了解相关的资料。

1. 企业的外部环境情况

企业外部环境是对企业外部的政治环境、社会环境、技术环境、经济环境等的总称,就是存在于组织外部,通常由短期内不为企业高层管理人员所控制的变量所构成。掌握这些情况,对发现潜在的问题和机会有相当程度的帮助,使调研人员对企业在市场发展中所需要设定的调研课题更清晰。

2. 企业的内部环境情况

企业内部环境是指企业内部的物质、文化环境的总和,包括企业资源、企业能力、企业文化等因素,也被称为企业内部条件。即组织内部的一种共享价值体系,包括企业的指导思想、经营理念和工作作风。

企业的人员、组织结构、文化、决策风格、资金、时间、调研手段等都是影响市场调研成败的重要因素。因此,在确定市场调研课题时便应该明确影响因素,在调研人员与企业达成共识的状况下,确定双方都认同的市场调研课题;此外,要了解消费者或顾客的购买行为以及企业开展市场营销的技术。

3. 分析决策的目标

决策目标是指决策者想要达到的目的,包括组织目标及个人目标。在确定调研课题前,了解企业的意图,明确决策目标是非常重要的。决策者对组织目标的界定通常是笼统的,即使目标明确也往往难以操作。因此,在确定市场调研课题前,调研人员必须提出问题与决策者进行多次的沟通,使目标明确、具体、切合实际。如果目标不明确,调研活动就会失去努力的方向,或收集到无用的信息,造成失败。所以,分析决策目标是确定市场调研课题的一个重要程序。

4. 明确课题的本质

调研人员可将市场调研课题细分为具体的标准,明确课题的本质是什么,就可以顺利决定调查课题。在明确市场调研课题时,以下条件是必要的。

(1) 可以想象确定具体的调查方法。

(2) 在短期内可以结束调查。如果在调查上花三年时间的话,即使是对制定市场战略有用的资料,也是不适宜的,因为等到调查结果出来时,市场已经与当初的条件不同,因而该结果也就失去了意义。

(3) 可以获得客观的资料,并以此资料进行解决课题的活动。

(二) 分析与沟通管理信息需求

市场调研以信息为中心,调研信息应满足决策的信息要求,即市场调研课题要获得哪些信息,并从这些信息中提炼出最佳的信息提供给决策者进行决策。因此,在市场调研课题的确定程序中,也需要进行一定的工作,以获取有关课题的足够信息。

除了前项提及需密切与决策者进行沟通,深化对调研课题问题根源的了解和认识之外,对行业专家、专门问题的研究者进行访谈,也可以使调研人员对市场调研课题有完全不同的新视角,也能借此修正决策者或调研人员的某些观点。再者,便是对二手资料进行的确认,如果已经有合适的二手资料,就不建议也不需要再设定为市场调研课题,或者获取二手资料的成本高于调研成本,才考虑设定为市场调研课题。

(三) 重新定义调研问题

管理决策问题是以行动为中心(行动定位),调研问题是以信息为中心(信息定位)。因此,应把决策问题作为调研问题来重新定义。例如,某连锁企业餐厅的营业额连续两年下滑,决策者的决策问题是"如何恢复市场份额和竞争地位",备选的行动方案包括改进现有的产品或服务、引进新产品、优化营销产品组合中的有关要素等。通过探测性研究,决策者和调研人员均认为餐厅营业额下滑是由于市场营销体系中的品牌认知问题,即品牌形象不明确引起的,并希望通过调研获取多方面的信息,那么调研问题就变成品牌认知的问题,主要在于识别出影响品牌认知的各种因素。

管理决策中的问题转化为市场调研问题的方法其实很简单,就是以消费者的角度看企业的行为,看消费者对企业的行为是什么态度。所定义出的调研问题应该要能够获得足够的信息解决管理决策问题,并能够为进一步的调研提供明确的方向。调研问题定义得太宽或太窄都不适当,太宽无法为后续的调研课题提供明确的方向;太窄则可能使获得的信息不完全,甚至忽略了管理决策信息需求的重要部分,从而限制了要采取的决策行动。

(四) 确定市场调研课题

定义完调研问题后,市场调研课题实际上已经被确定了。根据上述程序确定好市场调研课题,便可依据设计好的市场调研计划进行实际的调查。例如,上述餐厅营业额持续下滑,调研课题可确定为"连锁餐厅品牌认知调查研究",调研目的则是通过市场调研,充分获取影响品牌认知的内部信息和外部信息,包括营销渠道、广告效果、定价策略、售后服务、需求变化等方面的调查研究,以寻找问题的症结,为提高连锁餐厅品牌认知的决策提供可选择的行动方案。

> **案例链接**
>
> **市场调研:SUV 美国车主忠诚度创历史新高**
>
> 根据 IHS Markit(商业信息提供商)发布的报告,2017 年前 4 个月,美国约有 2/3 的 SUV 车主重新选购 SUV 或跨界车,该车型车主的忠诚度从 2012 年的 53% 增长至 2017 年 4 月的 66%,创下历史新高,而且无任何减退迹象。现在各种 SUV 和

跨界车车主的忠诚度比行业平均水平高出大约 14 个百分点。MPV、旅行车，甚至是跑车的销量都越来越受到 SUV 和跨界车的冲击。

此外，由于受到蓬勃发展的 SUV 和跨界车影响，轿车车主的忠诚度不断下降成为另一个显著趋势。2012 年，轿车车主忠诚度评级为 56%，此后逐年下降至 2017 年前 4 个月的 49%。目前低于 SUV/跨界车的评级和行业平均评级。更有趣的是，2/3 的轿车车主返回市场购买了新的 SUV 或跨界车，而不是轿车。

摘录自 http://auto.huanqiu.com/globalnews/2017-07/10997856.html

第二节 市场调研课题的类型

不同的市场调研问题需要不同的调研方案，市场调研课题大体上可分为探索性调研、描述性调研、因果性调研及预测性调研四种。

一、探索性调研

探索性调研（exploratory research）是当企业对调研问题不大清楚或者对课题的内容与性质不明确时，为认识问题、确定调研方向与范围而进行的试探性调研。通过对所调研的现象或问题进行初步了解，获得初步印象和感性认识，为今后的深入研究提供基础和方向。一般而言，企业可以采用小组座谈会、关键事件法、投射法、观察法、案例分析法等方法来开展探索性调研。探索性调研的程序是灵活的、非结构化的，所得到的观点、命题或结果一般只是试验性的、暂时性的，或者作为进一步研究的开始。调研人员可通过描述性或因果性调研方法进行假设验证，也就是利用更正式且建立在样本数据支持下所得到的定量分析结果，提供管理决策的依据。

在调研的早期，我们通常对问题缺乏足够的了解，尚未形成一个具体的假设。导致营销活动发生变化的原因很多，企业无法一一查知，便可用探索性调研来寻求最可能的原因，如从一些用户及代理商处收集资料，从中发掘问题并通过探索性调研得到假设。探索性调研有时也用来帮助调研人员熟悉问题，对于过去未接触过的问题，可以利用该方式来进行初步了解，这有助于帮助调研人员更快进入问题的核心。探索性调研也可用来澄清概念。例如，对管理人员正在考虑服务政策方面将要发生的改变，并希望这种改变会导致中间商的满意。探索性调研可以用来澄清中间商满意这一概念并发展为一种用来测量中间商满意的适当方法。

二、描述性调研

描述性调研（descriptive research）是通过对事实资料或消费态度的数据收集、整理，并且对分析结果如实描述的调研方式。大多数的市场营销调研都属于描述性调研。例如，对市场潜力和市场占有率、产品的消费群结构、竞争企业状况的描述性调研。在描述性调研中，可以发现其中的关联因素，但是，此时我们并不能说明两个变量哪个是因、哪个是果。与探索性调研相比，描述性调研的目的更加明确，研究的问题更加具体，通常用于对市场特征和功能的描述，具体表现为六个方面。

（1）描述调查对象的特征，如描述消费者、销售人员或商场购物环境特征。

（2）测量某一特定的群体中表现出某种特定行为的人所占的比例，如购买某一种产品的女性比例。

（3）确定顾客对产品特征的了解程度，如消费者对品牌的认知、对产品功能的熟悉程度。

（4）测量有关产品的知识、偏好与满意度，如餐厅的满意度调查。

（5）确定市场营销变量的关联程度，如交通方式与购物之间的关联。

（6）对市场状况进行预测，如销售量预测、市场景气度预测。

描述性调研的设计通常需要明确回答与调研有关的六个基本问题（5W1H），包括：对象是谁（who）、什么事情（what）、什么时间（when）、什么地点（where）、什么原因（why）、与什么方法（how）。依据调查时间的长短，可将描述性调研划分为横向研究与纵向研究。横向调研是市场调研中最常使用的一种描述性调研的方法，是指一次性从特定的样本中收集信息的调研方法；纵向研究是对目标总体中的固定样本进行连续调查，也就是随着时间的延续对相同的样本单位进行多次调查，这里所指的固定样本一般是以家庭作为调查对象，不仅可以获得长期信息，还能帮助研究人员审视市场份额的变化。

案例链接

电竞市场报告：男性用户占比超过66%，更年轻化

市场研究公司EEDAR于2015年10月10日发布了一份关于电子竞技产业发展现状的报告。基于对2 000名活跃PC游戏玩家的两份调查问卷结果，EEDAR在报告中强调了电竞市场与主流游戏市场之间的区别，总结出电竞游戏玩家的普遍行为习惯，并称电竞市场蕴藏着尚未开发的巨大商业机遇，能够让广告商影响到那些年龄20多岁、痴迷于电子竞技的消费者。

EEDAR将主流电竞游戏类型划分为MOBA、射击和格斗三大类。这家公司发现，电竞游戏的绝大多数受众均为男性：《反恐精英：全球攻势》和《神之浩劫》的用户超过75%都是男性，《英雄联盟》和《使命召唤》的用户中男性占比为70%，而《街头霸王4》和《任天堂全明星大乱斗》等格斗游戏的男性用户占比仅为66%。

值得注意的是，EEDAR称不同类型的电竞游戏潜藏着不同的广告机会。EEDAR商业分析师艾迪·赵（Ed Zhao）表示，射击游戏玩家对怪物高能饮料、红牛和可口可乐等饮料品牌的认知度较高，而MOBA粉丝则更有可能对罗技和雷蛇等生产游戏外设的公司感兴趣。EEDAR在报告中总结：与非电竞粉丝的PC游戏玩家相比，电竞玩家平均年龄更年轻，玩游戏时间更长，付费额度也更高；与此同时，电竞玩家也更热衷于社交、参加朋友聚会或体育盛会。

摘录自 http://games.ifeng.com/yejiehangqing/detail_2015_10/10/41082892_0.shtml

三、因果性调研

因果性调研（causal research）是为研究某种市场现象与各种影响因素之间存在的关系而进行的市场调查，目的是通过假设检验找到因果关系的证据，以做出正确的决策，也就是专门调查"为什么"的问题。如前所述，描述性调研仅仅可以确认变量间的关联，如果调研人员想进一步找出在这些关联中哪一个是"因"，哪一个是"果"，哪一个是主要的"因"，哪一个是次要的"因"，各个"因"的影响程度是多少，就需要用到因果性调研。例如，在某一时期，影响自行车销量的因素有哪些？其中何者为主要影响因素？何者为次要影响因素？再如便利店的销售收入受地点、价格、广告和服务等因素的影响，我们就要明确因变量与自变量之间的关系，通过改变其中一个重要的自变量来观察因变量受影响的程度。在因果性调研中，一般要对因果关系的相关变量有一一对应的展现，如市场售价、人员推销包装、广告费用或公共关系等对销售额的影响、影响的程度如何等。

理论上因果关系不一定在实际生活中成立，决策者做决策要参考准确、可靠的信息，就必须进行相应的因果性市场调研。因果性调研的目的就是寻找足够的证据来验证调研课题中所提出的假设。实验法可用来厘清因果关系，而因果关系需要符合三个条件。

（一）时间的先后

时间的先后是指"因"应该发生在"果"之前。例如，调查不同广告形式对消费态度的影响，则"广告形式"为因，而消费者看完不同形式的广告后所产生的"消费态度"即为果。

（二）变量之间是有关系的

变量之间的关系是指自变量与因变量之间的共变（concomitant variation），即自变量与因变量之间的变动存在某种正向或负向关系。如果变量之间没有共变存在，那么因果关系的成立就比较困难。

（三）控制其他可能的影响因素

控制其他可能的影响因素（自变量）是在排除影响因变量的潜在因素，也是关键的因果关系成立条件。如果不能将可能影响因变量的因素给控制住，自变量和因变量的因果关系就有可能因此受到干扰，也无法得知自变量是否对因变量真正产生影响。

四、预测性调研

预测性调研（predictive research）是通过收集、分析和研究从过去到目前的各种市场情况及数据，专门为了预测未来一定时期内某一环节因素的变动趋势及其对企业市场营销活动的影响，然后运用预测方法进一步推测发展趋势的调研类型。常见的市场预测有需求趋势预测和供应趋势预测。需求趋势预测包括人口统计变量的结构趋势、社会购买力趋势、商品需求结构趋势、商品价格趋势、内需与外需结构趋势、消费需求偏好等方面的预测；供应趋势预测则包括生产能力趋势、商品竞争力、企业经济效益、企业社会生态效益等方面的预测。上述预测所使用的方法主要有两种：经验判断法和数学统计方法。

（一）经验判断法

经验判断法又被称为直观判断法，是调查者凭借自己的专业知识、长期经验和综合分析能力，或者依靠集体的智慧和经验进行预测的方法，大部分用于定性调研。市场调研中较常用的经验判断法有四种。

1. 产品类推法

在功能、构造技术等方面具有相似性的产品中，往往在产品的市场发展过程中会呈现某种相似性，决策者或调研人员可以利用产品之间的这种相似性进行类推。例如，智慧型手机与传统手机在某方面的功用是相似的，因此可以根据传统手机市场的发展过程类推智慧型手机的需求变化趋势。

2. 地区类推法

主要通过了解其他相同条件的地区或国家发生的市场变化趋势进行类推。这种推算方法是把所要预测的问题与其他地区或国外的发展过程，或变动趋势相比较，找出某种相似的变化规律，用来推测目标的未来发展趋势，作为决策者的决策依据。

3. 行业类推法

很多产品的发展历程都是先进入某一特定行业，发展成功后再向其他行业延伸。决策者与调研人员可以根据先使用该产品的行业的发展趋势来类推该产品在后使用行业的规律。例如，互联网最初是在美国军事领域使用，然后才转向民用和家用的。这种对比类推往往用于新产品开发预测，以相似行业的相近产品的发展变化情况来类比某种新产品的发展方向和变化趋势。

4. 局部总体类推法

局部总体类推法是指以某个企业或地区的普查或抽样调查资料为基础，进行分析判断、预测和类推的方法。在市场调研中，普查固然可以获得全面系统的资料，但由于主客观条件的限制，如不可能进行全面普查，只有进行局部普查或抽样调查。因此，在许多情况下，运用局部普查资料或抽样调查资料预测和类推全面或大范围的市场变化就成为客观需要。

（二）数学统计方法

数学统计方法是利用统计方法和数学模型预测调查样本的数量变动关系，并据此对预测目标做出定量测算的预测方法。这类方法主要用于定量调研，可分为两大类：依据连续性原理，以利用时间数列分析预测目标发展趋势为主，通常使用的统计方法是时间序列方法；依据因果性原理，以分析预测目标发展同其他相关事物、现象之间的因果联系为主，通常使用的统计方法是回归分析。上述两种方法将于第十章介绍。

第三节 市场调研报告的撰写

市场调研报告是根据市场调查，收集、记录、整理和分析对商品要求状况以及与此有关的资料的文书，是经济调研报告的一个重要种类，它是以科学的方法对市场的供求关系、采购销售状况以及消费情况等进行深入细致调研后所写成的书面报告。其作用在于帮助企业了解掌握市场的现状和趋势，增强企业在市场的应变能力和竞争能力，从而有效地促进经营管理水平。

一、市场调研报告的基本要求

（一）目的导向

目的导向包括选题上的针对性和阅读对象的明确性两方面。首先，市场调研报告在选题上必须强调针对性，做到目的明确、有的放矢、围绕主题展开论述，这样才能发挥市场调研的作用；其次，市场调研报告还必须明确阅读对象。阅读对象不同，他们的要求和所关心的问题的侧重点也不同。目的明确是市场调研报告的灵魂，目的不明确的市场调研报告毫无意义。

（二）实事求是

实事求是是市场调研报告的基本写作原则。调研人员在任何时候都不应该被外界因素所迷惑而忘记他们中立的角色。调研人员应该做到不迎合他人意志、尊重事实、反映事实。市场调研报告所使用的市场信息资料和结论建议都必须符合实际，不能有任何虚假内容，要防止片面性，更要避免因结论和建议的错误而对组织造成误导。

（三）合乎逻辑

市场调研报告应该结构合理、逻辑性强。报告的书写顺序应该按照调研活动展开的逻辑顺序进行，做到环环相扣，前后呼应。对必要的重复性调研工作要给予特别说明。为了方便读者辨别前后内容的逻辑关联性，使报告层次清晰、重点突出，有必要恰当地设立标题、副标题或小标题，并且标明项目等级的符号。

(四) 建议新颖

市场调研报告应该从全新的视角去发现问题,用全新的观点去看待问题。市场调研报告要紧紧抓住市场的新动向、新问题等提出新的观点。这里的新,更强调的是提出一些新的建议,即以前所没有的见解。例如,许多婴幼儿奶粉均不含蔗糖,但调研发现消费者不一定知道这个事实。如果奶粉制造商在广告中打出"不含蔗糖",表明该产品不会让小宝宝的乳牙被蛀掉,就可能会收到不错的效果。

(五) 方便呈送

市场调研报告的可呈送性主要体现在报告的外在视觉效果。报告的外观是报告的外部包装,它不仅体现报告本身的专业水平,而且它还是调研机构企业形象的外在反映。故此,报告中所用的字体、字号、颜色、间距等应该精心设计,文章的编排要大方、美观、有助于阅读。总之,报告的外观制作要有足够的专业性。

(六) 报告及时

在当今社会,市场营销瞬息万变,市场机会稍纵即逝。企业管理者要使自己的营销决策具有超前性,掌握和驾驭市场主动权,就必须及时、准确地掌握市场信息。作为调研人员,必须及时将调研结果形成报告,迅速提供给管理者,以便管理者适时做出决策。时效性很大程度上决定了营销调研报告的价值,一般而言营销人员所参考的调研报告尽量是近三个月内的数据。

二、市场调研报告的内容架构

尽管每一篇调研报告会因为项目和读者的不同而有不同的写法,但市场调研报告的格式通常有固定的要求和规定。这些常规是长期市场实践中逐渐形成的。如图 4-2 所示,一份完整的调研报告主要有五个部分:标题、目录、摘要、正文和附录。

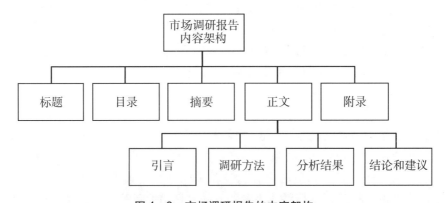

图 4-2 市场调研报告的内容架构

(一) 标题

标题 (title) 包括调研题目、报告提供的对象、报告的撰写者和发布日期。对企业内部的调研，报告的提供对象是企业某高层负责人或董事会，报告撰写者是内设调研机构。面向社会的调研服务，报告的提供对象是调研项目的委托方，报告的撰写者是提供调研服务的调研咨询公司。在后一种情况下，有时候还需要写明双方的地址和人员职务，属于保密性质的报告，要列明报告提供对象的名字。

(二) 目录

除了只有几页纸的市场调研报告之外，一般的市场调研报告都应该编写目录 (table of contents)，以便读者查阅特定内容。目录包含报告所分章节及其相应的起始页码，通常只编写二至三个层次的目录，较短的报告也可只编写第一层次的目录。需要注意的是，报告中的表格和统计图都要在目录中列明。

(三) 摘要

摘要 (summary) 需要说明为何要开展此次调研、考虑到该问题的哪些方面、有何结果、建议要怎么做。许多高层管理人士通常只阅读报告的摘要。可见摘要很可能是调研人员影响决策的唯一机会。摘要的撰写应该是在正文完成之后，摘取报告的核心部分而成，放置在正文之前。通常包含四个方面的内容：调研报告的目的、调研方法、数据分析结果和建议。

(四) 正文

正文 (body) 包括引言、调研方法、分析结果、结论和建议。引言对为何开展此项调研和问题发现做出解释，并且阐述为什么值得做这个项目，以及提供相关的背景。调研方法的说明应该包括调研地区、调研对象、样本数、样本结构、数据或资料收集的方法、资料处理方法及工具、调研实施过程及问题处理、访问员的介绍与访问完成情况。分析结果在正文中占较大的篇幅，应按某种逻辑顺序提出紧扣调研目的的一系列发现，并以叙述形式搭配总括性的图表做客观表述。结论是用简洁明了的语言对研究问题做出明确的答复，建议则是依据调研结论对该企业产品及其营销方式提出具体的要求以及应该采取的改进措施。建议最好是正面的、肯定的，即说明应采取哪些具体的措施以获得成功，或者要处理哪些已经存在的问题。另外，应提供多种方案让相关人员选择，同时说明可能需要支付的费用，并且对未来市场的变化和企业该产品的销售做出合理的预测。

(五) 附录

任何一份技术性太强或者太详细的材料都不应该出现在正文部分，而应编入附录（appendix）。这些材料可能只是某些读者感兴趣，或者它们与调研没有直接联系，只有间接关系。附录的内容通常包括：调研提纲、调查问卷和观察记录表、被调查者（机构单位）名单、一些次关键数据的计算（最关键的数据如果所占篇幅不大应该编入正文），以及较为复杂的统计表格和参考文献等。

三、市场调研报告撰写的注意事项

撰写一份好的调研报告不是件容易的事情，报告本身不仅显示调研质量，也反映作者本身的知识水平和文字素养。撰写调研报告时，应注意两个方面的事项。

（一）编写注意事项

1. 考虑谁是读者

市场调研报告应当是为特定的读者而撰写的，他们可能是领导、管理部门的决策者，也有可能是一般用户。撰写者不但要考虑读者的技术水平、对调研项目的兴趣，还应当考虑他们可能在什么环境下阅读报告，以及他们会如何使用这个报告。有时候，撰写者必须适应不同水平和对项目有不同兴趣的读者，为此可将市场调研报告分成几个不同的部分或者针对不同对象分别撰写市场调研报告。

2. 陈述简明扼要

市场调研报告中常见的一个错误认知是报告越长，质量越高。通常经过对某个项目几个月的辛苦工作之后，调研人员已经全身心地投入，并且试图告诉读者他所知道的与此相关的一切，因此，调研人员会将所有过程、证明、结论都纳入市场调研报告当中，导致的结果是"信息超载"。如果报告组织得不好，读者甚至无法获得所需要的信息。总之，调研的价值不是用重量来衡量的，而是以质量、简洁与有效的计算来衡量的。

3. 数据解释要充分、准确和客观

市场调研报告的突出特点是用事实说话，应以客观的态度来撰写报告。在文体上最好使用第三人称或非人称代词，如"研究结果发现……""数据显示……"等。编写时，应当注意语气，不要表现出力图说服读者同意某种观点的语气。读者关心的是调研的结果和发现，而不是个人的主观看法。

4. 要突出重点，注意观点和材料的一致性

撰写市场调研报告不能满足于材料的堆积和数字的罗列，必须既有材料又有观点，避免观点和材料脱节，更要防止两者相抵触。作者要在反映情况的基础上提出有见解、有说服力的分析意见和相应的建议，根据资料就事论事，只有突出重点，才能使人看后印象深刻。

5. 报告中引用他人的资料，应加以详细注释

通过参考文献，指出资料来源，以供读者查证，同时也是对他人研究成果的尊重。参考文献应详细准确，如被引用资料的作者姓名、书刊名称、所属页码、出版单位和时间等都应予以说明。

（二）图表应用注意事项

1. 图表应用要有明确的目的性

使用图表说明必须有明确的目的性，不能只是为了装饰文字，以求悦目。在总结调查结果和报告正文当中所使用的图表，通常只是扼要的介绍。详细地介绍一切所收集到的重要资料的图表应该归入报告附录部分。

2. 图表应用要有完整的格式

作为报告附件部分的图表，要求格式设计必须完整，主要是更全面地向读者介绍有关的资料，以便读者进行独立的思考和分析。因此，图表中所列载的资料应尽量完整和准确，一般都需要提供绝对数值资料，而不是百分比或指数。

3. 各类图形的具体注意事项

饼状图应从 12 点的位置开始，按照顺时针的方向以递减的方式进行划分，一般的经验是组成部分不超过 6 部分。线型图由 X 轴和 Y 轴构成，每条代表不同变量的曲线应该在颜色和形式上加以区分并且通过文字来说明。条形图的每一条形或者条形的每一部分都需要用不同的颜色或模式清楚标明。

4. 表格使用的注意事项

使用表格可以帮助作者指出重要的特征，而不必为细枝末节花费精力。每个表格都应该包括表序、标题、行头和列头、注脚和资料来源。

本 章 小 结

市场调研是企业就面临的营销问题，由企业自身或委托第三方，客观地、科学地、系统地对那些可用来解决特定营销问题的信息所进行的调研设计、资料收集、数据分析和撰写报告的过程。每一个步骤均由若干相互关联并相互制约的市场调研活动所构成，前一环节往往是后一环节的基础和前提。调研设计有四种类型，分别为探索性调研、描述性调研、因果性调研和预测性调研。在确定合适的调研设计之后，许多调研决策就能够预先确定。不同的需求者对调研报告的要求不同，因此，在掌握基本格式之后，可以根据自己的需要写出适合自己的调研报告。

复习思考题

1. 什么是市场调研课题？
2. 市场调研课题应该遵循哪些基本原则？
3. 市场调研课题的确定程序有哪些？
4. 简述探索性调研、描述性调研、因果性调研和预测性调研的关系。

5. 市场调研报告必须遵循的要求是什么？

课后案例

育儿网二胎调研报告："二胎时代"母婴品牌如何取胜市场

2015年10月，十八届五中全会提出全面实施一对夫妇可生育两个孩子的政策，"全面二孩"政策将于2016年1月1日起正式实施。放开"全面二孩"政策，实际放开的是一个合计3 000亿元的母婴市场。2015年10月，育儿网联合领先的市场研究公司——央视市场研究（CTR）共同发起二胎调研，共有35 308个妈妈参与调研，调研样本来源为育儿网PC站、妈妈社区App，以及育儿网、女人小秘密、向辣妈进军三大母婴微信公众号。历时3个月，发布《二胎时代洞察报告》，报告通过大数据深度洞察全面二胎时代的妈妈人群，解析一胎妈妈的二胎计划、二胎妈妈的现状和行为习惯，为全面二胎时代的妈妈人群重新画像，为母婴品牌取胜市场提供营销与决策参考。

一、二胎妈妈面临母婴产品品牌的重新选择

报告发现，超过70%的妈妈想要二胎（见左下图），其中又有超过70%的妈妈计划在3年内要二胎（见右下图），"全面二孩"政策的出台和正式实施，将进一步促使一胎妈妈从"想要二胎"变为"有二胎"。

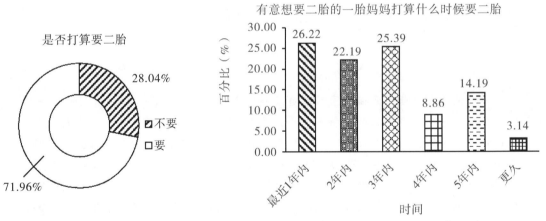

另一方面，在现有的二胎家庭中，近4成家庭的两个孩子年龄差在4岁以上，多数为一胎购买的母婴用品已不具备再利用价值，二胎妈妈面临母婴产品品牌的重新选择。而有意向在1年内要二胎的一胎妈妈中，第一个孩子年龄集中在3～6岁，这意味着1年内她们将和二胎妈妈面临同样的选择。

而"小孩子用大孩子的"传统在新时代妈妈的二胎用品选择中已不再占据优势，56%的妈妈认为，虽然大宝的东西可以继续使用，但还会为二宝买比较多属于他自己的东西。由此可以看出，二胎妈妈大举进场，母婴市场利好，新旧母婴产品品牌都有机会被翻牌。品牌需要在产品定位、营销形式、品牌沟通、营销渠道上对

二胎妈妈再行观察，投其所好，取胜市场。

二、二胎妈妈更倾向高性价比产品品牌

如下图所示，有了养育一胎的经验，71%的二胎妈妈认为她们在养育二胎时和一胎是有所不同的，表现在选购母婴用品上，53%的二胎妈妈在选购二胎用品时，与当时选购一胎用品的重视点有所不同。她们不再那么紧张二胎吃穿用行的产品，更倾向性价比高的商品，重视口碑，更重视自己的判断。

以下描述哪个更符合您当前照顾二宝的情况？（单选）

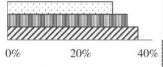

- 有了照顾大宝的经验，对二宝，我已经没有那么过分紧张，过于精细了
- 无论大宝还是二宝，带孩子都要万事巨细，一点儿也不会放松
- 在吃穿用行的产品方面，我不再会那么紧张了，但在其他方面，还是需要精心照顾的

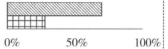

- 正因为有照顾大宝的经验，所以我给二宝选择使用的品牌和产品都是当下最好的
- 有了照顾大宝的经验，对二宝，我会更倾向于选择性价比高的商品

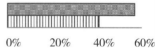

- 虽然有照顾大宝的经验，我再给二宝选择商品还是会更注重其口碑
- 有了照顾大宝的经验，我再给二宝选择商品的时候会更重视自己的判断

而在对不愿意要二胎的一胎妈妈的调查中发现，经济和精力是最主要的制约因素，也从侧面反映出高性价比产品对二胎妈妈的吸引力。相对养育一胎时零经验的新手妈妈状态，有经验的二胎妈妈"心更大"了，选购用品更多是为了满足宝宝实际使用需求。二胎妈妈对母婴用品附加价值要求的降低实际是对产品性价比要求的提高。高性价比的产品定位将更受二胎市场欢迎。

三、二胎妈妈心理变化，品牌攻心计可多管齐下

报告显示，和一胎妈妈相比，二胎妈妈的心理在多个方面已不尽相同，品牌在营销形式的选择上可以使用不同的攻心计。

1. 不愿孩子孤单，认为孩子需要更多陪伴

报告显示，32%已有二胎及有意愿要二胎的妈妈们要二胎的首要原因是认为独生子女太过孤独。从另一个方面来说，让孩子从小有陪伴是现代父母的迫切需求。对品牌来说，无论是对一胎还是二胎家庭，营销形式都可以选择传递更多的陪伴意义。

2. 崇尚科学育儿，需要更多专业指导

在问及育儿意识时，92%的妈妈认为，育儿应该与时俱进，不太接受传统的育

儿方法。她们在育儿上亲力亲为，认为自己更能科学/合理地照顾孩子。对品牌来说，建立专业的品牌形象，能给妈妈们提供专业的育儿指导的营销形式虽然保守，但也能触及妈妈们的心理需求。

3. 心理上更自信了，需要更多肯定与赞同

二胎妈妈心理上最大的转变是基本脱离一胎新手妈妈的状态，育儿更有自己的想法了。56%的二胎妈妈认为有了照顾大宝的经验，相比外界的口碑或建议，在给二宝选择商品的时候会更重视自己的判断。品牌并非要因此轻视口碑或达人专家效应，而是可以在此基础上，对二胎妈妈的各种选择表示肯定与赞同，以此获得二胎妈妈的好感与认同。

4. 更偏重家庭，需要更多家庭关怀

56%的妈妈有了孩子之后不再工作，将生活重心放在家庭上。她们认为有条件的话，愿意全职在家照看孩子，不惜放弃个人的时间、事业或爱好。30%的妈妈仍是全职工作状态，对比一胎和二胎妈妈，我们发现：一胎妈妈全职工作的比例比二胎妈妈高出51.91%。二胎妈妈更偏重家庭，家庭任务更重。品牌对二胎妈妈的家庭关怀，如辅助妈妈高效平衡二胎家庭任务，更能获得二胎妈妈好感。此项数据亦可以作为品牌对一胎妈妈的营销参考，对一胎妈妈表现更多的职场关怀。

摘录自 http：//news.ifeng.com/a/20151230/46892319_0.shtml

第五章 调研问卷设计

导入案例

HR 如何做好员工满意度问卷调查

员工是企业利润的创造者,是企业生产力最重要和最活跃的要素,同时也是企业核心竞争力的首要因素。为了了解员工的工作能力、员工需求,还有员工对企业管理、上司的满意度等,担任某企业人力资源部门(HR)的小吴受命进行调查,但这些调查都属于不同方面,需要分开进行,这也就意味着要做不同类型的问卷,如员工满意度、360 度评估、培训需求等。

HR 设计一份问卷并不能简单地引用问卷模板,而是必须明确自己想要获得什么样的信息,并罗列出来以方便设置题目。员工满意度调查就是想了解企业管理制度的缺陷、薪酬的合理性、员工的需求以及对企业的意见和建议。每一份问卷都会有前言,为了能够让员工真实地填写问卷,小吴在前言中花费了一些心思,很真诚地表述了诚意和调查的目的、意义,并且问卷采用匿名制。

前言结束了,接下来就是正文了,正文是问卷的主体部分,也是问卷设计的关键,主要就是将所要获得的信息具体化为一些问题和备选答案。但是设计得调查问卷必须方便数据统计分析,其结果能回答 HR 所想了解的问题,不要将问卷设计得很复杂,题目设置太多,一般 15~30 题就可以了。小吴将问卷题目设为两种形式——封闭式和开放式。封闭式就是单选题、多选题、打分题,开放式就是填空题、排序题,当然在整份问卷中最多的还是程度性问题,就是"满意、不满意"之类的。为了了解员工对工作回报的满意度,小吴设计了多个问题,如"相对于自己的实际付出而言,我对工资回报感到""与同类企业相比,我对自己的工资感到""与同类企业相比,我对自己的工资感到"等组合起来以便更全面地获得想要的信息。在设计的过程中,小吴还通过问题一层一层地去深入,先设置一个单选题"您对公司最不满意的方面是?",接着是填空题"对您最不满意的方面,您觉得应该如何改进?"。

在问卷中的题目都设计好后,小吴并没有急着发布问卷,把问卷发给员工填写,而是仔细地阅览设计好的问卷,将设计的题目分类排放,好让员工清晰了解问卷架构。在排列的过程中,小吴还注意其中的逻辑性,由简到难。在确认问卷题目之间的逻辑没有问题后,小吴才发布问卷,同时发给自己的好友填写,以便发现自己没注意的问题并确定填写问卷所需的时间。

对问卷进行最终修改后,小吴才将问卷通过企业邮箱正式发给了企业内部的所有员工,并规定了填写问卷的时间。

摘录自 http：//blog.ceconlinebbs.com/BLOG_ARTICLE_209661.HTM

第一节 调研问卷设计的基本概念

一、调研问卷设计的意义

调研问卷是为了调研目的而设计的一系列问题,可用来收集被调研者的信息。在调研行业存在一种共识,即调研问卷设计得好坏是决定市场调研成功与否的关键因素之一。制作一份优秀的问卷既需要努力的工作,也需要有创造力。研究表明,如果问卷设计得不好,那么所有精心制作的抽样计划、训练有素的访问人员、合理的数据分析技术和良好的编辑与编码都将徒劳无功。调研问卷的设计至关重要是因为调查问卷具有六个重要功能。

（一）把研究目标转化为特定的问题

问卷的主要构成就是为达到调研目标所规定的各种问答形式,是调研人员采用问答模式进行调查、获取研究所需信息资料的基本手段。

（二）使要研究的问题和答案范围标准化

问卷以近乎同一的标准提出问题和作答要求,让每一位被调查者面临相似和一致的问题环境,确保了对调查结果进行统计分析的可能性。

（三）争取和鼓励被调查者的合作

问卷通过措辞、问题流程和卷面形象来争取被调查者的合作,一份好的问卷可以鼓励调查对象,并提高回答率。

（四）作为调研的永久记录

问卷作为原始记录具有很强的真实性,可长期使用并妥善保管。

（五）加快数据分析的进程

问卷中绝大多数问题的答案是可以量化的选项,因此便于利用计算机对数据进行处理、分析和比较。

（六）可以进行有效性和可靠性检验

问卷往往包括测定可行性假设的信息,如安排测试、再测试或等效形式的问题,并能据此验证参与者的有效性。

因此,在设计调查问卷上投入足够的时间和精力是非常有必要的。调查问卷设计讲究正确的执行过程。只有进行全面的逻辑思维和相关预测试,才能使一项市场调查工作取得事半功倍的效果。此外,只有了解和掌握问语的结构,学习更准确地把握问语的意义,并避免语义不当和问语歧义造成的调研误差,不断积累问卷设计的经验,才能不断提高问卷设计水平。在调研问卷设计中,对问题结构、内容、措辞甚至次序的选择都将影响被调查者的回答,因而从准备工作到问卷最后的确定,问卷设计者对所有环节的重要性都需要有正确的认识。

二、调研问卷设计的原则

调研问卷设计的目的是设计出符合调研需要并能获得足够、适用和准确的信息资料的调研问卷。为实现这一目的,调研问卷设计必须遵循四个原则。

(一) 能为管理者提供必需的决策信息

任何问卷的主要作用都是提供管理决策所需的信息,任何不能提供管理或决策重要信息的问卷都应放弃或加以修改。问卷设计人员必须透彻了解调研项目的主题,拟出可从被调查者那里得到最多资料的问题,做到既不遗漏一个问句以致需要的信息残缺不全,也不浪费一个问句去取得不需要的信息资料。因此,问卷设计必须经过管理者的认可。

(二) 便于调研人员的调查工作

在某种程度上,问卷是市场调查人员实施调研的工具。设计好的问卷要使调研人员能够顺利发问、方便记录,并确保所取得的信息资料正确无误。

(三) 便于被调查者回答

研究者发现,超过40%的被调查者拒绝参与调查。如果被调查者对调查题目不感兴趣,一般不会参与调研。问卷设计最重要的任务之一就是要使问题适合潜在的应答者,要使被调查者能够充分理解问句,能够回答、愿意回答、乐于回答、顺利回答、正确回答。所以设计问卷的研究人员不仅要考虑主题和调查对象的类型,还要考虑访谈的环境和问卷的长度。对成人购买者的问卷应当使用成人的语言表述,对儿童进行测试的问卷应当使用儿童的语言表述。问卷必须避免使用专业术语,一般应使用简单用语表述问题。

(四) 便于问卷结果的处理

这一原则要求问卷设计人员具有前瞻性,在设计问卷的时候就要考虑结果的处理问题。设计好的问卷在调研完成后,能够方便地对所采集的信息资料进行检查核对,以判别其正确性和实用性,也便于对调查结果的整理和统计分析。如果不注意这一点,很可能出现调查结束,信息资料获得了一大堆,但是统计处理却无从下手的难堪局面。

上述原则对问卷设计人员的要求是很高的。问卷设计人员必须具有丰富的人际交往经验、清晰的思路、极大的工作耐心,同时必须懂得问卷设计的技巧。

三、调研问卷设计的架构

如图5-1所示,调研问卷的基本结构一般由标题、说明、主体、编码、被调查者项目、调查者项目和结束语七个部分组成。

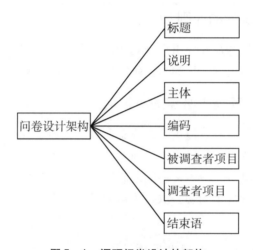

图5-1 调研问卷设计的架构

(一) 标题

每份问卷都有特定的研究主题,它是调查项目的目标和内容最直接的概括。研究者应该为特定的研究主题确定一个明确的标题,使被调查者对要回答什么方面的问题有一个大致的了解。标题应简明扼要,易于引起被调查者的兴趣。例如,"护肤品消费状况调查""中国物联网发展现况及趋势调查"等,把调查对象和调查中心内容和盘托出,十分鲜明。尽量不要简单地采用"问卷调研"这样的标题,它容易引起应答者因不必要的怀疑而拒答。

(二) 说明

一般在问卷的开头应有一个说明。这个说明可以是一封写给调查对象的信,也可以是指导语,语言应尽可能简明扼要。访问式问卷开头一般非常简短,自填式问卷的开头可以长一些,但一般以不超过二百字为好。

说明旨在向被调查者说明调研的目的、意义、内容,填答问卷的要求和注意事项,保密措施,调查者的身份和表示感谢等。问卷的说明是十分必要的,对采用发放或邮寄办法的问卷尤其不可或缺。它可以引起被调查者对调研的重视，消除其顾虑，激发其参与意识，以争取他们的积极合作。

对于自填式问卷而言，详细的填表说明非常重要，要让被调查者知道如何填写问卷，如何将问题返回到调查者手中。这部分内容可以集中放在问卷的前面，也可以分散到各有关问题的前后。

（三）主体

问卷主体内容是调查所需收集的主要信息，是问卷的主要部分。主体部分由一系列调研问题和相应的备选答案组成，是调研课题所涉及的具体内容。在拟定主体部分问答题时，问题的多少应根据调查目的而定，在能够满足调研目的的前提下越少越好；与调研无关的问题不要问；能通过二手资料调查到的项目不要设计在问卷中；答案的选项不要太多，较少出现的答案选项以"其他"替代。

（四）编码

编码是将调研问卷中的每一个问题以及备选答案编上代码，是将问卷中的调查项目变成代码数字的工作过程。大多数市场调研问卷均需加以编码，以便分类整理。在大规模问卷调研中，调研资料的统计汇总工作十分繁重，借助编码技术和计算机可以大大简化这一工作。编码既可以在问卷设计的同时设计好，也可以等调查工作完成以后再进行，前者被称为预编码，后者被称为后编码。在实际调研中，研究者一般采用预编码。

（五）被调查者项目

被调查者项目是有关被调查者的一些背景资料。例如，在消费者调研中，消费者的性别、年龄、民族、家庭人口、婚姻状况、文化程度、职业、单位、收入、所在地区、家庭住址、联系电话等；在对企业的调查中，企业名称、地址、所有制性质、部门主管、职工人数、商品销售额或产品销售量等情况。

上述项目中，从目的来看可以分为两种。一种是为将来进行统计分析时使用的项目，通过这些项目，便于研究者根据背景资料对被调查者进行分类比较和交叉分析，以了解不同性质、不同属性的人在行为或态度上是否有明显的差异。例如，关于性别，可以从男、女对某一问题的看法进行比较，分析是否有差异，为将来的市场细分、广告等市场营销策略的制定提供依据。另一种是进行调查管理用的。调研组织者需要对调查人员进行监督，避免其弄虚作假，有时还需要进行抽查。例如，家庭住址、联系电话、姓名等项目都是为调研管理用的，调查人员应向被访者做恰当说明以消除其疑虑。关于家庭住址，进行入户调查时由调查人员仔细填写，采用其他方式调查时标明大的区域即可，以免被访者误会。

（六）调查者项目

调查者项目主要包括调查人员姓名、调查地点、调查日期等与调查人员调查相关的信息，其作用在于明确责任和便于查询、核实。

（七）结束语

结束语一般放在问卷的最后，用来简短地对被调查者的合作表示感谢，也可以征询一下被调查者对问卷设计和问卷调查本身的看法和感受。当然，不同问卷的结束语略有不同，如邮寄问卷的结束语可能是"感谢您参与调查，请您再次检查题目是否全数填写完毕，完成后请放入回邮信封并投入信箱"，而一份拦截访问的问卷结束语可能是"访问到此结束，这里有份小礼品送给您，谢谢您！"

以上是要求比较完善的调查问卷所应有的结构内容。用来征询意见的调研问卷或一般调研问卷可以简化，有标题、说明、主题内容、致谢语和调查研究单位就行了。

四、调研问卷设计的步骤

设计调研问卷是调研准备阶段的重要工作之一，同时又是一项创造性的活动，其设计质量将直接关系到调研的成败。要保证问卷的设计水平，使其既科学合理，又实际可行，就必须按照一个符合逻辑的程序进行。一般来说，调研问卷设计必须遵照五个程序。

（一）明确调查主题和资料范围

关于市场调研项目，委托人往往只给出一个大致的范围，具体目标内容并不十分清楚，需要调研机构为之明确调研的主题和设计调研方法等。因此，设计问卷时，首先要进一步明确调查主题及其资料范围。

为此，要深入了解调研目的，问卷设计者可通过对"5W1H"的界定，确定资料的内容、来源、范围和收集资料的方法，具体内容如下。

Who——谁需要资料？需要调查谁？
What——需要什么资料？
Where——在哪儿调查？
When——要什么时间的资料以及什么时候调查？
Why——为什么要调查？
How——如何获取这些资料？

（二）分析样本特征，确定问卷类型

调研对象群体的特征对问卷设计也有很大的影响。不同的调查对象具有不同的特点，需要采用不同的方法进行调查。问卷必须针对调查对象的具体特点进行设计，

才能保证问卷的合理性。因此，需要对样本特征进行分析，明确调查对象是企业还是个人，是生产商还是经销商，是现实消费者还是潜在消费者等，并了解各类调查对象所处的社会阶层、社会环境、行为规范和观念习俗等社会特征，了解他们的需求动机和潜在欲望等心理特征以及他们的理解能力、文化程度和知识水平等学识特征，并针对其特征确定问卷类型。

例如，适用于大学生的问题不一定适合家庭妇女。对样本特征的理解主要涉及调查对象的社会经济特征，理解不好就可能造成不确定性或不表态的回答。调研对象群体差异越大，就越难设计一个适合整个群体的问卷。

（三）拟定问题，设计问卷

确定了问卷类型后，设计者就可以根据被调查对象的特征拟定问题，在调查之前不应该假定调查对象会对所有问题提供准确合理的答案，而是应该试图克服调查对象无法回答问题的现象发生。按照问卷设计原则设置问卷初稿，内容包括：提问问题的设计、提问顺序的设计、答案选项的设计及问卷版面格式的设计。

问卷题目设计可以按照不同阶层指标的架构方式，从大到小地将问卷题目具体化地呈现，一方面可以明确不同维度的完整性，另一方面可以确认问题的架构、逻辑与顺序的合理性。例如，要了解课程改革背景下中学校园里师生交往关系的变化以及目前的师生关系状况，探索和谐新型师生关系建构的有效途径，问卷设计前可以先拟定不同层级与维度，最后设计出题目以及题目适合的顺序。问卷设计架构见表5-1。

表5-1 问卷设计架构

一级维度	二级维度	题　　目	题号
课堂上	提问	老师向您提问题吗	2
	自我感觉	您觉得自己在老师眼里是个什么样的学生	14
		您认为老师喜欢您吗	1
	眼神	上课的时候，您能感受到老师投来的目光吗	3
	言语	老师在课上对您说过冷嘲热讽的话吗	4
	形象的评价	认为老师神圣而不容置疑	10
	上课的思路	课堂上，您完全依循老师的思路去思考问题	11
		对于老师做出的选择，您都认为是对的	12

续表 5-1

一级维度	二级维度	题　　目	题号
课后	课下谈话	老师在课下找您谈过话吗	7
		谈话的内容一般是什么	7
	作业	老师在您的作业后面写评语吗	8
		您希望老师给您的评语是什么	9
		您的学习和练习内容由老师制定和选择的比例是多少	13
批评方式	体罚	老师体罚过您吗	6
		您认为体罚对改正错误有多大的帮助	6

（四）对问卷初稿进行前测

设计好的问卷初稿不应直接用于正式调查，必须先进行小范围的前测，以便对问卷初稿的内容、措辞、问题的顺序等进行全面的检查，找出问卷初稿的不足，及时进行修改。首先，必须将问卷初稿交委托单位过目，听取他们的意见，以求全面表达委托人的调研意向；其次，可以在同事中或经挑选的普通用户当中进行试答。小范围前测可以在三个方面产生作用。

（1）检查问卷问题措辞是否得当。包括调查宣读时是否困难，调查者是否能准确理解，是否可能出现诱导或者引起被调查者不悦等。

（2）测试问卷初稿内容是否充分反映了所需资料的内容。特别是提供选项由被调查者进行选择的封闭题，选项不完全会造成信息的丢失，所以需要在前测时确定是否有其他可能的选项（有助于提供多项选择问题的答案）。

（3）检验问卷长度是否合适，确定访问所需的平均时间。问卷过长会增加成本并引起较多的拒访，而问卷过短则会造成访问人员劳动的浪费。

前测调查的样本数量为 30～50 人。结束测试之后，设计人员需要对问卷进行修改。如果有必要，还需要再次预试调查。

（五）印刷问卷

调研问卷经过测试和修正之后，就可以进行问卷设计的最后一个环节——印制。印制问卷时，要注意选择质量合适的纸张。用质量低劣的纸张印制的问卷，容易使被调查者觉得这项调研无足轻重，从而不予以积极配合，回答的质量可能会受到影响；而印刷精美的问卷，有一个"专业性"或"职业性"的外形，往往给人意义重大的印象，进而引起被调查者的重视和主动的合作。

如果问卷长度超过四页，不应该简单地用订书机订一下，而应该考虑正规地装订成册，每页最好是双面印刷的，这样更便于使用，看起来也更正规且不容易丢页。

在某些情况下,问卷可能要进行特殊的折叠和装订。

当然,印刷和纸张的质量也可以因为问卷的阅读对象的不同而有所不同。在面访或邮寄问卷调查中,问卷的阅读对象是被调查者,印刷和纸张的质量对回答率影响很大;但是在电话调查中,问卷的阅读对象是调查者,问卷能读即可。

第二节 调研问卷问题的设计

一、调研目的的确认

调研目的是指在特定的调查课题中要解决的问题,即为何要调查?要了解和解决什么问题?调查结果有什么用处?明确调查目的是调查策划的首要问题,只有清楚且确定了调查目的,才能确定调查的范围、内容和方法,以及顺利地进行调研方案立项、设计和实施;反之,就会列入一些无关紧要的调查项目,而漏掉一些重要的调查项目,无法满足调查的要求。另外,在调研中,决策者和调研人员之间的有效沟通有助于建立和认同调研目的,提高调研的有效性,并且减少决策者和调研人员双方不必要的摩擦。

二、问题构面的选择

变量的性质在很大程度上决定了哪种测量是最有效的。在调查研究中所遇到的全部变量可以分为四类:属性、行为、信念和态度。属性(attribute)是指个人的或者人口统计学上的特征,诸如受教育程度、年龄、家庭的大小或者是有几个孩子等。行为变量(behavior variable)涉及一些行为,如去商场的频次,或者是杂志读者群活动的参与程度。信念(belief)则与认识有关,代表回答者(正确地或不正确地)认为什么是正确的,例如,受访者是否相信禁止烟草广告将会降低肺癌致死人数?态度(attitude)与信念相似,只是它们还能反映出受访者个人的评判,例如,受访者是否觉得应该禁止烟酒广告。

三、问题的种类

问题的种类依照不同方法可划分成不同类型,以下分别按照答案设置、询问方式及提问内容三种方法进行说明。

(一)按照答案设置来划分

1. 开放式问题

开放式问题是指在设计调研问题时,只提出问题,不设置答案,由被调查者根据自己的想法自由作答,因此也叫自由式问题。开放式问题一般用于某个问题的答案太多或根本无法预料时。例如,您对商场购物返券有什么看法?您为什么会选择购买××牌手机？您对这位教师的教学方式有什么建议？开放式提问过多，容易影响问卷的质量。因此，在问卷设计时应尽量减少对开放式问题的使用数量，一般以不超过3题为宜。

2. 封闭式问题

封闭式问题是指在设计调研问题时，已经列出可供被调查者进行选择的答案，被调查者只有或者只能从中选择一个或者几个答案的提问方式。封闭式提问一般用于定义明确、研究目标集中的问题。封闭式问题的提问方法有是否法、多项选择法、顺位法等多种形式，无论哪种形式，都必须设计好问题的答案。例如，请问您目前的婚姻状况？①未婚；②已婚；③离异；④鳏寡。

在实践中，常常采用两种类型相结合的方式，即混合型问题。例如，在一个问题中只给出部分答案，让被调查者从中挑选，而另一部分答案则不给出，要求被调查者根据自己的实际情况自由作答。这样，既可以使问题的答案相对集中，又可以扩大信息量。例如，请问您选购运动鞋时最主要的考虑因素是下列哪一项？①价格；②功能；③品牌；④款式设计；⑤其他。

（二）按照询问方式来划分

1. 直接性问题

直接性问题是在问卷中能够通过直接提问方式得到答案的问题。直接性问题通常会给被调查者一个明确的范围，所问的是个人基本情况或意见，比如"您的民族""您的职业""您最信任什么品牌的空调""您最喜欢哪个洗发水品牌？"等，这些都可获得明确的答案。这种提问对统计分析比较方便，但如果遇到一些窘迫性或敏感性的问题时，采用这种提问方式可能会无法得到答案，就需要改用间接性的提问。

2. 间接性问题

间接性问题是指不适合直接提问，而采取间接提问的方式获得答案的问题。通常是那些调查对象对问题回答产生顾虑，不敢或不愿真实地表达意见的问题。例如，在询问被调查者的月收入时，如果被调查者每月收入过低或很高的时候，可能会与个人面子或纳税联系在一起，从而使被调查者有意提高或压低收入的数字。这时，如果将要提问的问题换成其他人的意见和看法，而由被调查者进行选择和评价就容易多了，而且还会比直接提问获得更多的信息和资料。

（三）按照提问内容来划分

1. 事实性问题

事实性问题通常要求被调查者回答一些客观存在的问题。询问这类问题是为了获得有关事实性资料。一份问卷的开头和结尾通常都要求被调查者填写其个人资料，如职业、年龄、收入、家庭状况、教育程度、居住条件等，这些问题均为事实性问题，对此类问题进行调查，可为分类统计和分析提供资料。

2. 行为性问题

行为性问题是为了对被调查者的行为特征进行调查而提出的相关问题，多数是关于工作、学习、生活、消费等行为特征的问题，例如"您是否光顾某某商城""您是否购买了电脑"等。行为性问题有利于企业了解人们的行为规律，但不利于企业了解其内心活动及心理变化规律。

3. 动机性问题

动机性问题是为了对被调查者的行为产生的原因或动机进行调查而提出的相关问题，主要是为了了解消费者的心理活动。由于此类问题比较容易了解事件或行为产生的原因，所以常常与行为性问题结合使用，例如"为什么购买这款电脑""为什么光顾某商场"等。

4. 态度性问题

态度性问题是为了询问被调查者对某些事务或某商品的态度、意见、看法等而提出的相关问题。询问这类问题通常是为了提高产品质量。态度性问题示例见图5-2。

```
您认为××牌运动鞋的产品质量如何？
(1) 很差    (2) 不好    (3) 普通    (4) 好    (5) 很好

请依您的喜爱程度对下列运动鞋品牌进行排序，从最喜欢到不喜欢依次为1，2，3，4。
____耐克 Nike  ____阿迪达斯 Adidas  ____安踏 Anta  ____锐步 Reebok
```

图5-2 态度性问题示例

5. 意向性问题

意向性问题一般用来询问人们对某些事务的打算。询问这类问题是为了了解消费者的需求意向。意向性问题示例见图5-3。

```
如果要更换运动鞋，您会考虑下列哪些品牌？（多选，最多三项）
(1) 耐克 Nike       (2) 阿迪达斯 Adidas    (3) 新百伦 New Balance
(4) 安踏 Anta       (5) 锐步 Reebok        (6) 斐乐 Fila        (7) 其他____

您打算何时更换下一部手机？
(1) 最近一年内    (2) 一至两年内    (3) 两至三年内    (4) 三年以上
```

图5-3 意向性问题示例

四、问题的设计

调研问题设计可依据调研目的采用封闭式问题或开放式问题,两种问题设计又分别包含不同的询问方式,以下进行详细说明。

(一)封闭式问题设计

封闭式问题在市场调研中的应用非常广泛,形式也多种多样。常用的封闭式问题设计方法有是否法、多项选择法、顺位法、一对一比较法、矩阵法和双向列联法。

1. 是否法

是否法也叫二分法、两项选择法,是指提出的问题仅有性质相反的两种答案可供选择,回答时只能从中选择其一,如"是"或"否""有"或"无"。是否法可以用于筛选或过滤受调查者是否符合本次调查对象的要求。例如:请问您有使用过第三方支付吗?①有;②没有。再如:您对自己目前的身材是否感到满意?①是;②否。

采用是否法设计问题时,要注意有些问题看似只有两个选项,其实并非如此。例如,"您是否准备购买商品房?"这个问题表面上看可能只有"是"和"否"两个答案,实际上却有5个答案:是、否、可能买、可能不买、不一定。这种可能包含多个答案选项的问题就不适合采用是否法,可改用多项选择法。

2. 多项选择法

多项选择法是指提出的问题有两个以上的答案选项,被调查者选择出最符合自己想法的答案,并可依据题目要求选择其中一项或多项作为回答。多项选择法示例见图5-4。

请问您最常使用下列哪一个品牌的牙膏?(单选)
(1)高露洁 (2)佳洁士 (3)黑人 (4)中华 (5)其他____

请问您有使用过下列哪些牙膏品牌?(多选)
(1)高露洁 (2)佳洁士 (3)黑人 (4)中华 (5)其他____

您认为下列哪些家电品牌比较值得信赖?(多选,最多三项)
(1)美的 Midea (2)海尔 Haier (3)三星 Samsung (4)三洋 Sanyo
(5)索尼 Sony (6)乐金 LG (7)松下 Panasonic (8)其他____

图5-4 多项选择法示例

多项选择法提供的答案选项包含各种可能的情况,使被调查者有较大的选择余地（一般建议不应超过 10 个），所以能缓和是否法的强制性选择缺点，也可以在一定范围内区分被调查者意见的程度差别，有利于调查者说明解释。但是，多项选择答案的排列顺序可能会影响被调查者的正确选择。一般来说，排在前面的答案被选中的机会较大（排列顺序应无规律可循或可以由网上问卷随机排列）。

3. 顺位法

顺位法是对一个问题列出多个回答选项，并且要求被调查者在回答时，根据自己认为的重要程度或喜欢程度对其排序的方法。其中，可以对选填的答案数量进行一定的限制，也可不加以限制。顺位法示例见图 5-5。

> 以下是选购牙膏的考虑因素，请您依照重要程度进行排序，从最重要到不重要依次为 1，2，3，4，5。
> ____品牌　____价格　____功效　____口味　____包装设计

图 5-5　顺位法示例

4. 一对一比较法

一对一比较法是决定顺序的一种方法，在调查项目有多种种类时，把调查对象配对，让被调查者一一比较选择答案。一对一比较法示例见图 5-6。

> 请比较下列各项的两个牙膏品牌，并勾选出您认为质量相对较好的品牌。
> (1) 高露洁　　佳洁士
> (2) 高露洁　　黑人
> (3) 高露洁　　中华
> (4) 黑人　　　佳洁士
> (5) 黑人　　　中华
> (6) 佳洁士　　中华

图 5-6　一对一比较法示例

这种方法适用于对质量和效用等问题做出评价，在市场竞争问题分析中应用较多，便于较快获得有针对性的具体资料。应用该法时要考虑被调查者对所要回答的问题中涉及的选项是否熟悉，否则将会产生空白选项。

5. 矩阵法

矩阵法是将同类问题和几组相同答案选项集中为表格式的矩阵形式，以简化和节省问卷篇幅的方法。矩阵法简洁扼要，同类问题集中排列，回答选项与方式相同，节省了阅读填写时间，为被调查者提供了方便。但是，这种集中排列的形式如果太多，很容易令被调查者产生厌烦情绪，因此，在同一份调研问卷中，这种类型的问题不宜过度使用。矩阵法示例见图 5-7。

下方是对 A 超市的服务评价，请依据您的感受勾选相应空格。

评价项目	很不同意	不同意	普通	同意	非常同意
结账快速					
及时提供协助					
乐意回答问题					
售后服务完善					
服务态度良好					
重视顾客需求					

图 5-7　矩阵法示例

6. 双向列联法

双向列联法是将两类不同问题综合在一起，以简化和节省问卷篇幅的方法。双向列联法通常用表格形式来表现，表格的横向和纵向分别为不同类问题，便于被调查者比较选择答案。这种问题结构可以反映两方面因素的综合作用，提供单一类型问题无法提供的信息。双向列联法示例见图 5-8。

下方是对三种牙膏品牌的评价项目，请勾选您所赞同项目的相应空格。

评价项目	高露洁	黑人	佳洁士
功效卓越			
口味宜人			
容量适宜			
价格合理			
购买容易			
宣传到位			

图 5-8　双向列联法示例

（二）开放式问题设计

开放式问题设计如前所述，并没有提供被调查者回答选项，常用的方式有：自由回答法、词语联想法、回忆法、句子填空法、故事建构法、漫画测试法、主题统觉测试法。

1. 自由回答法

自由回答法又被称为无限制回答法,是指设计问题时不设计供被调查者选择的答案选项,而是由被调查者自由阐述意见,对其回答不做任何限制,例如,"您认为目前的校园外卖存在哪些问题?"或者是"您为什么选购××品牌的牙膏?"自由回答法的优点是拟定问题比较容易,也能获得深入的意见。

2. 词语联想法

词语联想法是按照调查目的选择一组字词展示给被调查者,每展示一个词语,就要求其立刻回答看到该词组后想到什么,由此推断其内心想法。词语联想法是一种极大限度地开发被调查者潜藏信息的资料收集方式,常用于评价和测试品牌名称、品牌形象、广告用语等,也常用于产品的消费动机和偏好调查。例如,"看到'海尔'这个词,您联想到什么?"

在使用词语联想法调查时,主要通过对被调查者的反应词与反应时间的分析来得出结论。被调查者回答问题很快,说明被调查者对这个词语印象很深,越能反映其态度;回答越慢,则说明被调查者的答案不肯定,答案的可靠性越差。

3. 回忆法

这是用于调查被调查者对品牌名、企业名或广告等印象强烈程度的一种问题设计方法,调查者提出一个题目,如产品品牌、企业名称或一则广告,然后由被调查者回忆,测出记忆的强度。例如,"请列出您最近3个月内在电视广告上看到的手机品牌,上述手机品牌在广告中说了些什么?"

4. 句子填空法

句子填空法是将问题设计成不完整的句子,请被调查者补充完成。例如,"益达口香糖是_____"。与词语联想法相比,文句完成法完成的是句子,调查结果也比较容易分析,因此常用于调查消费者对某种事物的态度或感受。为了减少被调查者在回答时的顾虑,设计问题时应避免使用第一人称或第二人称。

5. 故事建构法

故事建构法是提供只有开头或只有结尾的不完整文章,请被调查者按照自己的想法将其补充完整,借以分析被调查者的隐秘动机及潜在看法的方法。例如,"走进电脑商城,我发现××计算机又降价了1 000元。于是,我……"后面由被调查者根据自己的想象完成故事。

6. 漫画测试法

漫画测试法是按照调查目的设计有两个人物对话的卡通漫画,其中一个人说出一句话,由被调查者以另一个人的身份完成图中的对话,从而了解被调查者的想法。为了使被调查者易于了解和接受调查,设计卡通图画时要注意整个问卷的主体是文字而不是图画,因此图画内容尽量不要对语言反映有影响,甚至可以不画人物的眼睛、鼻子等不必反映的特征,使卡通人物具有中立性。

7. 主题统觉测试法

主题统觉测验法是通过向被调查者出示一组漫画或图片，要求被调查者根据自己的理解描述漫画或图片的内容，或者编造一个故事，从中探询被调查者的态度或愿望的一种方法。这种方法在调查测试消费者的态度时是一种非常有用的工具。图片或漫画的设计要注意中性化，避免引导被调查者的真实想法。

五、调研问卷设计的注意事项

在市场调研中，常常存在由于问卷设计不当而造成调查结果失效或结论有异的情况。同样的问题，由于形式不同或措辞不同，获取资料会有明显的差异；同样，使用不同的排列次序，其结果也会不一样。特别是有些敏感问题，在设计时如果没有恰当地采用比较婉转的形式，轻则造成被被调查者拒答，重则产生令人不快的后果。因此，在设计问卷时，必须注意有可能影响调查结果的一系列问题。

（一）关于问题及其措辞

问题措辞是指将问题的内容和结构编修成调查对象可以清楚理解的用语。这是问卷设计中较为困难的一个任务。在问题的措辞中，问题的关联性、被调查者回答的能力及回答的意愿都会受到措辞的影响，问卷设计者应尽力避免各种错误。措辞不当，被调查者可能会拒绝回答或回答不正确，因此，问题措辞应注意六个要点。

1. 问题要简洁明了

简洁明了的问题才易于被不同文化、不同阶层的消费者理解和接受，也可以避免因理解错误而产生的回答偏差。具体来说，有几点需要注意：①提问尽量具体而不抽象；②避免使用复杂的语句；③尽量避免使用否定句和反义疑问句。

2. 措辞要确切、通俗

在实际调研中，调查对象的个人背景（如受教育程度、文化水平、知识经验等）有很大的差异，如果问题措辞不确切、不通俗，势必影响调研的结果，因此问题措辞的设计需要注意几点：①避免使用专业化术语；②避免使用无明确界定的词语，诸如"一般""经常""偶尔""普遍""差不多"等都过于笼统；③避免使用俚语和行话，除非调查对象都是专家；④避免使用夸张的词语；⑤避免使用有歧义的词语。

3. 避免双重或多重主题的问题

双重问题（double barreled question）是指分别提出几个问题，却同时出现在一道题目中，如此，会使被调查者不知如何回答。避免这种错误的有效办法是检查一下已设计好的问卷题项，是否有"和""跟""与""及""或"等字眼。一旦发现一个题目包括双重或多重主题，必须重新组织双重问题的措辞，每次只关注问题的一个方面，并提供不致模棱两可的一套答案选项。这通常是通过将一个问题拆分为几个来实现的。

4. 避免诱导性提问

诱导性问题（leading question）也被称为误导性问题，是指可能将被调查者引导到某一特定答案的问题，而不顾他们的真实回答是什么。诱导性提问在提问中含有暗示被调查者如何回答的线索，如带有感情色彩的字词，或者有赞同、反对的感情等，所以问卷提问应避免模棱两可的措辞或者带有诱导性和倾向性的提问。因为诱导性提问违背了市场调查者必须遵循的"客观性"原则，容易使回答者产生顺从心理，导致调查结果产生系统性偏差。例如，"很多人都会选购原装进口的商品，您也是吗？"这个问题就明显带有倾向性，暗示了回答者应该从众，对被调查者的选择具有诱导作用。解决类似问题的办法是将诱导性词语删除，改为"您会选购原装进口的商品吗？"

5. 避免询问超越大多数被调查者能力和经历的问题

优秀的问卷设计者是站在被调查者的角度评价问题的潜在价值，应修改毫无意义或很难回答的问题。例如，"去年您使用了多少包纸巾？"纸巾是日用品，消耗量大，很少有人能准确给出答案，只能粗略估计。这类问题最好缩短时间跨度，如果改为"您一个月平均使用多少包纸巾？"这样被调查者一般能给出准确答案。

6. 充分考虑被调查者回答问题的意愿

有些事情被调查者可能记得很清楚，然而他们不愿意做出真实的回答。比如尴尬的、敏感的、有威胁的或有损自我形象的问题，被调查者即使有足够的信息准确回答该问题，也可能拒绝回答，或朝着合乎社会需要的方向回答。个人收入问题、个人生活问题、政治方面的问题都属于这种情况。如果必须涉及，要讲究提问的艺术，避免引起反感，可采用间接询问方式，并放在问卷的最后来询问。

（二）关于问题的编排

一份问卷通常包含许多问题，在每个题目（包括提问项目和回答项目）编写、筛选完毕后，接下来的工作就是安排题目的先后顺序，即进行问题的编排。心理学研究表明，问卷中问题排列的先后顺序可能影响被调查者的情绪。同样的题目，合理编排问题的排序，能减少数据错误，并方便对问卷进行轻松、顺利的操作，有利于有效地获得资料；编排不妥当，可能会影响被调查者作答，影响问卷的回收率，甚至影响调查的结果。

一般来讲，开头的问题应该有趣、简单并且不咄咄逼人，客观事实方面的问题应该放在前面，困难的或者敏感的、尴尬的、复杂的、无趣的问题以及主观方面的问题应放在靠后的位置，中间的过渡和衔接要连贯和自然；同时，调查者要考虑到人的思考习惯和思维逻辑，如按时间顺序、性质或类别来排列问题。

（三）关于问卷的版面布局

问题编排基本完成之后，设计者还要注意认真考虑问卷的版面布局。问题的外观和问题的编排方式会影响受访者的合作程度和收集的数据质量。问卷版面布局总的要求是简洁、整齐、美观、有吸引力，便于阅读、作答、填写和统计。

（四）关于问卷设计中计算机的辅助作用

在调研业界，问卷设计已经开始使用计算机辅助技术，计算机辅助问卷设计已发展成为一个全新的领域。一些公司专门着手开发一些计算机软件，把问卷从文字处理到最终定稿都交给程序来运行。事实上，大多数类似的有特殊功能的计算机软件还可用于统计分析。

计算机不但在快速生成问卷方面具有重要的意义，在后续的数据处理方面也具有特殊的执行优势。但从设计思维到对设计结果的评估与改善方面，人的智能因素绝对不是任何一种所谓具有智能的软件所能代替的。因此，关于问卷设计的合理性与规范性，仍需要特别注意。

第三节 调研问卷的评估

一、前测问卷

前测问卷是指为了识别并消除问卷中可能存在的问题，而对一个小样本进行问卷的测试。在实际条件下，针对抽出的 30～50 名被调查者进行测试。这个测试通常在调查问卷通过了基本检测及被修改后才进行。前测问卷和实际问卷的调研对象应该从同一类样本单位中抽取，应该在与实际调研尽可能相似的环境和背景中执行问卷。前测的另一作用也用来测定填写问卷的时间，时间信息可以被用作预算的依据。换句话说，它可能暗示调查问卷需要缩短以符合调研预算。最后，前测问卷用来识别没有用的问题，即使他们不会产生问题，但因为几乎每个人填写的结果都是相同的，因此该问题不能区分被调查者。当然，前测问卷的结果应当被用来修改调查问卷，研究人员必须基于发现的问题对问卷进行改正。在问卷的每一次重大修正之后，都应该对一个不同的调研对象样本执行另一次预试调查。

二、项目分析

项目分析就是根据前测结果对组成测验的各个题目（项目）进行分析，从而评价题目好坏，对题目进行筛选，分析指标包括区分度和项目难度。

取舍题目时，首先看区分度。低区分度的题目通常不能被有效鉴别，必须依据专家学者的意见进行修改或删除。在项目难度方面，项目难度的系数一般在 0.35 到 0.65 之间为佳，但就整体调研而言，难度为 0.50 的题目应占多数；同时也需要一些难度较大或者较小的题目。大多数调研希望能较准确地测量个体之间的差异，因此在设计题目时，最好使试题的平均难度接近 0.50，而各题难度在"0.50±0.20"之间。

三、信度分析

一份质量高的问卷设计应该具有足够的信度和效度。信度（reliability）是指问卷调查结果的稳定性、一致性和可靠性。如果调研单位的属性不变，重复测量后的结果（所得分数之间的相关度）也不变，则这个测量工具就是可信的。评价信度的方法包括三种。

（一）重测信度

重测信度（test-retest reliability）又被称为重复检验法，是指通过同一测量手段对同一群被调查者前后测量两次，再根据两次测量的相关系数检验信度。检验重测信度时，要求调查对象在尽可能相同的条件下，在两次不同的时间内，使用相同的测量工具进行重复测量，时间间隔一般为2～4周。通过计算相关系数确定两次量度值之间的相似程度，相关系数越高，信度越高。

（二）复本信度

复本信度（alternate-form reliability）又被称为交错法，是指研究者设计两个等价的量表形式，也就是两份问卷使用同一属性的不同问题，在不同的时间对同一组调研对象进行调查，通常间隔2～4周，然后对两份问卷的调查结果进行相关分析，而两份问卷测量得分的相关系数就决定了等价形式信度。

（三）内部一致性信度

内部一致性（internal consistency）是指利用问卷中测量题目的同质性来测量信度。测量理论表明，题目之间的相关与题目和潜在变量的相关之间有某种逻辑关系；如果测量题目与潜在变量之间存在强相关，题目之间也应该具有强相关。内部一致性经常使用系数 α 来代表，其公式为：

$$\alpha = \frac{k}{k-1}\left(1 - \frac{\sum \sigma_i^2}{\sigma_y^2}\right)$$

其中，i 代表单一题项（i 的取值范围为1～k）；y 代表总体题项；σ_i^2 代表各题项的方差，每个方差所包含的信息都是以单一题项为基础而非共有的；σ_y^2 代表量表的总体方差，等于所有题项方差与协方差的总和；$\left(1 - \frac{\sum \sigma_i^2}{\sigma_y^2}\right)$ 代表了潜在变量引起的、共有的方差比例；$\frac{k}{k-1}$ 则是把 α 的取值限定在0～1，k 代表题项的总个数。

一般而言，$\alpha \geq 0.70$ 代表问卷（测量工具）可接受，$\alpha \geq 0.90$ 为十分可信，如果 $\alpha < 0.60$ 则要考虑重新编写问卷。

四、效度分析

效度（validity）是指问卷能否真正测量到所要测量的事物，亦即能否达到测量目的，正确测量出调查者想要了解的属性。效度的先决条件是测量工具是可靠的。当使用不可靠的工具测量同一个现象时，也不会产生一致的结果。缺乏效度的量表或其他测量工具对调研人员来讲，基本上就毫无意义，因为它们不能测量所想要测量的东西。换言之，信度是效度的必要条件，问卷不可信则测量就不可能正确。效度可以分成三种：内容效度、准则效度与建构效度。

（一）内容效度

内容效度（content validity）是指测量工具内容的代表性或符合所要测量内容的程度。调研人员可以通过四个步骤来判断内容效度。

（1）对所要测量的概念、对象进行仔细和准确的界定。
（2）竭力收集相关文献资料或举行焦点小组座谈，尽量列举出可能的内容。
（3）召开专家座谈会，研讨量表中应包括哪些内容。
（4）对量表进行预试，也可通过开放式提问来了解可能包含的其他内容。

（二）准则效度

准则效度（criterion validity）是指用几种不同的测量方式或不同指标对同一构面进行测量的一致性程度。选择其中的一种方式或指标作为准则，而其他方式或指标与这个准则做比较，如果不同的测量方式或不同指标的调查结果呈现高度相关，则具有准则效度。例如，X 是一个变量，用 X_1、X_2、X_3 进行测量，在以 X_1 为准则的情况下，X_2、X_3 与其呈现高度相关，则这几题具有准则效度。需要注意的是，作为准则的测量指标也必须是有效的，否则越比越差。

（三）建构效度

建构效度（construct validity）又被称为结构效度，是指问卷调查结果能够测量其理论特征，也就是数据分析结果与理论预期一致，则认为具有建构效度。建构效度可分成收敛效度（convergent validity）与区别效度（discriminant validity）。

收敛效度又被称为聚合效度，当测量同一构面的测量题项彼此间聚合或有显著相关时，即表示受检验的多个测量题目能够收敛在同一个因素之中。如果各构面与其对应题目的平均方差提取值（average variance extracted，AVE）大于 0.50，即表示具有收敛效度；相反地，如果证实所测量的构面或变量之间是独立且不同，能够加以区别的，则具有区别效度。区别效度的判别方式可用 Fornell and Larcker（1981）提出的 AVE 与潜在变量配对相关值比较法为基础，如 AVE 值大于所有相关系数的平方值，则表示变量之间具有区别效度。

本章小结

采用问卷进行市场调研是一种应用最广的手段。早期的调研以家户访问为主，后来有更多市场调研是在街上或商店附近进行拦截访问，问卷设计的方式也因此越来越多元化。在互联网迅猛发展的时代，线上调研问卷更被多数企业和消费者所接受，问卷设计的互动形式也更加丰富，使调查对象的回答兴致更高，也因为不受时间与空间的限制而更加便利。

本章讨论了问卷设计的概念、方法与评估。调查必须了解问卷设计的意义、原则、架构与实施步骤，通过确认调研目的、选择与设计适当的问题，才能确保问卷完善和正确。问卷正式使用前需要先进行 30～50 份前测，如果测试结果发现有问题需要及时修正，并且重新再预试问卷；如果前测没问题，则可发放正式问卷，并对问卷进行信度分析和效度分析，以确保测量工具的效力。

复习思考题

1. 问卷设计的步骤有哪些？
2. 问卷设计的问题类型有哪些？
3. 开放式问句和封闭式问句的区别是什么？
4. 评估信度与效度的方法有哪些？
5. 某大型家电网店想了解顾客对其网站设计、配送服务、满意度与再次购买意愿的看法，请协助这间家电网店设计一份适合的调查问卷。

课后案例

年中员工满意度调查之得与失

2010 年 3 月 Z 公司对外公布了 2009 年的漂亮财务报告，营业收入逆市达到了上一财年的预期增长。但是其直接竞争对手 A 公司随后公布的经营业绩让大家沮丧，A 公司的营业收入增长率虽然不及 Z 公司，但营业总收入仍旧比 Z 公司多得多，特别是利润率翻了一倍。A 公司随后又向全体员工发出通知：全面涨薪。

当 John（Z 公司 CEO）向人力资源总监 Lucy 询问员工对年终奖的反映，她刚说了一些打听来的情况，就被 John 打断："拿出数据来说话，我要掌握全面的信息。"Lucy 委屈之余深感问题的棘手，年终奖的反馈很难有渠道获取，采取访谈，容易遭到回避，采取问卷调查，恐怕也不客观。特别这个敏感问题如果操作不当，将会引发很多问题。正当 Lucy 烦恼之际又发现，各部门近期纷纷提交了超出预期的人才需求计划，几乎每个部门都"缺人"，而且要得特别急，希望以社会招聘取代校园招聘，迅速补充人员，否则影响经营目标的达成。想到这里，Lucy 突然脑中灵光一闪，是不是可以搞一次年中满意度调查呢？

从 Z 公司人才流失，至少直接说明了一点：Z 公司人员的满意度比较低。但是，这种不满意可能是对企业的、对工作本身的、对薪酬待遇的，或者是对自身发展的，人力资源总监 Lucy 需要找出什么因素起了决定性作用。Z 公司其他的一些表现，比如竞争对手涨薪引起了员工议论，是否真正表明员工不满意，还未可知，这些也需要分析。

关于员工满意度构成因素的研究目前有一些，维度主要可以概括为 9 个：企业战略、组织结构、企业文化、业务流程、工作生活质量、岗位匹配度、薪酬福利、绩效考核、培训开发。各维度下有细分的几个因素。也有研究分为 14 个维度，加入了对领导的信任、直接上司、同事、工作环境等。

那么，如何有序开展年中满意度调查工作？

第二天一早，Lucy 就迅速召集了人力资源部开会，会上她提出要做一项重要工作：在员工中做一个调查，以了解员工对企业和工作的满意程度，以及不满意的原因是什么。

但是，关于这个调查应该涉及哪些方面，大家有两种意见。一部分人和 Lucy 一样，认为需要做一项包括企业运营、员工发展两个层面，涵盖企业文化及战略目标、运作管理、工作内容、薪酬福利、考核与激励、员工培训、职业发展等全方位的普遍的调查，觉得这有助于在目前的复杂情况下，全面了解员工满意度状况，找出问题关键点，以便拿出更有效的下半年人力资源工作方案；而有一些人认为，应该将重点聚焦在员工关心的薪酬竞争力等目前亟待了解的问题上，更加有针对性，而且消除此类不满意因素，在人力资源部职权范围内能够直接解决，而不需要经过跨部门的授权，跨部门运作在大部分时候都是效率低下、有难度有风险的方式，是否能够取得预期的效果很难说，吃力不讨好。

而且，现在他们要面临的很关键的一个问题是以什么名义实施此项调查，这也关系到企业舆论的稳定性、领导的关注程度、员工是否配合等很多软性的但又是重要的影响因素，刚性的推行会遇到的重重阻力是可以预见的。何况，每年年底都会有员工满意度调查，年中时突然来一次，难免会让员工有各种想法和猜测，需要向员工做好解释工作。

在以什么形式做调查的问题上，大家的意见基本上比较统一，决定采取匿名问卷的方式。关于开展调查的时间，也决定抓紧在半年考核之前，最好争取在 6 月中旬，避开月底比较忙的阶段，结果也要在 6 月底的总结经营会前出来。那么只有短短两周的时间，大家的压力都很大。

经过一天密集的会议，在大家的群策群力之下，大体的调查方案总算是诞生了。Lucy 亲自拍板，统一了意见，紧锣密鼓地将任务分配了下去。正是因为目的不同，所以调查的角度、层次、内容也有所区分。需要考察的员工满意度影响因素也有侧重点，主要有四个方面。

一是年中满意度调查应该较少涉及宏观层面和体系性的复杂问题。企业的年度经营目标确定后，一般年中不会更改，更改会影响士气，影响财务和管理运作，既然如此，年中员工满意度调查就不应涉及企业战略、企业文化、组织架构等宏观层面的因素，而应将之放在年度满意度调查中。

二是年中满意度调查应较少涉及长期问题。需要长期解决的问题，应放在年度调查中。如果年中满意度调查涉及，而在短期内又没有采取改善的措施，会增加员工的不满。

三是年中满意度调查不必大而全，调查的问题要更加具体、有针对性、体现时效性和灵活性。外部环境的变化，比如说周期性的行业政策变化，或者诸如本田停工门事件导致的舆论变化，都将在短期内对企业产生重要的影响，需要企业迅速做出应对，如果到年底再了解员工的反应可能就太迟了。

四是年中调查或者季度调查的问题设置上，可以更加强调对员工的关注，着重点是站在员工的角度，分析员工的薪酬待遇、职业发展等问题，更容易获得员工的好感和配合，可以作为严肃的年度调查的补充。

年中员工满意度调查问卷的内容基本确定后，接下来就是问题的设计了，要遵循三个原则。

一是员工满意度的程度是相对的，但还是要体现客观化、有区分度、可量化的原则。

二是结构化、组合化的原则。不同职级和岗位的员工，需要回答的问题都有模块化的区别，甚至不同员工对某个程度化指标感受不同时，也能够有针对性地继续设置问题，分析出不同的原因。

三是便于分析原则。题型的变化主要是为结果的运用服务的，比如几个相互比较的要素间，不宜随意设置多种题型，口径不一会造成数据无法使用。

经过前期对调查的宣传定调，通过对调查实施的周密部署，员工对调查很配合，调查进展得比预期顺利。历时一周的网络匿名问卷调查实施完毕，接下来就是对调查问卷的分析工作了。

7月份的总结经营会上，Lucy做了一个《年中员工满意度调查分析及建议的报告》，公司的相关部门表示这份报告给出的许多分析与建议确实能反映出问题，给各部门接下来的工作提供了重要思路。John针对此安排不久后召开重点员工访谈会、下半年工作调整会、新项目规划启动会等一系列举措，要求各部门赶紧行动起来。即便现在还面临很多的困难，但是从大家充满信心的微笑上，Lucy似乎已经能够看到几个月后的改进效果了。

年中满意度调查切忌调查完了，原因分析出来了，结果却束之高阁，迟迟拿不出行动来。年中满意度调查结果的运用要遵循如下原则：区分主次因素，抓主要因素原则；区分内外因素，抓内部因素原则；和员工的个人发展相结合原则。

本文虽然对年中员工满意度调查与年度员工满意度调查做了比较区分，实际上二者并无严格界限，年中是年度的阶段性实施，年中是对年度的补充，年中又有着年度不可取代的优势。只有将之纳入企业调查的长期规划中来，才能更好地发挥二者的作用。同时要注意，员工的满意度随着员工职业发展生涯的不同阶段、企业发展的不同阶段、企业外部和内部环境的变化而变化，是一个动态的过程。一个阶段的重要因素解决了，员工满意度提高了，其他的某个本来次要的因素可能上升为最重要的因素，而严重影响员工满意度。所以提升员工满意度这个工作不是一蹴而就的，要长期地、动态地、逐步地实施才能够做好。

摘录自http://www.ceconline.com/hr/ma/8800057066/01/

第六章 调研问卷对态度的测量

导入案例

月收入多少幸福感最高？答案是……

有句古话叫"财多身体弱"，调查似乎在某种程度上也证明了这一点。2016年，生活榜研发团队在全国32个城市随机抽取1万人为样本，就健康、幸福和生活方式的关系进行了数据采集、调研、分析。

调查结果显示：

（1）并非钱越多越幸福，但是也不能说钱越少越幸福，这中间有个平衡点。随着个人月收入的增高，居民幸福感先升高后降低。月收入1.2万元~1.5万元的人，幸福感是最高的。对幸福影响最大的五个因素是乐观程度、健康状况、休闲满意度、是否有伴侣、医疗服务满意度，并没有和钱挂钩。

（2）随着月收入的升高，健康指数先上升后下降。其中，月收入1.2万元~1.5万元的人群身体健康指数最高，月收入0.9万元~1.2万元的人群心理健康指数最高。对健康影响最大的五个因素是幸福感、乐观程度、年龄、锻炼频率、休闲满意度。

摘录自http：//www.ceconlinebbs.com/FORUM_POST_900001_900084_1114368_0.HTM

第一节 概　　述

第五章已经介绍过调研问卷设计的基本方法，而收集信息该如何提出问题，如何将信息量化，则需要借助测量技术，通过了解测量的意义、尺度、程序与数据种类，选择合适的测量方式。

一、测量的意义

测量是指按照某种特定的规则将数字或序号分配给目标、人、状态或事件，以表示其特定属性。它是一个分配数字的过程，这些数字反映了事件、人或物体所具有的特性，即将事物特性量化的过程。在市场调研中，测量是进行定量研究的前提和不可或缺的重要手段。数字或序号的分配通常是因为数字或序号提供了对结果数据统计分析的可能性，数字或序号有助于测量规则与结果的传达。

二、测量的尺度

测量尺度（scale）又被称为测量工具或量表，也就是对客观事物进行定性或定量测量的尺度或工具。根据规则的不同，测量尺度可分为四种形式：类别尺度、顺序尺度、等距尺度、等比尺度。同样地，依据测量尺度的四种形式，数据种类也分为四种：类别数据、顺序数据、等距数据与等比数据，其概念意义与测量尺度相类似。

（一）类别尺度

类别尺度（nominal scale）又被称为定类尺度或名义尺度，是以数字作为标签来分辨、区分观测对象所属类别的测量工具。这些数字没有真实意义，对各类别之间的其他差别无法从中得知，也没有任何排序或加减乘除的意义。例如，机动车牌照、身份证号码所赋予的数值除了识别被赋值的那辆车和那个人以外，再没有其他特定的含义。其他常见的类别尺度变量包括：性别、民族、宗教信仰和职业类别等。另外，类别尺度用于数理统计可以确定频数、众数及百分比。

（二）顺序尺度

顺序尺度（ordinal scale）又被称为定序尺度，是用于表明观测对象等级、顺序的测量工具。顺序尺度涉及对事物等级或顺序的排序，不仅可以测度类别差（分类），还可以测度次序差（比较优劣或排序），因此，列在第一位的对象小于或大于列在第二位的对象，依此类推。不过，顺序尺度的尺度值之间不具有距离的属性，只是测量类别之间的顺序，无法有效测出类别之间的准确差值；同时，也不反映对象所拥有特征的重要程度。常见的顺序尺度变量包括：获奖名次、社会阶层、质量等级、节能等级、重要性排名、喜爱程度排名。顺序尺度除了可以计算类别尺度的统计指标外，还可计算四分位数、中位数、列联表、卡方检验等。

> **案例链接**
>
> **中国为针织服装服饰推出"优等品"证明商标**
>
> 中国针织工业协会推出"针织服装服饰优等品"证明商标，将通过第三方检测和行业监管的形式帮助消费者快速识别优良品质的针织服装服饰产品和品牌。婴幼儿针织服饰及针织儿童服装成首批认定产品，认定范围除了环保、安全指标，还包括色牢度、水洗尺寸变化率等。
>
> 中国针织工业协会会长杨纪朝指出，产品质量等级分为优等品、一等品和合格品。我国针织产品质量良莠不齐，目前市面上的产品多采用合格品等级，极少企业采用优等品。提升产品质量，让消费者对国产品牌有信心，不仅是市场的需要，更

事关产业转型。

中国针织工业协会还将联合第三方做好检测，不断完善对商标认定和监管工作流程，提高商标的影响力和公信力。

摘录自http：//www.chinanews.com/business/2016/10-14/8031359.shtml

（三）等距尺度

等距尺度（interval scale）又被称为定距尺度、区间尺度，是一种对观测对象类别或次序的相等间距进行赋值的测量工具。等距尺度除了包含顺序尺度的所有特征之外，还增加了尺度范围内各点之间的间距相等这一维度。因此，不仅能将事物区分为不同类型并进行排序，而且能反映出对象间的某种属性差距是多少。不过，等距尺度没有绝对的零点，因此这一测量类型所得出的数据只能进行加减，而不能进行乘除等运算，也就是没有倍数的概念，例如温度、满意度、同意程度等。

相对于顺序尺度，调研人员一般更喜欢用等距尺度，因为它能表示某消费者所具有的属性特征和其他消费者之间的差距，使用等距尺度得到的数据除了可以进行类别尺度与顺序尺度的所有计算外，还可计算平均值、标准差、极差和相关系数，也可应用在 t 检验、F 检验、因子分析、方差分析、回归分析等许多参数统计分析方法上。

（四）等比尺度

等比尺度（ratio scale）又被称为定比尺度、比率尺度，能够计算两个测度值之间的比值，计量结果也表现为数值，同时还具有固定的绝对零点，能够进行加减乘除运算。等比尺度具有上述三种尺度的全部性质，可以识别、分类、排序、比较间距，而且尺度值的比例有倍数的意义。在市场调研中，销售收入、销售成本、销售量、市场份额、顾客人数、消费金额等测量都具有等比尺度的属性。

三、测量的程序

测量是一个从抽象到具体的过程，主要包括五大步骤：确定概念、制定构念、组成性定义、定义操作性概念、制定测量量表。测量的程序见图6-1。

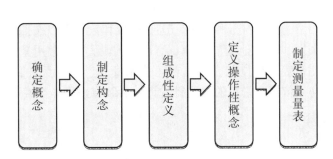

图6-1　测量的程序

（一）确定概念

整个测量过程从确定决策者或调研人员所关心的概念（concept）开始，概念是从特定事实中提炼出来的抽象的想法。概念是一种思想或将感觉到"好像它们都是相同的"的数据组合在一起的类别。

（二）制定构念

构念（construct）是存在于较高抽象水平上的概念，比日常的概念更加抽象。通常来说，构念并不是可直接观察到的，而是通过一些见解的方式，如问卷中的发现推断出来的。

（三）组成性定义

组成性定义（constitutive definition）是指表明研究的中心思想或概念，确立其边界。科学理论的架构可以定义为组成性的。因此，能够应用于理论的所有架构必须拥有组成性的含义。调研所使用的概念应当能够从类似的但不同的概念中清晰地区分开来。组成性定义模糊不清会导致调研问题不恰当的表达。

（四）定义操作性概念

操作性定义（operational definition）是指确定要测量的可观察的事物特性，并分配给概念某一数值的过程。换句话说，它根据具体情况下实施测量的必要操作，赋予构念一定的意义。由于营销调研中采用直接测量的方法受到过多限制，所以许多变量是以更抽象的术语加以定义的，同时是基于对其特性的理论化假设进行间接的测量。例如，我们不可能对态度进行直接测量，因为态度是一种抽象概念，它是存在于人头脑中的事情。然而，仍可能给态度一个清楚的理论性定义，把它看成是能够反映我们周围环境许多方面的，有关诱导性、感情、感性和认知过程的一种持久组织。以这一定义为基础，人们已经开发出了可以通过询问有关人员的感觉、信念和行为意图等问题来间接测量态度的方法。

（五）制定测量量表

量表是一系列结构化的符号和数字，这些符号和数字可以按照一定的规则分配给适用于量表的个人（或者他们的行为、态度）。国际上经常用来测量态度的量表有直接测量的评比量表、顺位量表，也有间接测量的李克特量表和语义差异量表，调研使用的量表必须依据测量目的来进行设计，后续将进行详细说明。

第二节 测量量表

一、量表的定义

所谓量表是通过一套事先拟定的用语、记号和数目来测定人们心理活动特征的度量工具。市场调研问卷经常需要对被调查者的态度、意见或行为意向等心理活动进行判别和测定,而将测定的概念进行量化就需要使用到量表。

二、量表的种类

(一) 类别量表

类别量表代表最基础的测量水平,是基于识别或分类的目的将数据分成各种互相排斥、互不相容的类别型量表。例如,请问您目前的婚姻状况?①未婚;②已婚;③离异;④鳏寡。前述的问句中,答案前的数字只起分类符号作用,不能互相比较,不能进行数学运算或逻辑比较。类别量表常用来测量诸如性别、居住地区、职业、婚姻状况、文化程度、民族及宗教信仰等方面。

(二) 顺序量表

顺序量表是用以排列事物某特性各类别顺序关系的量表。顺序量表不仅反映了类别量表的同一性性质,而且比类别量表要多一个特征,即顺序量表必须对每个备选答案充分考虑,逐一比较,然后确定每个答案之间的顺序关系。顺序量表示例见图6-2。

以下是选购牙膏的考虑因素,请您依照重要程度进行排序,从最重要到不重要依次为1,2,3,4,5。
____品牌 ____价格 ____功效 ____口味 ____包装设计

图6-2 顺序量表示例

顺序量表中所使用的数字,不仅用以区分类别,还可以进行比较,以说明态度的强度等。但是,顺序量表有一些缺点:①如果所有选项中没有包含应答者的选择项,那么结果就会产生误导;②要排序的某些因素可能完全超出了个人的选择范围,因此产生毫无意义的数据;③这种量表仅仅给调研人员提供了顺序信息,但由于不具有距离和原点这两种特征,所以无法知道差距有多大。顺序量表一般用于态度询问,用来调查诸如消费者对不同产品品牌或企业的认知、喜好、行为意向的强弱程度等方面的特性。

案例链接

联信国际发布2013年销售服务满意度指数

第三方调查机构联信国际发布了2013年中国汽车品牌满意度销售服务指数。在本次调研中，消费者反映较多的问题主要集中在以前销售顾问不太注意的一些小问题，这些看似简单的细节对消费者满意度影响已经越来越大，相关厂家应该对此高度关注。

每年3—6月进行的中国汽车品牌满意度销售服务调查作为"中国汽车品牌满意度调查"的一部分，是通过对拥车期在2～8个月的新车车主采用街头拦截访问的形式，了解车主在7个方面的感受，分别为：销售顾问、试乘试驾、金融贷款产品/服务、付款方式、新车交接、硬件设施以及品牌形象。总分为1 000分。分值越高，表明客户所反馈的质量满意度越高。本次调查共涉及60个品牌，调查范围涵盖了全国58个城市。

摘录自 http://auto.cntv.cn/2013/06/28/ARTI1372413097427740.shtml

（三）等距量表

等距量表既有类别属性也有顺序属性，是用以描述事物某特性各类别之间相对差距的量表，一般用于态度询问。它不仅能表示各类别之间的顺序关系，还能反映各顺序位置之间的距离。等距量表示例见图6-3。

> 请您用10分制对A餐厅的餐点质量进行满意度打分，1分表示非常不满意，10分表示非常满意。
> 非常不满意 1 2 3 4 5 6 7 8 9 10 非常满意

图6-3 等距量表示例

等距量表中所用的数字，不仅可以区分类别，表示某种特性的强度，还能够进行数学运算；但需要注意的是，等距量表中虽然具有数量性，但是它的零点和特性值却可以任意确定，因此不能比较等距量表的绝对大小。此外，等距量表是市场调研中广泛应用的量表，经常用于态度询问。

（四）等比量表

等比量表是测量的最高形式，用来反映事物某特性取值绝对差距的量表。等比量表除了具备等距量表的所有特性外，还具有真正零点。绝对零点的存在意味着所取的数字不仅能进行绝对比较,而且能进行加减乘除的运算。但是,采用这种量表有一定的困难,在市场调研的测量中很少应用。

三、量表的选择

市场调研人员可以依据下列各点考虑选用的量表,以符合调研目的及预算。

(一) 测量的类型

市场调研人员必须考虑被调查者可能更喜欢哪些类别量表和顺序量表,因为这两类量表较简单。最终选择哪种量表主要是由调研问题与目的所决定,而在一次市场调研中使用多种量表也是常见的。例如,为连锁超市进行商店形象的调研中,可设计顺序量表来对公司竞争对手排序,也可使用语意差别量表来测量公司形象的各个组成因素。如果需要借用过去研究使用过的量表,应该完全理解被测量概念的性质、测量的范围和内容,以及相应的问项措辞后再使用,做到谨慎地借用。

(二) 量级层次的个数

市场调研人员要解决的另一个问题是一个量表中应包含的量级层次个数。如果层次个数太少,例如只有好、一般、差三个层次,那么量表会过于粗略而不够全面。一个3层量级显然无法像一个10层量级那样反映出感觉的强度,然而10层的量级可能超出了人们的分辨能力。因此,在决定层次个数时,我们应考虑变量的性质和潜在回答者的能力。研究表明,评比量表基本上以5层至9层为宜,一般最常使用5层的量级,心理学调查则常用7层的量级。

(三) 图形量表与列举量表

图形量表的表现为一个连续体,以一条直线的形式表达一个理论上可能是无限的数字排序。图形量表的基本原理是发现态度上细微的不同。运用图形量表的一个潜在困难是需要大量时间来编码和分析,因为必须先在表上为每个回答测量实际距离。更严重的缺陷是被调查者可能无法准确理解态度上细微的不同,更别提将他们的理解正确转化为可测量的实际距离。换言之,尽管图形量表在理论上有助于对态度的正确测量,但在实际运用中是否有意义则存在争议。因此,图形量表(至少是纯理论的这种)在市场调研中并不被广泛应用。图形量表示例见图6-4。

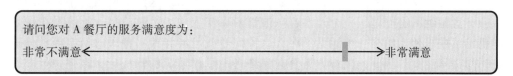

图6-4 图形量表示例

列举量表设置了一系列不同的选项,任何对选项的不同态度的建议都是暗示性的,最基本的表现形式是多项式问题。列举量表尽管没有图形量表那么精炼,但更容易回答,且从被调查者的角度看更有意义;此外,对第一手资料的编码和分析更少费周折。因此,列举量表比图形量表的运用更广泛。

(四) 对比式量表与非对比式量表

非对比式量表是在独立的情况下询问了一个概念,而没有给被调查者指定具体的参考框架。对比式量表为所有被调查者提供一个通用的参考框架,要求回答者通过一个基准(或许是另一个类似的概念)的比较来评定一个概念。对比式量表通过通用的参考框架,使调研人员能够确信所有被调查者是在回答相同的问题。尽管如此,在测量态度的情况下,调研人员设想的标准参考框架可能无法对所有被调查者产生意义(一些回答者可能不理解上述对比标准)。在这种情况下,对比式量表的真实性可能值得怀疑。因此,对比式与非对比式两种方式的选择必须视具体情况而定。调研人员应根据潜在被调查者的特点及其对评价所要获得的对象——态度的经验范围,来决定哪一种方式更合适。

(五) 平衡量表与非平衡量表

如果肯定态度的答案数目与否定态度的答案数目相等,该态度量表为平衡量表,例如,"请问您对 A 餐厅的服务满意度为:①很不满意;②不满意;③普通;④满意;⑤很满意"。反之则为非平衡量表,例如,"请问您对 B 餐厅的服务满意度为:①不满意;②普通;③满意;④很满意"。平衡或非平衡量表的选择通常取决于概念的性质或者调研人员对被测量的刺激因素的态度的了解。当预期反馈者会倾向于概念的一端或另一端时,适合使用非平衡量表;否则,调研人员最好使用平衡量表。

(六) 强迫性与非强迫性量表

强迫性量表没有为被调查者提供可以表达中立态度的选择,例如,"请问您对 A 餐厅的服务满意度为:①很不满意;②不满意;③满意;④很满意"。非强迫性量表则为被调查者提供可以表达中立态度的选择,例如,"请问您对 A 餐厅的服务满意度为:①很不满意;②不满意;③普通;④满意;⑤很满意"。

支持强迫性选择的依据是中立的位置可能诱使一些回答者做出虚假回答,尤其是那些不愿透露真实回答的人;反对强迫性选择的依据是这样会使数据不精确或导致应答者拒绝回答问题。一个问卷若在被访者事实上缺少足够信息,不能做出决定时仍继续要求他们给出一种意见,那么这种问卷就可能导致一种厌恶情绪而致使调查访问过早结束。因此,调查方需要在仔细考虑具体情况的特征后,在强迫性与非强迫性量表中做出选择。

第三节 态度量表

在市场调研中常用的量表有李克特量表、语意差别量表、瑟斯顿量表、哥特曼量表等。

一、李克特量表

李克特量表（Likert scale）是在问卷设计中运用十分广泛的量表。它的基本形式是给出一组陈述，这些陈述都与某人对某个单独事物的态度有关。例如，对某个教学软件教学效果所持的态度，要求被调查者对陈述做出回答。在市场调研实务中，李克特量表非常流行，常用于测量个人对某个概念、行为等的态度。因为它便于设计和操作，经过加总后，它的测量结果能看作一个"准连续的变量"，可以使用较为复杂的统计工具对其进行分析。答案选项通常是五个等级，即非常不同意、不同意、普通、同意、非常同意五个等级；也有用三等级分类法，即不同意、普通、同意。意见程度评分标准见表6-1。

表6-1 意见程度评分标准

意见程度类别	有利意见的评分标准		不利意见的评分标准	
非常同意	5	+2	1	-2
同意	4	+1	2	-1
普通	3	0	3	0
不同意	2	-1	4	+1
非常不同意	1	-2	5	+2

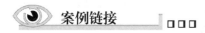
案例链接

少年儿童快乐指数报告告诉你　我们的孩子快乐吗

2017年9月20日，《少年儿童快乐成长指数研究报告》发布。课题组制作了李克特累计量表对北京、广州、南京、成都、长沙、辽阳、阜阳七个抽样城市的少年儿童快乐水平进行调查。量表下设24个题目，均为简洁的陈述句，每题5个选项，分别为"总是""经常""有时""偶尔""从不"。"总是"计5分，"从不"计1分，以此类推，各陈述得分加总即为总分。在量表测试题部分，共获得了3 114份有效问卷。经计算，少年儿童快乐指数平均得分为82.22分，主观快乐平均得分为84.99分。本次调查主要在城市进行，因此，这个数据说明我国城市少年儿童的整体快乐水平较高。其中快乐得分最高的是北京市（86.10），其次是南京市（84.66），第三位为广州市（83.15）。综合来看，一线城市少年儿童快乐水平最高，三线城市少年儿童快乐水平最低。

摘录自 http://news.cctv.com/2017/09/21/ARTIOqLawcOLKjHMSnf#yB170921.shtml

二、语意差别量表

语意差别量表（semantic differential scale），是指针对某一事物或现象用成对的反义形容词测试被调查者态度的方法。在市场调研中，语意差别量表常用于市场比较、个人及群体之间的差异比较以及人们对事物或周围环境的态度研究。一般来讲，它仅仅评价态度。例如，用语意差别量表为A餐厅进行评分，首先应确定相关维度，同时界定两个语意相反的两极，再让受测者进行评价，见图6-5。

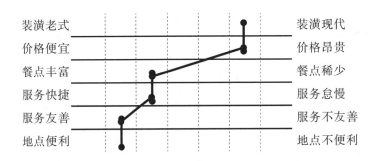

图6-5　A餐厅的语意差别量表分析结果

语意差别量表不仅可以迅速、高效地检查产品或公司形象与竞争对手相比所具有的长处或短处，而且在制定决策和预测方面有足够的可靠性和有效性。它适用于广泛的主题，而且非常简洁，因而被调研人员所偏爱，经常作为测量形象的工具，并被用来帮助制定广告战略、促销战略和新产品开发计划。

语意差别量表也不是完美无缺的。

第一，它缺乏标准化。调研人员必须根据实际调研主题制定语意差别量表。由于语意差别量表没有一套标准模式，调研人员经常要花大力气来解决这些问题。

第二，语意差别量表中的评分类别数目也是一个问题。如果评分类别数目太少，会使整个量表过于粗糙，缺乏现实意义；如果评分类别数目太多，又可能超出了大多数人的分辨能力。研究表明，"七点评分"量表的测量效果比较令人满意。

第三，"光晕效应"是语意差别量表的另一大弱点，即对一个特定形象的组成要素的评分可能受到被调查者对测试概念总体形象的印象的制约，特别是当被调查者对各要素不太清楚时，可能产生明显的偏差。为了能部分地消除"光晕效应"，调研设计者应随机地将相对的褒义词和贬义词分布在两端，不要将褒义词集中在一端，贬义词集中在另一端。这样做可以迫使应答者在回答前仔细考虑。在数据收集之后为了便于进行分析，可以再把所有褒义词放在一边，贬义词放在另一边。

第四，对4分的解释要非常小心。4分的回答可以说明两件事：被调查者或者是不能将所给的这组形容词同概念联系在一起（他们不了解），或者可能对此保持中立态度（还不大清楚）。在许多形象研究中，经常会有大量的4分答案。这种情况使我们得到的是一幅"中间"状态图。这种状态图轮廓不够清楚，而且显示不出很多特征。

三、瑟斯顿量表

瑟斯顿量表（Thurstone scale），是指由调研人员先拟定几十条甚至上百条有关态度调查的语句，然后再选定一批特定的测试对象作为评定者，针对上述提供的数条语句由测试对象自己做出判断。每条语句根据其类别都有一个分值，但每位被调查者应该只同意其中分值相邻的几个意见。

从态度测量的发展史来看，这种量表对态度测量技巧有一定的贡献，但是在建构量表上会遇到许多困难。瑟斯顿量表的优点在于问题是根据被调查者的评价结果确定的，一定程度上避免了完全由调研者设计问题时可能产生的主观片面性，调查结果相对准确可靠。瑟斯顿量表的缺点主要有三个方面：①问题设计费时、烦琐和高成本；②评定者可能与随后正式调查中被调查者的态度有差别；③选择不同的评定者会产生不同的态度量表，因此实际应用并不广泛。

四、哥特曼量表

哥特曼量表（Guttman scale）可用来判断一组指标或测量问题之间是否存在关联，运用单一维度或累积强度的多重指标来测量人们对某个事物或概念的态度。哥特曼量表的各个陈述句之间具有层级的逻辑关系，如果被调查者同意高层级的问题陈述，一般也会同意低层级问题的陈述，换言之，低层级问题是高层级问题存在的必要条件。构成量表的陈述句为3～20个，被调查者以"是/否""有/没有"的方式回答，每个人的态度得分就是回答赞成的陈述句总数。

哥特曼量表也不是完美的，其缺点如下：①一组陈述存在的单维向度很难反映出个体态度的复杂性；②即便一组陈述真的存在单维向度而且适用于某群体，但在其他群体中可能就不适用了；③此量表需要区别调查对象的不同回答模式来进行计分，这个过程既复杂又容易出错；④建构此量表需要选取的陈述较多，如果对象不同、测量时间不同，量表还要再做相应的调整。

五、其他态度测量量表

(一) 评比量表

评比量表是最常使用的顺序量表,调查者在问卷中先拟定有关问题的答案量表,由被调查者自由选择。量表两端为极端性答案,然后在两个极端之间划分为若干层级。层级可多可少,少则3段,多则7段以上。评比量表示例见图6-6。

图6-6 评比量表示例

在制定评比量表时,应注意中间层级的划分不宜过细,以免造成被调查者难以做出评价。评比量表也可采用不平衡的形式,偏向有利态度的答案以减少选项。

(二) 配对比较量表

配对比较量表是让被调查者针对一系列对象进行两两比较,根据某个标准在两个被比较的对象中做出选择,指出自己倾向于选择哪一个的配对比较方法来测量人们态度的一种量表。例如,有4个手机品牌,要求被调查者通过两两比较的方式表述其购买意愿,存在的组合数是 $n(n-1)/2$,即6种。配对比较量表示例见图6-7。

```
这里有4个手机品牌,请在下列6组品牌中圈选比较喜欢的品牌。
(1) 苹果 Apple      三星 Samsung
(2) 苹果 Apple      华为 Huawei
(3) 苹果 Apple      小米 MI
(4) 三星 Samsung    华为 Huawei
(5) 三星 Samsung    小米 MI
(6) 华为 Huawei     小米 MI
```

图6-7 配对比较量表示例

配对比较的分析结果可以转换成矩阵形式,见表6-2。统计汇总所有回答的结果就能得到每个品牌手机更受喜爱的次数,将次数除以回答人数则可换算得到受喜爱的比例;累计各列比例的总和,即可判断手机品牌受喜爱的程度。

表6-2 手机品牌配对比较的结果

品　　牌	苹果 Apple	三星 Samsung	华为 Huawei	小米 MI
苹果 Apple		0	0	0
三星 Samsung	1		0	1
华为 Huawei	1	1		1
小米 MI	1	0	0	
受喜爱的次数	3	1	0	2

如果评价的对象个数不多,配对比较法是有用的;但若评价的对象超过10个,这种方法就比较麻烦。另外,有时列举的对象顺序也可能影响回答者,造成顺序反应误差;加上二选一的方式与现实生活当中的购买选择情况并不一定相同,甚至有可能是两种选择都不喜欢,所以操作此量表还是有许多潜在的问题。

(三) 等级顺序量表

等级顺序量表是将多个研究对象展示给被调查者,要求被调查者根据某个属性特征对研究对象排序或分成等级。通常排序的做法是把1分配给最喜爱的产品或品牌,2分给次偏爱的产品或品牌,以此类推,直到所有对象排序完成。等级顺序量表示例见图6-8。

图6-8 等级顺序量表示例

(四) 固定总数量表

固定总数量表要求被调查者根据每个属性特征的重要程度给予一个相对分数,通常是在多个属性特征上进行分配,使所有属性特征的总分为100分,见表6-3。应用固定总数量表便于计算百分率,但是属性特征尽量不能超过10个,否则会增加计算难度。

表6-3 固定总数量表示例

特征属性	评分
价格	22
重量	16
耐久性	12
材料	21
外观	29
总分	100

本章小结

本章讨论测量是利用一定的规则将数字分配给目标和事件，以及将其特性量化的过程。测量过程主要包括确定概念、制定构念、组成性定义、定义操作性概念、制定测量量表这五大步骤。

量表可以分为类别量表、顺序量表、等距量表和等比量表四种类别。调研中选择量表时，往往要考虑以下几个因素：一是选择测量的类型；二是确定量级层次的个数；三是考虑图形量表与列举量表的选择；四是考虑对比式量表与非对比式量表的选择；五是考虑平衡量表与非平衡量表的选择；六是考虑强迫性与非强迫性量表的选择。

本章最后不仅介绍了李克特量表、语意差别量表、瑟斯顿量表、哥特曼量表等常见的态度测量量表，也介绍了其他态度测量量表，如评比量表、配对比较量表、等级顺序量表、固定总数量表等。

复习思考题

1. 测量的尺度有哪些？
2. 选择量表时必须考虑哪些因素？
3. 说明评比量表、李克特量表和语意差别量表的操作与优劣势。

课后案例

由奢返简，追求价值——日本的新型消费者

数十年来，日本消费者的行为一直不同于欧洲和美国的消费者，但是现在，他们突然变得与后者趋同起来。以往，日本消费者以愿意为质量和便利付费而著称，通常对廉价产品不感兴趣，但是现在，他们却一窝蜂地涌向折扣店和在线零售商。

相对实惠的自有品牌食品的销量出现大幅度上升,尽管许多消费者的居住空间狭小,却也开始大批量地购买物品。人们以在家享用的方式取代了外出就餐。外出工作的人们甚至打包自带午餐,由此得到了一个绰号"bento-danshi",意为"便当达人"。

日本消费者的态度和行为的根本性的变化似乎很有可能持续下去,即使经济复苏后也不会改变。这是因为这种变化不仅仅由最近的经济低迷所导致,它还有着广泛的深层次原因,包括从数字革命到物欲较低的更年轻一代的出现等等。

一、日本消费者正经历什么样的变化

长期以来,日本消费者的行为一直非常与众不同,而且易于预测。与欧美的消费者不同,日本消费者对低价商品不屑一顾,偏爱高端的百货商店和价格昂贵的地区性超市。他们愿意为高质量的产品支付高价,他们对品牌的热爱催生了大众奢侈品市场,拥有昂贵的高档产品似乎成为必需,而不仅仅是一种期望。这些特点在2008年将该国的零售额提高到约135万亿日元(1.48万亿美元),仅次于美国。但是,日本消费者正在四个主要方面迅速发生变化。

(一) 追求价值

日本消费者正在削减支出,并且质疑自己愿意为便利而付费的偏好。2009年9月,一项名为"我的声音"的互联网调查发现,有37%的日本消费者削减了总支出,53%的消费者称自己更加愿意"花时间来省钱",而不是"花钱来省时间"。

(二) 在家中待的时间更长些

过去,由于工作时间很长,再加上居住空间狭小,日本人待在家中的时间很少。然而,对包含各个年龄组和地域的消费者抽样调查显示,几乎50%的人待在家中的时间有所增加或者显著增加。这种行为上的突然变化产生了一个新词"sugomori(巢笼)"或"待在窝里的小鸡"。

(三) 以不同方式购买产品

日本消费者所改变的并不仅仅是他们所购买的产品,还有他们的购买方式。长期以来,他们一直热衷于在住家附近采购物品,而现在,他们则更愿意多走几步,外出购物。他们更愿意把时间花在购物中心和独立的专营店中,这使百货商店的客流出现了前所未有的下降。消费者青睐能够同时满足购物之外的其他需求的场所,比如能就餐和娱乐等;另外,在线购物在"节约"和"窝在家里"这两种趋势中,均占据中心地位。日本人已经摆脱了这种不情愿上网购物的勉强。据2009年4月的"我的声音"互联网调查,与仅仅12个月以前相比,超过50%的消费者增加了网上购物的频率。

值得强调的是,在线购物与消费者行为的广泛转变之间存在着密切的关系。在一个由共识驱动的社会中,个性化的选择和表达一直以来常常会遭人非议,现在,浏览产品、比较价格和相对匿名地购买商品的能力正在形成新的消费观,并赋予消费者更多的控制权。一个有趣的实例是医疗方面,传统上,日本人一直对医生等权威人士都是恭敬有加。但是,2009年1月Nomura研究所进行的全国调查却显示,

89%的日本人对掌控自己的医疗决定有些兴趣或者非常感兴趣。

（四）更具有健康和环保意识

得益于生活方式、饮食和遗传因素的影响，日本一直以来被认为是世界上最健康的社会之一，而日本消费者对自己健康的关注也日益上升。比如，2009年9月"我的声音"互联网调查显示，与其他所有的消费品类别相比，日本人在健康、运动和娱乐方面的支出能撑住不降。日本人对管理自己医疗保健的兴趣上升所产生的一个影响是药店的普及率不断增长。这是自2000年以来日本发展速度最快的零售渠道，药店的数量增长了4%，而销售额上升8%。

日本人环保意识增强，这已有时日。去年，全球广告代理机构J. Walter Thompson进行的一项调查发现，与一年前相比，51%的日本消费者对环境的关注程度有所上升或明显上升，只有7%的人对环境的关注程度有所下降。2009年11月麦肯锡进行的调查显示，84%的受访者的首选是购买环保的日常消费产品，这种偏好可直接转化为企业的成功。比如，可口可乐的"乐活"的卖点包括降低碳足迹：其瓶子由12克的可回收聚酯塑料制成（而不是标准的26克），瓶子在回收中可以被扭曲和压缩，而且"乐活"还是在本地灌装的，减少了运输成本。该饮料一经推出后，成为日本最畅销的一次性瓶装水品牌。

二、行为改变的原因

三个因素促使这些趋势产生。

第一个也是最为明显的因素是当前的"经济低迷"。欧洲和美国的消费者都变得更为俭朴，日本的消费者也是如此。还有一个长期趋势也在发挥作用：日本的经济已经相对疲软了近20年。终生就业不复存在以及兼职和临时工的增加等已经出现的变化增加了消费者的焦虑感。2009年10月的J. Walter Thompson焦虑指数显示，90%的日本消费者感到焦虑或紧张，在世界上所有国家中比例最高。

第二个因素——"消费态度发生根本性变化的新一代"的兴起也与这种焦虑有关。年龄在20多岁的这一代人是在日本艰难的经济环境中成长起来的，他们从未见识过前两代人经历过的繁荣时期。其生活方式导致了绰号"hodo-hodo zoku"一词的产生，意为"凑合一族"（或者更糟，意为"懒汉"或"食草男"），许多人回避去企业上班和占有物质财富，并且更加悲观，与上一代人相比，他们更有可能失业。

这些年轻男女对于营销商来说是一种挑战。正如日本领先的运动服装企业的首席执行官所说："我们头一次遭遇这样一代消费者，他们对专业运动员的服装完全不感兴趣。我们需要从根本上重新思考如何接近这一代人。"此外，这些消费者更倾向于把钱花在服务上，而不是产品上；更愿意把钱花在新技术上，而不是其他商品上。比如，2008年12月，goo研究机构的互联网调查询问日本年龄在20岁到26岁之间的女性，哪些产品（任何种类）展示了卓越的设计时，在被选择最多的5种商品中，有4种是苹果公司制造的，而只有少数奢侈品名列其中。

推动消费者的态度和行为发生变化的最后一种因素，是一系列基本上毫不相关的"法规"方面的细微调整措施。比如，2009年3月，日本政府将周末高速公路收取的最高费用调整到1 000日元，而不论旅行距离的远近。这是一项很大的收费折扣，此举鼓励了消费者驱车前往好市多（Costco）和宜家（IKEA）等东京以外的大型折扣卖场和大型零售店购物。其他例子还包括：允许更多的非处方药品销售的法规；要求所有年过40岁的员工（约500万人）接受测试，确定他们是否有罹患糖尿病和高血压的风险，如果有，则要求他们进行锻炼和节食；以及最近关于减少未成年人吸烟的法规变化等。日本政府还推动提高国民对健康疗法的知晓率和获得率，以应对后期为治疗这些疾病支付高额费用的挑战。

所有这些变化加在一起，形成了日本国内企业和国际企业所面临的新竞技场。由于日本消费者的行为正在变得接近欧美的消费者，零售商和制造商可以通过研究欧美市场获得启发。新入行企业更应该加强培养和保持客户的忠诚度，主动尝试更符合消费者目前购物方式的新商店模式。考虑到在线购物者的数量正在不断增长，无论是对高端还是低端产品，企业都应该推出在线购物的方式。一家大型消费品跨国企业在日本的首席营销官表示："商家必须开始考虑把数字化营销视为产品本身的一种扩展和延续，而不仅仅是另一种媒体。"

随着日本的消费者变得越来越像西方的消费者，消费者市场正在发生变化。对于一向都把在日本的销售视为既与众不同又困难重重的西方企业而言，这或许确实是一则非常受人欢迎的消息。

摘录自http://www.ceconline.com/sales_marketing/ma/8800058843/01/

第七章 抽样设计

导入案例

聚焦第四次中国城乡老年人生活状况抽样调查

2015年1月,全国老龄工作委员会办公室(简称"全国老龄办")、民政部、财政部联合下发通知,正式启动"第四次中国城乡老年人生活状况抽样调查"。4月20日,全国老龄办召开第四次调查动员会,对调查工作进行全面部署。第四次调查领导小组办公室负责人围绕有关问题回答了记者提问。

据介绍,第四次调查样本规模大,涉及范围广,共有31个省(自治区、直辖市)以及新疆生产建设兵团的466个县(区)、1 864个乡镇(街道)、7 456个村(居)参与调查工作,样本量达到22.368万个,总抽样比约为1‰。第四次调查领导小组办公室负责人介绍说,与前三次抽样调查相比,第四次调查的样本数量扩大了10倍。

负责人表示,为确保客观真实、代表性强,第四次调查通过入户访谈和调查问卷收集数据,抽样设计主要以满足全国代表性的需要抽取样本,抽中的县(区)、乡镇(街道)、村(居)委会名单,各地不得随意更改。如果被访老年人死亡、拒访、外出无法联系、迁移和其他情况,要填写老年人实访和替换老年人的情况表,按规定替换调查老年人,不得随意替换抽中的老年人。

记者了解到,此次调查可能面临一些特殊困难,例如老年群体由于自身的年龄特点,可能会对问卷调查中的某些问题比较忌讳,或者觉得是个人隐私不愿回答,还有些老年人因为文化水平较低,不理解一些调查问题的含义,个别被抽中的老年人可能会拒绝入户调查。第四次调查领导小组办公室负责人表示,这是已经预料到的困难,需要认真细致地逐一解决。

摘录自 http://www.ce.cn/xwzx/gnsz/gdxw/201504/20/t20150420_5161116.shtml

第一节 概 述

市场调研活动必须先确定调研问题及内容,并明确调研对象,然后通过适合的调研方法来获取总体的各类信息及关系。一般而言,企业碍于人力、财力与物力的耗费过于庞大而不会对所有的对象进行逐一调查,而是采用科学手段的抽样设计进行调研。抽样设计是市场调研工作中取得相关数据的关键工作，为了能够更好地理解和执行后续步骤，必须先了解关于样本和抽样的基本概念，见图7-1。

图7-1 总体与样本关系

一、总体与样本

总体（population）是在研究目的之下所要调研单位的全体，其个数用 N 表示。例如，对广州市的家庭进行消费支出调研，则目标总体就是广州市的所有家庭。如要进行上海市18岁以上单身族群的交友情况调研，则所有上海市已成年的单身人士就构成一个总体。由此看出，总体的限定是人为且明确的。而样本（sample）是目标总体的一部分，是从目标总体中按一定原则或程序抽出的部分个体所组成，其个数用 n 表示。为了尽量减少调研结果与真实情况之间存在的误差，抽取的样本必须具有代表性。

二、普查与抽样调查

普查（census）即对调研对象中的全体逐一访问，适用于调研单位较少时，但在市场调研中，由于总体通常包含成千上万个单位或个体，因此很少使用普查。抽样调查（sampling survey）则是应用一定的程序与方法，从总体中抽取一部分的单位或个体进行调研，并且根据其结果来推断总体现况，由于这种非全面调查的方式可以减少许多人力和财力，因而是应用比较广泛的方法。

三、抽样的意义

当市场调研不用全面调查而又需要客观反映总体情况；或是遇到紧急需要来不及进行全面调查；又或是经费拮据、时间有限且对调查误差要求不高时，都可通过抽样获取数据来进行分析，进而推断总体的情形。虽然抽样调查只是从总体中抽选一部分进行调研，但通过适当的抽样设计获取的样本信息，也可以达到全面调查的作用。例如，海关抽检进出口商品，可达到全面检查并省去全部拆封的麻烦；企业在特定时间内进行顾客满意度调查，也可通过部分顾客的反馈了解整体顾客的态度，进而在节省时间与经费成本的情况下及时了解顾客反映的情况。

案例链接

中国台湾地区12月26日启动人口普查 400多万人将受访

中国台湾地区每10年1次的人口普查将于2010年12月26日启动,进行到2017年1月22日。这段时间会陆续访查该地区16%的家庭,大约120万户会被访查,每户平均3～4人,会有400多万人受访,这次普查首次以"公务登记"搭配抽样调查。负责人罗昌南说,民众有配合访查的义务,如果拒绝,可以进行处罚,虽然目前并没有处罚的案例,但仍希望民众多多配合。

摘录自http://www.chinanews.com/tw/2010/12-15/2724426.shtml

四、抽样的特点

抽样调查是根据部分实际调研结果来推断总体标志总量的一种统计调查方法,属于非全面调查的范畴。抽样调查相对于普查,具有以下五个特点。

(一)经济性

这是抽样调查的一个最显著的特点,是企业最主要考虑的因素。由于调研的样本单位通常是总体单位中的一小部分,进行调研时的工作量小,因而可以节省大量的人力、物力、财力和时间。

(二)代表性

抽样调查只从总体中抽取一部分样本进行调查,以抽取的全部样本单位作为一个"代表团",用整个"代表团"来代表总体。因此,调研范围涉及的层面小,所需进行的调研程序相对于普查而言较为简单。

(三)深入性

抽样调查可以获得更广泛的信息,它适用于各个领域、各种问题的调研。从适用范围和问题来看,它的适用面要广于普查的适用面。抽样调查还适用于一些特殊现象的调研,比如产品质量检验、农产品实验、医药的临床实验等。从调研的项目和指标来看,抽样调查的内容和指标可以更详细、更深入。

(四)时效性

由于工作量小,调研的准备时间、调研时间、数据处理时间等都大大缩减,可以及时取得调研资料,从而提高数据的时效性。因此,能提供给企业、决策者或研究人员及时的、最新的、最符合需求的信息。

(五) 科学性

调研样本是按随机的原则抽取的,在总体中每一个单位被抽取的机会是均等的。因此,能够保证被抽中的单位在总体中的均匀分布,不致出现倾向性误差,样本代表性强;另外,由于抽样调查一般是自上而下组织调研,直接派员深入实际抽取样本并推断总体,可以减少人为因素干扰,运用科学的抽样设计及推断方法,可在保证质量的情况下快速完成任务。

五、抽样的程序

抽样方案设计必须根据调研目的,结合调研对象的特点来进行通盘的考虑和安排,以确保抽样调查经济且有效。市场调研实践中的总体规模通常较大且分散,因此要确保样本充足且具备代表性并非易事。一般而言,制订一个具有可操作性的抽样调查计划大致需要经过六个步骤,包括界定目标总体、选择资料收集方法、确定抽样框、选定抽样方法、确定样本数,以及制订抽样计划,见图7-2。

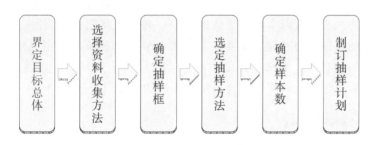

图7-2 抽样设计程序

(一) 界定目标总体

抽样程序的第一个步骤是先界定目标总体,也就是给调研对象下一个明确、可操作的定义,以有效区分调研对象与非调研对象。例如,为了调查广东省旅游地区的消费行为,那么调研的目标总体就是曾经在广东省进行旅游消费的游客。一般而言,目标总体可以从地区特征、人口统计学特征、产品或服务使用情况等方面进行描述,界定必须清楚明确,以免无效研究,或是产生误解。

(二) 选择资料收集方法

资料收集方法的选择对抽样过程、市场调研的成本控制、市场调研结果的正确性和准确性等都有很大的影响。例如,采用网络调研会面向调研对象与非调研对象,必须通过筛选题进行过滤,还需面临被调查者乱填答案的情况,但因为不受时间与空间的限制,因此大约可在一周内完成调研;而邮寄调查受限于收信、填写问卷、回收都需要时间，而且回收率普遍不高，所以有时还要进行二次调研。

采用网络调研、邮寄调查、入户面访或电话调查，其抽样结果和花费的时间、成本都不同，因此资料收集应根据具体情况和要求来选择合适的方法。

（三）确定抽样框

抽样框（sample frame）是指所有总体单位的集合，也就是总体的数据目录或是名单。例如，调查某公司的员工满意度，那么该公司的在职员工名册即为本次调研的抽样框。电话簿、通讯录、班级名单、工商名录、居委会户籍资料、企业登记注册档案等都是常见的抽样框。编制抽样框是抽样的前期工作，理想情况下会有准确的总体名单，也就是一个完整的抽样框。但是，在大多数情况下，这种理想状态并不存在，所以调研人员只能够根据最准确、最可行且最便利的原则来编制调研的抽样框。

（四）选定抽样方法

抽样方法的选择取决于调研目的、调研问题和调研经费等客观条件，因此调研人员必须掌握并灵活运用各种抽样方法，才能在不同的客观条件下选择最合适的抽样方法，以最优的人力和资源来取得最佳的结果，并有效降低抽样误差。抽样方法可分为两大类：随机抽样与非随机抽样。本章第二节和第三节将有完整介绍。如果目标总体是完整的抽样框，那么选择随机抽样会比较合适且具有代表性；相反地，如果缺乏完整的抽样框，此时将更适合采用非随机抽样来取得样本。

（五）确定样本数

确定样本数（sample size）是指调研样本的必要单位容量。样本数是影响抽样误差的重要因素之一。当样本数增加，样本对总体的代表性会提高；但已经达到一定样本数的调研，即使再增加样本数对提高统计量准确度也没有太大的作用，却可能导致调研费用增加许多。因此，样本数最好能控制在有效推断总体特征的最低限度。本章第四节将介绍几种选择样本数的方法。

（六）制订抽样计划

抽样程序的最后一个步骤是制订明确且清晰的抽样计划，具体说明总体定义、抽样框、抽样单位、抽样方法和抽样容量。无论抽样单位是个人或组织，都应该有清楚的定义。对如何筛选调研对象，还有面对拒绝访问或无回应的情况都需列出应对方案。

第二节　随机抽样方法

随机抽样又被称为概率抽样，是指按照随机的原则选取调研样本，使调研总体中的每一单位都有被抽中的机会，而且抽中的概率都相等。换句话说，随机抽样是排除主观意识的选择,每个样本被抽中的概率是可以计算的。常见的随机抽样方式有四种:简单随机抽样、分层随机抽样、整群随机抽样及系统抽样。

一、简单随机抽样方法

简单随机抽样(simple random sampling)又被称为完全随机抽样,是指按照随机原则从总体中任意抽取 n 个单位作为样本,使每个样本被抽中的概率皆相等的一种抽样方式。例如,抽取彩票时,所有的彩票号码被放在一个容器中,然后以随机原则抽出中奖号码。这种方法一般用于调研总体中的个体差异程度较小时,或者调研对象难以分组的情况。

简单随机抽样的方式分为重复抽样和不重复抽样。重复抽样是指每次抽中的单位仍会放回总体,所以可能多次抽中样本,如掷硬币;不重复抽样则是抽中的单位不再放回总体,只能被抽中一次。市场调研活动中常采用不重复抽样的方式,并且包括三种方法:抽签法、随机数表法和计算机抽取法。

(一)抽签法

首先确定调研总体的抽样框,接着把抽样框中的每个单位逐一编号写在签上,然后将其充分混合均匀后再随机抽取样本,直到样本数足够为止。例如,把 110 瓶矿泉水都编上号码,依次为 001,002,003,…,110,并制作 110 个标签,把 110 个形状大小相同的标签放在同一个箱子里,进行均匀搅拌,抽签时,每次从中抽出 1 个标签,连续抽取 10 次,就得到一个容量为 10 的样本。

(二)随机数表法

随机数表是由 0~9 的随机数字组成的表,表中数字的排列顺序也是随机的。该方法同样是将总体中所有单位编号,然后从随机数表中的一个随机起点开始从左向右、从上至下抽取样本,直到抽足所需的样本数为止。

(三)计算机抽取法

计算机抽取法是指使用统计软件或随机抽号软件进行抽取样本的方式,原理是利用软件中的相应程序产生随机数,然后完成抽取样本的任务。这种抽样方式十分便利,但是计算机产生的随机数是伪随机数,随机效果并不理想。

二、分层随机抽样方法

分层随机抽样(stratified random sampling)是指将调研总体按其属性特征分成若干层级,再从各个层级中随机抽取一定样本数的方法。分层抽样必须先对总体有所了解,才能依据其属性特征进行客观的分层划分,确保层级内同质性高、层级间异质性高的特性,最后再通过各层级的数量比例进行抽样,使样本的属性特征分布尽可能与总体一致，以提高样本对总体的代表性与精确度。例如，按照学历将调研对象分成研究生及以上、大学、高中/中专、初中及以下四个层次，然后依照总体构成的学历比例来进行随机抽样，使样本的学历分布和总体一致。

在总体的属性特征的选择上，可参考过往文献或依据相关经验找出具有显著差异的特性，例如性别、学生年级、学历、收入等。假设目前要做有关护肤品知名度的调研，根据经验判定男性与女性对护肤品的了解程度并不相同，那么性别应是本次调研划分层级的适当属性。由于分层抽样是分组法与简单随机抽样的结合，所以更容易实施且推断准确率较高。不过，分层数一般不宜超过六层，否则分层费用和抽样难度的增加反而会让调研执行变得困难。

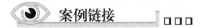

什么是分层抽样

某大型企业有近万名职工，年龄分布在 20 岁至 60 岁。工会想组织活动，希望征求其中 100 名员工代表的意见。这个企业 20 岁到 30 岁的员工有 4 000 人，30 岁到 40 岁的员工 2 000 人，40 岁到 50 岁的员工 3 000 人，50 岁以上的员工 1 000 人，这 100 名员工代表如何产生才合理？

由于 20 到 30 岁的员工占全体员工的 40%，这个年龄段的代表也应该占全体代表的 40%，其他年龄段也按照同样方式分配，这样 30 岁到 40 岁的职工中，应该有 20% 的代表，即 20 个代表名额比较合理；40 岁到 50 岁的职工人数占全体职工人数的 30%，有 30 个代表名额；50 岁以上的职工人数只有 1 000 人，占全体职工人数的 10%，代表人数应该是 10 个人。

摘录自 http://mp.weixin.qq.com/s/WqM8tm_T_VJoBl-zNVdNRg

三、整群随机抽样方法

整群随机抽样（cluster random sampling）是将总体划分成若干个群组，使群组之间很相似，但群组中的样本属性差异比较大，即群组内异质性高、群组间同质性高，与分层随机抽样的划分特性恰好相反。然后通过随机抽选几个群组的方式，以取得足够的样本数进行调研。

在实际场合中，调研总体是由多个群集组成的，每个群集包含的单位不等，所以为了在有限的人力、时间和预算下进行调研，随机从某几个群集中进行全面调查来估算总体参数，将可大大减少工作量。例如，对全天候 24 小时自动化生产的产品进行质量调查时，可于上午和下午分别抽取一个小时的产品进行检验。

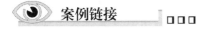 **案例链接**

开阳县开展慢性病与营养监测调查

贵州省开阳县卫计局为全面掌握全县慢性病及危险因素流行、群众营养现状，为创建"省级慢性病示范区"提供基础数据，启动慢性病与营养监测调查工作。

为确保调查质量，开阳县卫计局和县疾控中心共同举办了"开阳县2017年慢性病与营养监测工作安排暨培训会"，对参加调查的工作人员进行了调查技巧、调查问卷、体检要求等培训。本次调查采用整群随机抽样方法，抽取城关、楠木渡、冯三、双流、龙岗5个乡镇作为调查点。对5个乡镇18岁及以上户籍居民共1 750人，采用纸质问卷进行日常生活方式、饮食习惯、慢性病防控知识知晓情况等询问，同时对其健康状况进行体检和评估。

摘录自 http://jiankang.cctv.com/2017/11/09/ARTId1bamSe4i39Bgeo9SpFTl71109.shtml

四、系统抽样方法

系统抽样（systematic random sampling）又被称为等距抽样，顾名思义就是依据一定的间隔进行抽样，直到样本数足够为止。其操作程序有四个步骤：①将总体中的每个单位按某种顺序排列并加以编号；②确定抽样间隔，并在此基础上选择样本，通常抽样间隔会采用总体单位数除以样本数的方式来决定；③以简单随机抽样的方式，在第一段间隔中抽取起始号码；④从起始号码开始，按抽样间隔继续抽号，直到样本数足够为止。例如，进行某商圈的零售情况调研，该商圈有零售店350户，希望对其中的50户进行调研，那么总体为350户，样本为50户，抽样间隔为7户（350/50=7）。在第一段间隔中进行简单随机抽样，假设抽到的号码为3号，那么其后依次抽出的就是10号、17号、24号、…、346号等50户零售店。

在简单随机抽样中，调研人员要产生数百个随机数来确定被调查者名单，这个过程比较复杂。系统抽样的操作则更为简便、耗时少且更经济，只要确定总体、抽样框和抽样容量，产生初值后就能依据间隔选取样本。但是，需要注意的是，调研对象若具有某种规律，可能会因为周期性的间隔相似性而产生系统性误差，从而影响系统抽样的代表性。

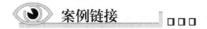 **案例链接**

为什么学校打印店老板多是湖南人？

新化县是湖南省娄底市的一个下属县，位于湖南省中部偏西，境内山脉纵横，环境恶劣。这种人多地少的刚性结构使新化县一直有"以技补农"的传统，从而形成了极具地方特色的"新化现象",即"国际贸易+专业市场+专业店"。新化人把日本和美国的二手复印设备通过国际贸易扩散到国内,然后通过专业市场销售到专业店,从而形成了一条完整的产业链。为了解"新化现象",冯军旗以北京高校中的复印产业为中心进行研究,对新化人在北京高校复印产业中的市场份额等进行调查。

以北京地区的56所普通本科院校为抽样框,按照学校编号以7为单位进行等距抽样,共抽得8所院校,然后对这8所学校校内和周边的复印店进行普查。访谈对象包括:北京大学、清华大学等院校复印产业中的新化从事者;北京、广州、上海、珠海等地新化产业各个历史时期的代表人物;天津、南京和邯郸等地复印产业的制造者和亲历者等。

冯军旗一共获得了56个访谈个案。从普查结果来看,8所院校复印店一共是85家,由新化人经营的为55家,新化人的市场占有率为65%,这充分说明:新化人在北京高校复印产业市场占据优势市场地位,从而证明了"新化现象"的存在。

摘录自 http://mp.weixin.qq.com/s/o8l-CqCbzI7a8pm521S2Lw

第三节 非随机抽样方法

非随机抽样又被称为非概率抽样,是指抽样时不依照随机原则,而是根据调研人员的主观判断或便利性来选择样本。尽管如此可能会降低样本统计量估算总体参数的代表性,但许多小规模的市场调研在人力、时效与经费预算的限制下,也只能采用非随机抽样的方式来进行调研。常见的非随机抽样方式包括:便利抽样、判断抽样、配额抽样及滚雪球抽样。

一、便利抽样

便利抽样(convenience sampling)又被称为方便抽样,是指样本的选定完全是根据调研人员的便利性来考虑,而被调查者被选中的原因一般是他们正巧在调研现场。街头拦截是便利抽样的最典型的方式,就是在街边、小区、车站附近等地方拦住行人进行调研,了解被调查者的看法。

便利抽样并不意味着对被调查者不加控制,反而更需要甄别身份,确定对方符合本次调研的要求。另外,虽然便利抽样能快速取得相关信息,有效节省时间和成本,但与随机抽样的方式相比,其抽样偏差较高,总体代表性偏低,因此较适合非正式的探索性调研或正式调研前的前测。

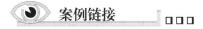 案例链接

反性骚扰，设"女性专用公交"有用吗？

调查表明，很多女性都在地铁、公交车的乘坐、候车过程中遭受过各种程度的性骚扰，中国社会科学院曾经以非随机抽样的方式进行调查，70%多的被访者（119人）曾在公共场所被陌生的异性抚摸；在公共场所遭到过异性以性事为内容的玩笑、谈论、辱骂的占60%多（102人）。广州市妇联2014年3月发布的《广州高校女大学生调查》报告令人触目惊心。据调查，近90%的女大学生表示身边的女性同学朋友有被性骚扰的经历，公共交通（公交车、地铁等）成性骚扰高发区。

而此前一个更大范围的"性骚扰行为"民意调查称，有48%的北京、上海、广州年轻女性认为性骚扰行为近3年来增多了，平均每10个受访女性中就有一个曾遭受到性骚扰，公交车、地铁是性骚扰最多发的场所。2014年9月，广州社情民意研究中心公布了一组8月份的调查报告，调查结果显示，过半以地铁为主要交通工具的人不满意地铁的拥挤程度，不满意度达53%，还有超过40%的19~30岁女性认为地铁内性骚扰问题很常见，差不多相当于每4人就有1人表示常见。

摘录自http://www.thepaper.cn/newsDetail_forward_1462396

二、判断抽样

判断抽样（judgment sampling）又被称为目的抽样，是指调研人员根据本次的调研目的和经验判断来选定符合总体特性样本，或者由了解情况的专家圈选样本。判断抽样的质量取决于调研人员的专业知识水平与判断力，如果判断有误，抽样后产生的调研结果就可能产生较大的偏差。因此，判断抽样适用于研究者对该调研领域与总体十分熟悉的情况，或者是调研要求精度不高、样本数目不多的探索性调研，而且尽可能避开极端型，选择多数型或平均型的样本，调研回收率会比较高。

三、配额抽样

配额抽样（quota sampling）又被称为定额抽样，是种类似分层随机抽样的非随机抽样方式。调研人员同样需要将调研对象按一定的属性特征进行分层，确定各层的单位数量后，再依照比例任意抽选样本，直到样本数足够为止。例如，调研的对象为大学生，所需样本数为400人，而大学一年级至大学四年级的人数比例分别是30%，26%，24%，20%，在没有学生名单的情况下，依照各年级比例抽样的人数分别是120人，104人，96人，80人。需要注意的是，针对大学生使用配额抽样还需要考虑性别与专业学院，样本才会更具有代表性。

四、滚雪球抽样

滚雪球抽样（snowball sampling）经常用于调查特殊而且难找的总体，或者是用

于对目标总体不够了解的情况下。其操作步骤是在抽取一些符合需求的调研对象进行调研之后，请对方提供符合总体属性的其他潜在样本，作为第二批被调查者；对第二批样本进行调研后，再请对方引荐第三批潜在样本。以此类推，直到样本数足够为止，就像滚雪球一样，从一小点开始越滚越大，所以被称为滚雪球抽样。由于抽样来源会受到被调查者的判断力及质量所影响，因此调研对象不愿配合时就有可能使抽样任务停滞；相对地，如果调研对象的配合度很高，那么调研的时间与费用会大幅缩短，而且针对性与代表性也比较强。

第四节　样本的确定

一、样本数计算

样本数又被称为样本容量、样本规模，是指调研需要抽取的样本单位数量。根据数量统计的大数法则，抽样单位数越多则代表性越好、误差越小、统计推断的可信度也越高。但是，随着抽样数量不断增加，调研的成本与费用也不断上升，当抽样数量到达总体规模时，就变成了普查，也会失去了抽样调查的意义。因此，抽取适当且足够的样本数，才能有效且合理地做好抽样调查。计算方法有四种。

（一）综合计算法

（1）估计总体平均数的样本量，计算公式如下：

$$n = \frac{(Z_{\alpha/2})^2 \sigma^2}{E^2}$$

式中，n 是样本数，α 是显著性水平，$Z_{\alpha/2}$ 是置信水平所对应的概率度，σ 是总体标准差，E 是平均数的最大允许误差。其中，置信水平是由抽样调查结果来推断总体的可信程度，用 $1-\alpha$ 表示。一般抽样调查规定置信水平为 90%、95% 或 99%，对应的概率度 Z 值分别是 1.64、1.96、2.58。

> 【计算 7-1】本次调研希望了解大学生每个月的平均生活费，并希望估计值偏离总体平均值在 ±5 元以内。假定总体的标准差为 50，置信水平希望达到 95%（$Z=1.96$），试计算本次调研的样本数。
> 【解答 7-1】估计总体平均数的样本数为：
> $$n = \frac{(Z_{\alpha/2})^2 \sigma^2}{E^2} = \frac{1.96^2 \times 50^2}{5^2} = \frac{3.8416 \times 2500}{25} \approx 385$$

(2) 估计总体比例的样本数，计算公式如下：

$$n = \frac{(Z_{\alpha/2})^2 \pi(1-\pi)}{E^2}$$

式中，n 是样本数，α 是显著性水平，$Z_{\alpha/2}$ 是置信水平所对应的概率度，π 是总体比例，E 是比例的最大允许误差。

【计算7-2】本次调研希望了解有在线上游戏消费的大学生比例。假定所允许的比例数最大误差为 $E = \pm 0.05$，置信水平希望达到95%（$Z = 1.96$），总体中有在线上游戏消费的大学生为50%。试计算本次调研的样本数。

【解答7-2】估计总体比例的样本数为：

$$n = \frac{(Z_{\alpha/2})^2 \pi(1-\pi)}{E^2} = \frac{1.96^2 \times 0.50(1-0.50)}{0.05^2} = \frac{3.8416 \times 0.25}{0.0025} \approx 385$$

（二）子群法

一般认为样本数应该要够大，才具有代表性。若把样本分成若干组，使每个主要子群的数量至少为100，每个次级子群的数量为30～50。例如，以"年级"和"性别"将大学生总体划分为八组：一年级男性、二年级男性、三年级男性、四年级男性、一年级女性、二年级女性、三年级女性、四年级女性。如果确立每个次级子群的数量为50，则调研的样本数为400。

在实践中，由于各个次级子群的内部差异性，使子群所需要确立的样本单位数量往往是不同的。例如，高校中不同学院、不同专业的性别比例即有内部差异的存在，因此，要考虑最小的组，确保其样本数够大，调研结果才会可靠。

（三）可支配预算法

在现实的调研中，样本数量经常受到可支配预算所影响。若企业的调研预算较少，表示扣除问卷设计、数据分析与撰写报告的费用后，除以每个调研单位的成本即可得到样本数。例如，某次调研费用只有2 000元，如果问卷设计与发放回收要200元、数据分析与整理报告要600元、每单位调研成本为4元，那么样本数只能是300人。

（四）经验法

经验法通常是从事市场调研或学术研究相关工作的经验积累的反映。有时基于抽样误差或其他操作误差的考虑，会刻意增加样本数到一定数量，但成本也随之增加。因此，有时会被认为不符合要求，调研人员有职责向客户进行说明。

二、无回应偏差

所有的调研方法都会遇到调研对象不愿意接受访问的情况,如果有出现这种情况,调研人员通常会通过其他抽样方式继续抽取下一位样本来调研,直到样本数量足够为止。

(一) 无回应偏差的意义

如果不愿意接受调研的样本与愿意接受调研的样本在属性特征上并无背景差异,那么继续抽取下一位样本并不会有太大的无回应偏差。但是,若这些不愿接受调研的样本具有某种共通的特性,那么样本的代表性就会大受影响。例如,可能某种个性、某一个年龄段的被调查者是比较不愿意回答问题,抽样就会缺少这类特征属性的样本统计量,因而造成代表性不足的问题。所以,抽样完成后必须计算无回应的比例,避免样本偏误的风险因此提高。

(二) 无回应偏差的原因

调研人员没能从调研对象那里得到所需的信息,经常是基于现场调研的各种原因,一类的无回应是由于随机因素造成的,另一类的无回应则受到非随机因素的影响。前者可能是调研对象刚好不在、有事无法接受调研,这种无回答减少了有效样本数量,会造成估计量方差增大;后者可能是调研对象拒绝回答或不愿意告知实情,这种无回答不仅造成估计量方差增加,还造成回答偏差。

(三) 无回应偏差的解决方式

要解决无回应偏差,最根本的方式是在事前降低可能被拒绝访问的因素。常用的方法有三种。

1. 事先通知

如果要对消费者做家户访问调研,或对企业进行邮寄调查或电话访问,可事先通知对方并表明调研目的,对方接受调研的概率会比较高。

2. 多次追踪

如果调研方式并非面对面与调研对象直接接触,而是采用邮寄或网络调研,那么被调查者有时可能因为事务繁忙而忘记填答。因此,通过适度的问卷追踪,可以提醒被调查者尽快填答,也能让对方感受到调研人员的真诚而追回一些问卷。

3. 慎重的封面信函

如果是邮寄问卷或留置问卷,慎重的调研封面信函可以让调研对象知道本次调研的重要性,也可知道自己在调研中起到的作用;同时,内容应该要有信息保密的叙述,让调研对象可以安心填答题目。如果调研是和知名度高或公正的单位合作,通常被调查者的填答意愿也会提高。

本章小结

抽样调查是从总体抽取一部分单位作为样本进行访问，由样本结果推断总体的一种调研方式。抽样调查的目的是用样本统计量推断总体参数，因此只需调研总体的一小部分样本，具有费用低、效率高和有代表性等特征。其中，准确把握概率抽样与非概率抽样有十分重要的意义，调研人员实际操作时一定要选用最适合现况的方法。

复习思考题

1. 什么是随机抽样和非随机抽样？
2. 随机抽样有哪些主要的抽样方式？请说明这些抽样方式各自的特点和应用的场合。
3. 非随机抽样有哪些主要的抽样方式？请说明这些抽样方式各自的特点和应用的场合。

课后案例

农民工变化新趋势：趋同的东中西部

农民工，一个特殊的称谓，一个不容忽视的群体。

国家统计局2013年5月27日发表的《2012年全国农民工监测调查报告》显示，我国农民工的总数量有所增长。从年龄段来看，中国农民工仍以青壮年为主，但年轻农民工比重呈逐年下降态势。这一社会群体的趋势性变化愈发明显，不单是年龄老化，还有跨省流动占比下降、东中西部收入趋同等。

据该报告的抽样调查结果推算，2012年全国农民工总量达2.626 1亿人，比上年的2.527 8亿人增长3.9%。其中，外出农民工1.633 6亿人，增长3.0%；本地农民工9 925万人，增长5.4%。调查资料显示，40岁以下农民工所占比重逐年下降，从2008年的70%降至2012年的59.3%，农民工平均年龄也由34岁升至37.3岁。

农民工总量的小幅上升说明了在城镇化大趋势下，农村向城市的人口转移仍在继续。但40岁以下农民工比例的下降，及平均年龄的上升，则凸显了"人口红利"加速削弱的趋势，这与统计局年初发布的2012年劳动年龄人口同比首次出现下降的结果是一致的。

2012年，跨省流动农民工所占比重继续下降。在外出农民工中，跨省流动的农民工占46.8%，这一比例较上年下降0.3个百分点；省内流动的农民工增长3.6%，占外出农民工总量的53.2%。地区分布情况显示，东部地区高达83.7%的外出农民工在省内流动；中、西部地区外出农民工则以跨省流动为主，分别占66.2%和56.6%。

不再跨省外出，选择留在省内当地的农民工比例在上升，或可归因为不同地区农民工收入水平的趋同。据报告的数据，东部地区务工的农民工月收入水平为2 286元，比上年增加233元，增长11.4%；在中部地区务工的农民工月收入水平为2 257元，比上年增加251元，增长12.5%；在西部地区务工的农民工月收入水平为2 226元，比上年增加236元，增长11.8%。东中西部农民工收入差距已不到百元，加上差旅等费用的损耗，在东部沿海打工的优势已不再明显。

从近几年调查数据看，被雇主或单位拖欠工资的农民工比例逐年下降，解决和遏制农民工工资拖欠的一系列政策措施取得明显成效。外出受雇农民工，被雇主或单位拖欠工资的占0.5%，比上年下降了0.3个百分点。建筑业农民工被拖欠工资的占1.5%，比上年下降0.4个百分点。

摘录自 http://www.ceconline.com/manufacturing/ma/8800067253/01/

第八章 SPSS 概述

导入案例

加速云计算扩张！Salesforce 与谷歌云服务达成合作

2017 年 11 月 6 日，Salesforce 的马克·贝尼奥夫（Marc Benioff）宣布已经与谷歌（Google）结成合作伙伴关系，这也是云计算的最高规格联盟之一，它将对整个商业软件市场形成影响。

根据计划，双方将会把谷歌的办公室软件套件（G Suite）与 Salesforce 的核心平台整合在一起，将 Google Analytics（谷歌分析）整合到 Salesforce 的营销软件中，并相互承诺使用彼此的产品。

作为交易的一部分，Salesforce 将使用谷歌的云基础设施"扩展"其核心服务，这是 Diane Greene 和她在谷歌的云部门的一个重大胜利——云部门是持续挑战亚马逊网络服务和微软 Azure 市场份额的一部分。但谷歌可能是合作伙伴中的医院，因为该公司开放的 Google Analytics 可以大大增强 Salesforce 营销产品的实用性。

Salesforce 业务发展及战略账户执行副总裁 Ryan Aytay 说："这是我们第一次建立这种伙伴关系，我们认为这是两全其美的。它把我们的公司带到一个前沿的地方：让我们的客户变得更加智能和高效。"

Google Analytics 高级总监 Babak Pahlavan 表示，Google Analytics 与 Salesforce Marketing Cloud 的整合将是双方客户近几个月的首要需求。Google Cloud 总裁 Tariq Shaukat 表示，虽然 Google 已经为公司提供了 API，可以在 Google Analytics 的基础上进行构建，但从未将产品开放到如此深度的整合之中。结合这些工具，营销人员将能够将网站访问数据与 Salesforce 中的客户资料结合起来，以提供更多个性化的网站和广告。

谷歌还希望利用与 Salesforce 的合作关系来推动其办公软件平台 G Suite 的采用，该平台主要与微软 Office 365 以及 Box、Dropbox 等更专门的工具竞争。谷歌正在向任何不使用 G Suite 的 Salesforce 客户提供一年免费服务。

除了此次的"大结盟"之外，谷歌 10 月份还宣布了与思科的合作伙伴关系，并在 8 月份与多哥达成了多年的合作协议。微软已经宣布有了自己的改变，即与能源巨头雪佛龙（Chevron）达成为期七年的使用微软云计算的协议。

目前，三大云供应商——亚马逊 AWS、微软 Azure 和谷歌 Google Cloud 均受益于许多企业打造其应用时选择多个云供应商提供的服务。

摘录自 https://t.qianzhan.com/caijing/detail/171107-3e62a3ac.html

第一节　SPSS 的启动与设置

一、SPSS 的功能简介

在学习 SPSS 统计分析软件前，先简单了解 SPSS 软件的产生与发展。1968 年，SPSS 产生于美国斯坦福大学，原意为 Statistical Package for the Social Science（社会科学统计软件包），2000 年，SPSS 公司正式把它更名为 Statistical Product and Service Solutions（统计产品与服务解决方案）。SPSS 在半个世纪的发展中，其版本不断更新与升级，功能也在不断优化，是当今世界上使用最广泛的统计分析软件之一。2009 年秋，SPSS 被 IBM 公司并购，成为 IBM 旗下专门提供预测分析软件和解决方案的提供商，此后的版本名称均以 "IBM SPSS Statistic + 数字" 的形式命名。本教材软件为 IBM SPSS Statistic 22。

SPSS 的主要功能有数据管理、统计分析、预测分析、图表分析、直销、输出管理等，适合企业或学校进行市场调研与预测需求。SPSS 的主要特点有六个。

（1）操作简单，极易上手。SPSS 虽然是一个专业的统计分析工具，但其操作非常简单，大部分操作可直接通过 "菜单" "按钮" 和 "对话框" 来完成，分析人员可以轻松上手。

（2）无须编程，快速操作。SPSS 能自动对操作者的命令进行处理，使用者只要了解基本统计原理，无须懂得各种计算，记忆各种命令，选择相应选项便可得到分析结果。

（3）功能极其强大。SPSS 集数据处理与统计分析等功能为一体，自带十多种类型、一百多个函数，提供数十种从简单到复杂的统计分析方法，能满足使用者不同的统计分析需要。

（4）方便的数据接口。SPSS 可以和许多其他应用程序进行数据共享与交换，能够读取及输出多种格式的文件。

（5）灵活的功能模块组合。SPSS 总共有十多个模块，各个模块都有自己的功能，用户可以根据自己的分析需要和电脑配置进行选择和自由组合。

（6）与其他程序的无缝结合。SPSS Statistic 18 以后可以调用开源统计分析软件 R 或者开源高级程序语言 Python 的功能模块，可执行更多进阶统计分析功能。

二、SPSS 的窗口

SPSS 的主要界面包括数据编辑窗口、结果输出/编辑窗口、语法编辑窗口、脚本编辑窗口。其中，数据编辑窗口分为数据视图和变量视图，是 SPSS 的主窗口。

（一）数据编辑窗口

数据编辑窗口主要用于数据的输入、数据字典的基本定义和基本的数据处理等。它主要由标题栏、菜单栏、工具栏、标尺栏、窗口标签、数据编辑区及状态栏组成。数据编辑窗口见图 8-1。

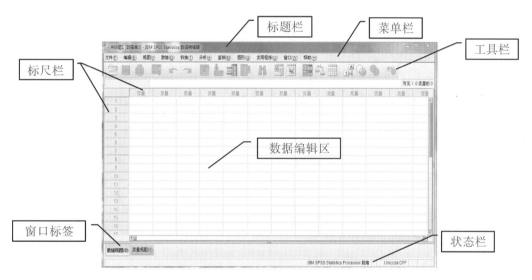

图 8-1　数据编辑窗口

1. 标题栏

标题栏位于整个窗口的最上方，用于显示窗口名称和编辑的数据文件名，没有编辑文件名的时候显示为"未标题1［数据集0］-IBM SPSS Statistics 数据编辑器"。

2. 菜单栏

标题栏下方一行是菜单栏，包括"文件""编辑""视图""数据""转换""分析""直销""图形""实用程序""窗口"和"帮助"共 11 个菜单，各菜单都有其子菜单，用户可以根据自己的需要选择下拉菜单的子菜单。

3. 工具栏

在菜单栏下的是工具栏，这些常用工具按钮是系统为了提高用户体验，使用户能快速准确地找到自己所需的工具而自动生成的快捷按钮。

4. 标尺栏

标尺栏有纵向和横向之分。纵向标尺用于显示数据的顺序，横向标尺栏在数据视图和变量视图中的显示又有所不同。在数据视图中,显示数据变量名称;在变量视图中,则显示变量性质。

5. 窗口标签

窗口标签位于数据编辑窗口的左下角,主要用于切换"数据视图"和"变量视图"。

6. 数据编辑区

数据编辑区占了整个数据编辑窗口的绝大部分,在数据视图中,用户主要在这个区域进行数据录入或更改。

7. 状态栏

状态栏位于整个视图的最下方,由不同区域组成,分别是"信息""处理器""OMS 状态""个案计数器""过滤/使用状态""权重状态""拆分文件状态"各区域。

(二) 结果输出/编辑窗口

运行统计分析命令后,SPSS 会自动打开结果输出窗口。结果输出窗口由导航窗口(左)和显示窗口(右)两部分组成,用于输出 SPSS 统计分析的结果、统计分析报告和绘制相关图表,并可进行编辑。结果输出窗口见图 8-2。

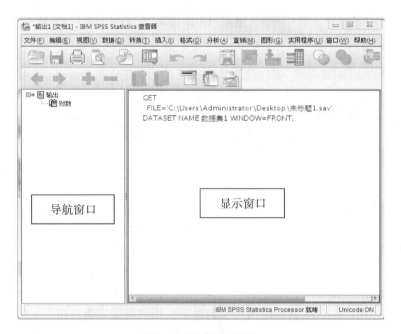

图 8-2 结果输出窗口

(三) 语法编辑窗口

语法编辑窗口主要为用户提供语法编程,语法编程不仅可以完成窗口操作所能完成的所有任务,还可以调用开源软件 R 中的任何程序。语法编程方式是对菜单功能的一个补充,它可以使繁杂的统计分析工具得以简化,特别是一些需要重复进行的工作。语法编辑窗口见图 8-3。

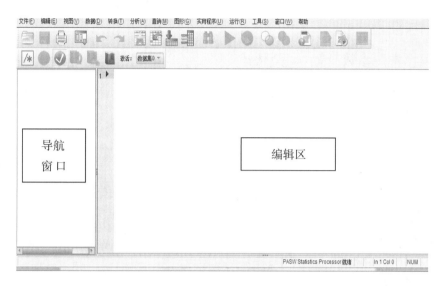

图 8-3　语法编辑窗口

(四) 脚本编辑窗口

SPSS 脚本是用 Sax Basic 或 Python 语言编写的程序。脚本可以使用 SPSS 内部操作自动化,可以自定义结果格式,可以连接 VB 和 VAB 应用程序。脚本编辑窗口见图 8-4。

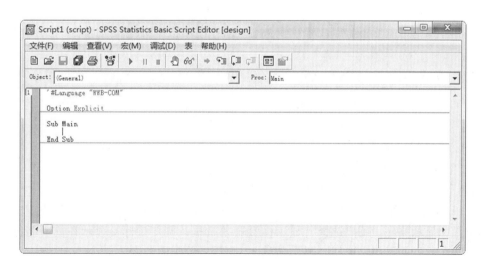

图 8-4　脚本编辑窗口

三、SPSS 的基本设置

SPSS 非常人性化，其运行环境友好。允许用户自行设定各种参数以及自行设定自定义运行环境，方便用户的个性化使用，系统还可以自动对用户的相应的自定义设置进行保存。

（一）常用参数设置

用户可以在 SPSS 主界面中，选择"编辑"菜单下的"选项"命令，弹出"选项"对话框，见图 8-5。以下针对常用参数设置进行说明。

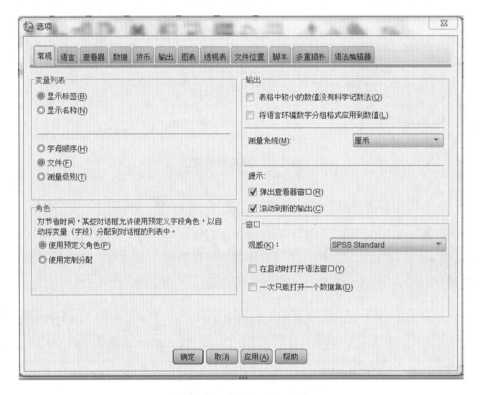

图 8-5 "选项"对话框

1. "常规"选项卡

"常规"选项卡主要设置 SPSS 的各种通用参数，包括"变量列表"选项组、"角色"选项组、"输出"选项组和"窗口"选项组。

（1）"变量列表"选项组。"变量列表"选项组用于设置变量在变量列表中的显示位置和显示顺序。用户选择"显示标签"复选框，则变量标签显示在前，名称标签显示在后；如果用户选择"显示名称"，则只显示变量名称。

(2)"角色"选项组。"角色"选项组选择"使用预定义角色",会自动将变量"字段"分配到对话框的列表,选择"使用定制分配",则由用户自行分配。

(3)"输出"选项组。该选项组主要用于设置 SPSS 的输出风格。测量系统下拉列表框用于设置 SPSS 的度量参数,用户可以选择"厘米""点"等。

(4)"窗口"选项组。"观感"下拉列表框用于设置 SPSS 的整体外观风格,用户可以选择"SPSS Standard""SPSS Classic""Windows"三种风格。

2. "语言"选项卡

"语言"选项卡(见图 8-6)主要用于设置输出、用户界面的语言;另外,还可选择数据和语法的字符编码。

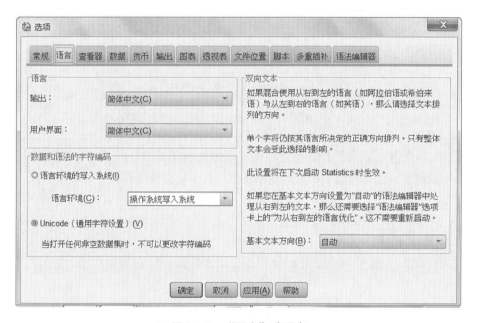

图 8-6 "语言"选项卡

(1)"语言"选项组。该选项组包括"输出"和"用户界面",可分别由下拉列表框选择所需语言。

(2)"数据和语法的字符编码"选项组。该选项组包括"语言环境的写入系统"和"Unicode(通用字符设置)"(当打开任何非空数集时,不可以更改字符编码)两个复选框。

3. "查看器"选项卡

"查看器"选项卡(见图 8-7)主要用于设置输出窗口的字体、图标等,该选项组由"初始输出状态"和"标题"等选项组构成。

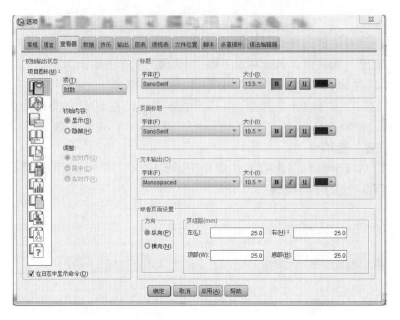

图 8-7 "查看器"选项卡

(1)"初始输出状态"栏。该选项用于设置输出结果的初始状态参数。首先单击"项"下拉表框,选择要设置的输出结果,然后在下面设置所选内容的输出参数。

(2)"标题""页面标题""文本输出"选项组主要用于设置标题、页面标题和输出文本的字体、字号和颜色等。

4. "文件位置"选项卡

"文件位置"选项卡(见图 8-8)用于设置应用程序在每个对话开始时打开和

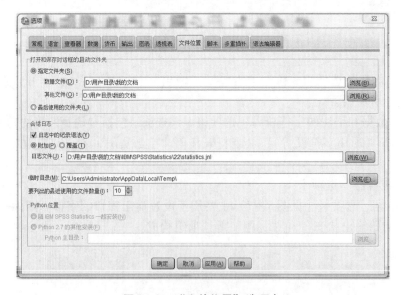

图 8-8 "文件位置"选项卡

保存文件的默认位置、日志文件位置、临时文件夹位置，以及出现在最近使用的文件列表中的文件数量。

"打开和保存对话框的启动文件夹"选项用于将指定的文件夹用作每个会话开头的默认位置，或选择"最后使用的文件夹"选项将上一次会话中打开或保存文件的最后一个文件夹用作下一次会话的默认文件夹。

（二）SPSS 运行环境的设置

SPSS 不仅运行界面友好，而且允许用户对状态栏、系统字体、菜单和网络线等进行相应的设置，打造自己专属的界面。

1. SPSS 状态栏的显示和隐藏

点击"数据编辑"窗口的"视图"菜单，下拉子菜单"状态栏"前面的打钩与否可以决定状态栏的显示或隐藏（见图 8-9）。

图 8-9 状态栏显示

2. SPSS 菜单的增加与删除

SPSS 允许用户建立个性化的菜单栏，用户可以根据自己的使用需要删除现有菜单或增加新的菜单。具体操作分为三步。

（1）在"数据编辑"窗口单击"视图"菜单，选择其下拉子菜单"菜单编辑器"，此时会出现图 8-10 的界面。

图 8-10 "菜单编辑器"对话框

（2）"应用到"下拉列表框。该下拉框用于选择要编辑菜单的窗口，包含"数据编辑器""查看器""语法"三个选项，分别用于设置数据编辑器窗口、输出窗口和语法编辑窗口的菜单栏。

（3）"菜单"列表。该列表显示了各个窗口的菜单栏中现有的菜单，可选择要新增的菜单。

（三）SPSS 帮助系统的设置

用户在使用 SPSS 进行信息管理和统计分析时打开的各种主对话框和相应的子对话框中都含有"帮助"按钮，用户可根据自己需要单击相应按钮快速寻求帮助，见图 8-11。

图 8-11 对话框中的"帮助"菜单

第二节 SPSS 数据的创建与编辑

一、数据的属性及定义方法

SPSS 的数据属性可经由数据编辑窗口的"变量视图"选项进行查询,包含"名称""类型""小数""标签""值""缺失""测量"等,见图 8-12。

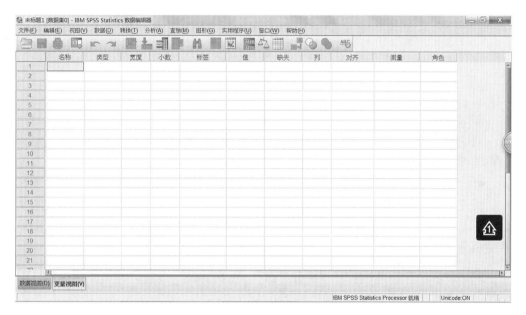

图 8-12 变量视图

1."名称"

输入变量名称,变量名称必须以字母、汉字或字符"@"开头,结尾字符不能是句号。

2."类型"

SPSS 为数据提供有"数值""字符串""日期""定制货币"等不同类型,用户可依实际情况设置。

定义"类型"的方法:打开变量视图,找到"类型"这一列单击,点击"⋯"按钮,弹出"变量类型"对话框(见图 8-13)。

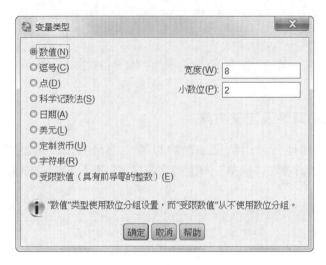

图 8-13 "变量类型"对话框

3. "标签"

对变量名含义的进一步解释说明，它可以增强变量名的可视性和统计分析结果的可读性。变量名标签可用中文，总长度可达 120 个字符。

4. "值"

对变量取值含义的解释说明信息对分类或顺序型数据尤为重要，比如 1 代表男性，2 代表女性。它不但明确了数据的含义，也增强了最后统计分析结果的可读性。变量值标签可以用中文。

定义"值"的方法：用户可单击"值"旁边"…"按钮，弹出"值标签"对话框（见图 8-14），对变量的值标签进行定义。

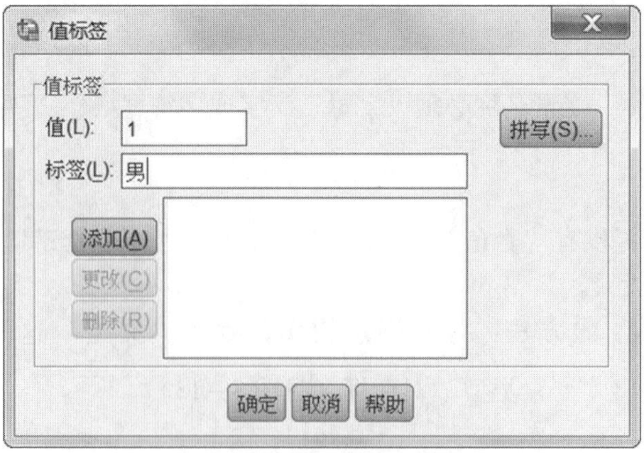

图 8-14 "值标签"对话框

5. "缺失"

SPSS 在分析时,可将缺失数据与正常的数据区分开来,并依据指定用户缺失值处理策略对其进行处理或分析。另外,SPSS 默认的缺失值被称为系统缺失值,数值型变量用"."表示,字符型用空格表示。

定义变量缺失值的方法为:单击"缺失"旁的"…"按钮,弹出"缺失值"对话框(见图 8 – 15)。对字符型或数值型变量,用户缺失值可以是 1 至 3 个特定的离散缺失值;对一个数值型变量,缺失值可以在一个连续的闭区间内,并附加一个区间以外的离散值。

图 8 – 15 "缺失值"对话框

6. "测量"

用户可直接由下拉列表框选择正确的测量尺度。数据按照所采用的测量尺度分为:①名义(反映事物类别,如男女);②有序(对现象进行分类并按顺序排列数据,如优良中差);③度量(直接使用自然数或度量衡单位进行计量的具体的数值,如销售额等)。

二、SPSS 数据的录入

当完成变量属性的定义后,即可由"数据视图"中进行数据的录入。具体方法为:选择变量列,选取输入数据的方格,键入数据后按"Enter"键,以此类推执行数据的录入,录入结果见图 8 – 16。

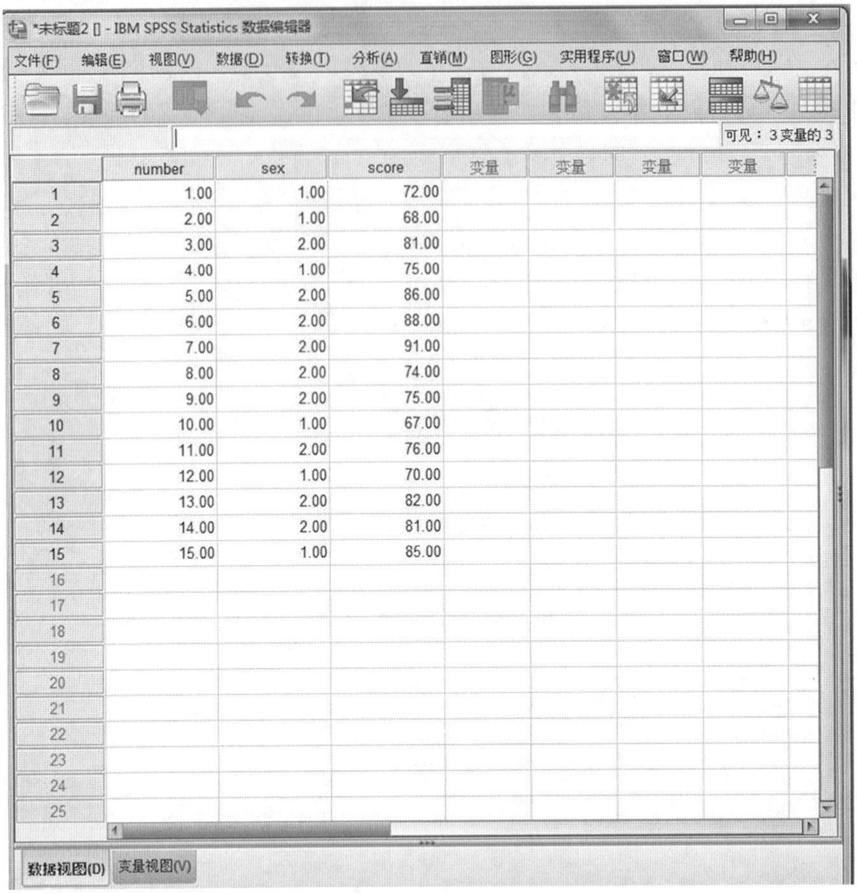

图 8-16　数据录入

【例 8-1】练习将表 8-1 学生成绩表格中的数据录入 SPSS。

表 8-1　学生成绩

编号	性别	成绩	编号	性别	成绩
01	1	72	09	2	75
02	1	68	10	1	67
03	2	81	11	2	76
04	1	75	12	1	70
05	2	86	13	2	82
06	2	88	14	2	81
07	2	91	15	1	85
08	2	74			

注："性别"栏中的"1"代表男性,"2"代表女性

三、数据文件的操作

在 SPSS 中,数据文件的操作包括打开数据、读取数据以及保存数据等。SPSS 提供了多种不同的数据格式的读取与保存方式,经过 SPSS 数据文件的操作可以方便地读取数据。

(一) 读取数据文件的方法

SPSS 可以直接读取的数据文件的格式有很多,主要有 SPSS 默认格式(*.sav)、Excel 格式文件(*.xls 或 *.xlsx)、文本文件(*.txt)、dBase 格式文件(*.dbf)、SAS 格式文件(*.sas7bdat)等。

打开数据文件的方法有两种。

方法一:直接在刚开启 SPSS 时弹出的界面中"最近的文件"列表框中选择需要的文件即可打开。若需要打开其他类型的数据文件,只需要在"打开其他文件"中选择所需的数据文件即可,见图 8-17。

图 8-17 SPSS 开启界面

方法二：在 SPSS 主界面中，选择"文件"—"打开"—"数据"，弹出"打开数据"对话框，打开所需要的数据文件，见图 8-18。

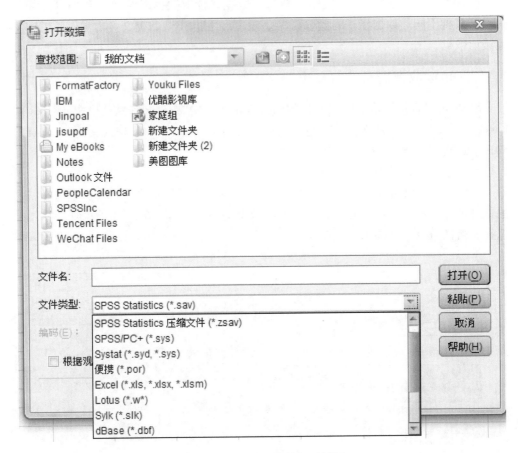

图 8-18 "打开数据"对话框

（二）不同格式数据文件的读取方法

在 SPSS 中的数据文件的格式有很多，SPSS 默认格式（*.sav）的读取方法如前所述，以下说明较常用的两种数据格式的读取方法。

1. 读取 Excel 格式文件

在 SPSS 主界面中，选择"文件"—"打开"—"数据"，弹出"打开数据"对话框，在文件类型中单击" "，选择"Excel（*.xls，*.xlsx，*.xlsm）"，单击"确定"，出现"打开 Excel 数据源"对话框（见图 8-19）。

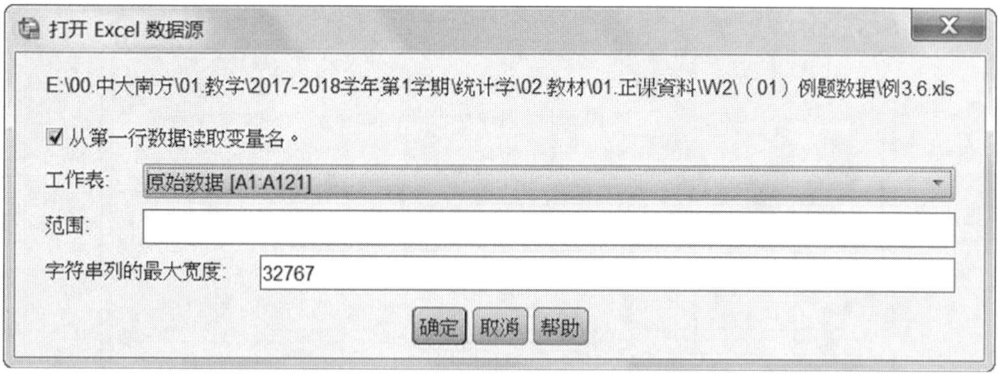

图 8-19 "打开 Excel 数据源"对话框

是否选择"从第一行数据读取变量名"要视实际数据文件而定,如数据内容第一行为变量名,则需勾选此选项。用户可经由"工作表"下拉列表框,选择数据内容所在 Excel 中的分页。

【例 8-2】读取"学生成绩.xlsx"文件中的数据。

2. 读取纯文本文件

选择"文件"—"打开"—"数据",弹出"打开数据"对话框,由"文件类型"选择"文本格式(*.txt, *.dat, *.csv, *.tab)",单击"打开"按钮,打开"文本导入向导"对话框,见图 8-20。用户可根据向导步骤(共六步)进行编辑,详细操作受限于篇幅,有需求的读者可参见 SPSS 操作手册。

图 8-20 "文本导入向导"对话框

【例 8-3】读取"学生成绩.txt"文件中的数据。

(三) 数据文件的保存

保存数据是指将 SPSS 编辑窗口中的数据以数据文件的格式保存到外部存储（如电脑、U 盘等）中。SPSS 编辑窗口中的数据可以保存为 SPSS 格式文件（*.sav），也可以保存为其他形式的数据文件。

操作方法为：选择"文件"菜单下的"保存"或者"另存为"命令，弹出"将数据保存为"对话框，用户可经由对话框选取保存文件的路径，设置文件名及保存类型，单击"保存"即可，见图 8-21。另外，用户也可直接单击"▢"，快速保存编辑或修改后的数据文件。

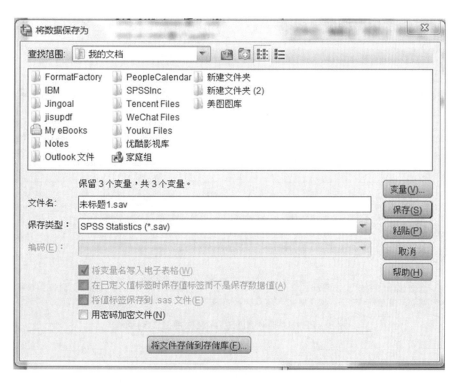

图 8-21 "将数据保存为"对话框

四、SPSS 数据的编辑

在 SPSS 录入数据以后,用户可进一步对数据进行加工,即对数据进行编辑。SPSS 的编辑包括数据的剪切、复制、粘贴、查找、替换、定位、分类汇总、缺失值替代以及个案的增加和删除等等,主要使用菜单栏的"数据"和"编辑"窗口进行操作,以下针对市场调研数据整理中较常用的功能进行说明。

(一)数据的剪切、清除、复制和粘贴

方法一:选中单元格或个案所在的行列,单击右键或选择"编辑",选单出现"剪切""复制""粘贴""清除"等选项,然后点击所需的选项即可快速完成数据的编辑工作。

方法二:使用快捷键完成数据的剪切(Ctrl + X)、复制(Ctrl + C)、粘贴(Ctrl + V)、撤销(Ctrl + Z)等操作。

(二)数据的查找和替换

方法一:选择"编辑"菜单下的"查找"或"替换"命令,打开"查找和替换-数据视图"对话框,输入需要查找/替换的数据即可,见图 8-22。

方法二：使用快捷键方式——查找（Ctrl + F）、查找下一个（F3）及替换（Ctrl + H）。

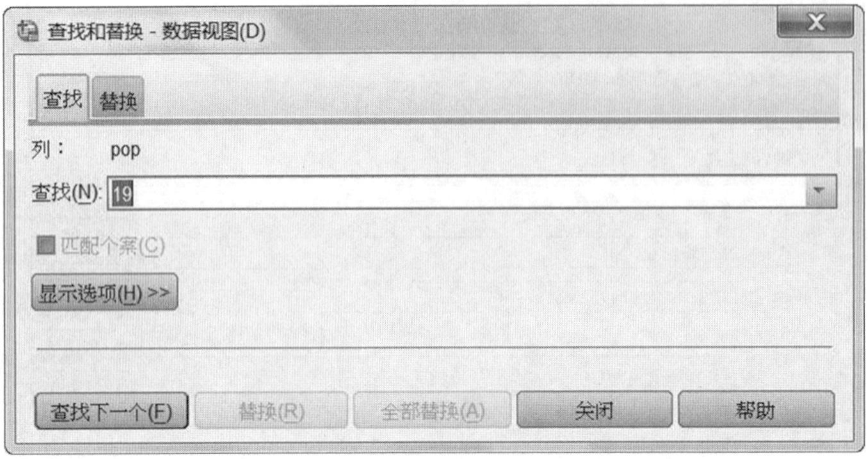

图 8-22 "查找和替换 - 数据视图"对话框

（三）数据的定位

SPSS 数据的定位功能可以直接转到指定的某个单元格中，实现在大量数据中快速查找指定的个案/变量的功能。

方法：选择"编辑"菜单中的"转至个案"或"转向变量"命令，出现"转到"对话框，填入需要定位的个案或变量，按"转向"即可，见图 8-23。

图 8-23 "转到"对话框

（四）数据的缺失值替代

数据文件中，缺失值的出现可能会影响后面的数据分析，为了不影响后面的数据分析，需要对缺失值进行缺失值的替代。操作方法见图 8-24。

(1) 选择"转换"菜单中的"替换缺失值"命令,弹出"替换缺失值"对话框。

(2) 从左边的数据列表框中选择需要替换缺失值的变量,将变量移入"新变量"列表框中。在"名称和方法"选项框中,定义新变量的名称及替换的方法。

图 8-24 "替换缺失值"对话框

第三节 SPSS 数据的管理

一般情况下,刚导入的数据和新建立的数据是原始数据,并不能立即进行数据分析,需要进一步加工、处理过后,才能进行统计分析。SPSS 数据的管理简单来说就是在数据分析之前对数据的处理,即数据的预处理,是数据分析过程中必不可少的步骤。

本书主要讲述市场调研过程中较常使用的方法,例如,排序个案、合并文件、拆分文件、选择个案、加权个案以及计算变量。

一、排序个案

在导入的数据或新建立的数据中,数据的顺序是按照数据输入时的先后顺序决定的,但这样的顺序往往不能满足数据分析的需要。因此,我们需要将数据按照某一特定顺序或某些顺序进行排序,以达到数据分析的需要,这时候就要用到 SPSS 提供的排序功能。

方法一：选择"数据"菜单下的"排序个案"命令，弹出"排序个案"对话框，选择要排序的变量（一次可选择多个变量），将变量添加到右侧的"排序依据"列表中，最后单击"升序"或"降序"，单击"确定"即可进行该变量数据的升/降序排序，见图8-25。

图8-25 "排序个案"对话框

方法二：选中某一列变量，单击右键，单击"升序排序"或"降序排序"选项，即可进行排序。

【例8-4】以"学生成绩.sav"为例，对"成绩"变量进行数据排序。

二、合并文件

市场调研过程中，由于数据量极大或者变量多等原因，在录入数据时一般是多人同时录入，导致数据分别保存在几个SPSS文件中，在进行数据处理和统计分析时，往往需要先将数据文件进行合并，以便于数据分析。在SPSS中，数据文件的合并包括两种方式：添加个案和添加变量。

（一）添加个案

添加个案也叫纵向合并，是将具有相同变量的外部个案与当前个案合并，并且将外部个案追加到当前个案中,从而形成新的数据文件的合并方式,添加个案即增加数据的个案数或观测量。具体操作方法如下。

(1) 打开数据文件,选择"数据"—"合并文件"—"添加个案",打开"将个案添加到"对话框,在"打开的数据集"或"外部 SPSS Statistics 数据文件"文本框中,选择需要添加个案的文件,单击"继续",见图 8-26。

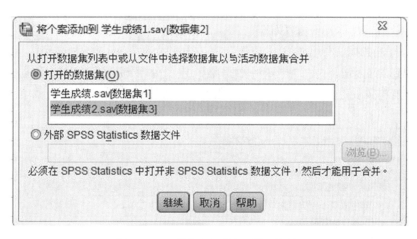

图 8-26 "将个案添加到"对话框

(2) 从"添加个案,来源"对话框中选择需要添加的变量,添加到"新的活动数据集中的变量"文本框中,单击"确定",生成新添加个案的数据文件,见图8-27。

图 8-27 "添加个案,来源"对话框

【例8-5】将"学生成绩1.sav"和"学生成绩2.sav"合并成一个数据文件。

(二) 添加变量

添加变量也叫横向合并,是将具有相同个案的外部变量与当前变量合并,并且将若干个变量追加到当前数据中,从而形成新的数据文件的合并方式。添加变量即增加了变量数。具体操作方法如下。

(1) 打开数据文件,选择"数据"—"合并文件"—"添加变量",打开"将变量添加到"对话框,在"打开的数据集"或"外部SPSS Statistics 数据文件"文本框中,选择需要添加的变量,单击"继续",见图8-28。

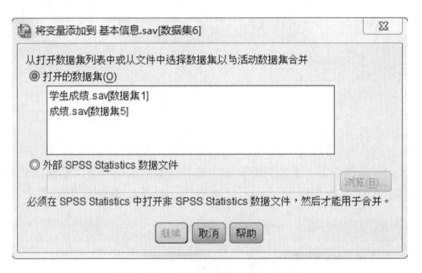

图8-28 "将变量添加到"对话框

(2) 从"添加变量从"对话框中选择需要添加的变量,添加到"新的活动数据集"文本框中,单击"确定",生成新添加变量的数据文件,见图8-29。

图 8-29 "添加变量从"对话框

【例 8-6】将"数学成绩.sav"和"文科成绩.sav"合并成一个数据文件。

三、拆分文件

在 SPSS 数据分析中,往往需要将文件中的数据按变量进行分组分析,同时,由于不同类别的同一变量或不同的变量的数据都在同一个数据文件中;因此,在数据分析时需要对数据文件进行拆分。例如,进行单科成绩分析时,需要将学生成绩拆分成几个单科成绩再进行分析。

具体操作方法为:选择"数据"菜单中的"拆分文件"命令,弹出"拆分文件"对话框。在右边选项中选择拆分文件的方式,在左边选项中选择需要拆分的变量,将变量"学生性别[性别]"移到右边"分组方式"列表框中,单击"确定"按钮,完成拆分,见图 8-30。

图 8-30 "拆分文件"对话框

1. "比较组"

选中此项,"分组方式"被激活。按所选变量拆分文件,各组分析结果不单独放置,而是输出到同一张表格中或同一窗口中,而且各组分析结果是根据分类变量进行分拆的。

2. "按组组织输出"

选中此项,"分组方式"被激活。按所选变量拆分文件,各组分析结果单独放置且输出的结果是按每种不同的分类组合给出一个完整的结果。

3. "按分组变量排序文件"

按分层变量值将记录进行排序,然后再拆分文件。

4. "文件已排序"

拆分前,文件已经分类排序的选此项。

【例 8-7】以"学生成绩.sav"为例进行数据的拆分,对"性别"变量进行拆分。

四、选择个案

市场调研的数据量通常很多,使数据处理和分析存在很大的困难和误差,所以在数据处理和分析之前,需要对数据进行筛选和抽样。在 SPSS 中,"选择个案"可实现数据筛选及抽样的过程,以达到提高效率或验证模型的目的。

操作方法为:选择"数据"菜单下的"选择个案",弹出"选择个案"对话框,根据需要从右边选择一种方式,单击"确定"按钮,完成个案的选择,生成新的数据文件,见图 8-31。

图 8-31 "选择个案"对话框

1. "选择"选项栏

(1)"所有个案":选择对象为全部个案。
(2)"如果条件满足":根据设定条件进行筛选。
(3)"随机个案样本":随机抽取观测样本,包括近似抽样和精密抽样。
(4)"基于时间或个案全距":按照时间或者观测量范围进行选择。
(5)"使用过滤变量":如果过滤变量中含有 0 值或缺失值,则个案将被排除。

2. "输出"选项栏

(1)"过滤掉未选定的个案":未被选中的观测量仍然保留在数据文件中,被排除的变量的序号前会画一条斜杠,属于默认选项。
(2)"将选定个案复制到新数据集":在下面的数据集名称栏里命名即可把选定的个案复制到新的数据集中,原数据文件不变。

(3)"删除未选定个案":把尚未选定的个案删除,最后结果只显示选取后的个案,删除的个案将无法恢复,所以应慎重选择此项。

【例8-8】以"学生成绩.sav"为例进行数据个案的选择,以"成绩"为变量进行不同方式的个案选择。

五、加权个案

加权个案是指为数据定义权重,使数据分析更为合理。权重是指个案的频数或个案占总体的比重。在统计分析中,不同数据往往具有不同的权重。举例来说,在SPSS计算加权平均数时,可选择对数据个案进行加权。

操作方法为:选择"数据"菜单下的"加权个案"命令,弹出"加权个案"对话框,选择"加权个案"选项,从左侧变量列表框中选择作为权重的变量"学分[权重变量]",移入右边"频率变量"文本框里,单击"确定"按钮,完成加权,见图8-32。

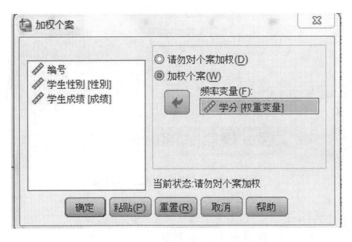

图8-32 "加权个案"对话框

【例8-9】以"学生成绩.sav"为例进行数据个案的加权,新增权重变量并对"成绩"进行加权处理。

六、计算变量

在进行复杂的统计分析时,原始数据的变量值往往是不够的,通常需要对原始的变量进行计算,产生新的变量,以满足数据分析的需要,这时候就需要使用SPSS的"计算变量"命令,它包括SPSS算术表达式、SPSS条件表达式和SPSS函数等。

操作方法为：选择"转换"菜单中的"计算变量"，弹出"计算变量"对话框，新建目标变量（如"总评成绩"），在"数字表达式"编辑框中输入要计算的公式，单击"确定"按钮，即可创造出新变量，见图 8-33。

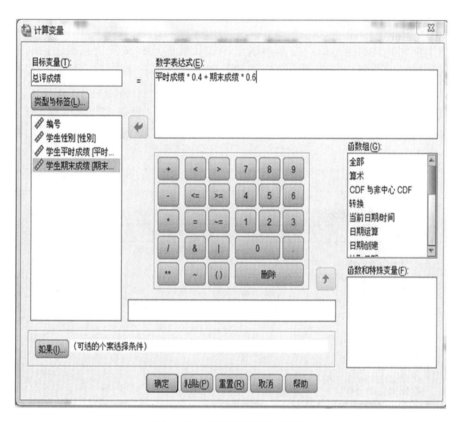

图 8-33 "计算变量"对话框

【例 8-10】以"学生成绩.sav"为例进行变量计算，对"成绩"这一变量进行计算处理，生成新变量"总评成绩"。（计算公式为：总评成绩 = 平时成绩×0.4 + 期末成绩×0.6。）

第四节 SPSS 的图表功能

统计分析常常利用绘制图表的方式对数据进行初步的了解，以便于统计检验或预测的进行。SPSS 的图表功能非常完整，以下将针对此部分功能进行说明。

一、报告

通过报告的功能，用户可快速了解变量及个案的汇总信息。用户可使用"报告"对数据进行一些处理,如汇总和定义变量集等,从而获取数据的变量信息以及文件信息等;同时获得数据的一些基本统计量数据,根据结果粗略地判断数据的离散或集中程度,以及其他相应的信息。

(一)代码本

用于查询并显示变量的一些基本信息,如变量信息和文件信息等;同时计算一些常用的描述统计量,如平均值、标准差、四分位数、计数和百分比等。操作方法如下。

(1)选择"分析"—"报告"—"代码本",弹出"代码本"对话框,从左边变量列表框中选择需要研究的变量,将变量移入"代码本变量"文本框内,见图8-34。

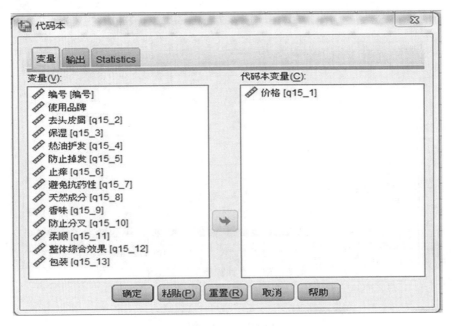

图8-34 "代码本"下的"变量"选项卡

(2)单击"输出"选项,可以根据统计分析的需要,勾选所需的信息,但需要注意的是"变量信息"选项最少要勾选一项,见图8-35;同理,单击"Statistics"选项,可根据统计分析的需要进行选择,选择所需选项后,单击"确定"即可输出结果报告。

图 8-35 "代码本"下的"输出"选项卡

(二) OLAP 多维数据集

OLAP 也叫联机分析处理,是一种共享多维信息并对特定问题的联机数据进行访问和分析的快速软件技术。OLAP 的主要特点是通过仿照用户的多角度思考模式来组建多维的数据模型,维是指用户的分析角度。OLAP 多维数据集是一种能够通过快速分析数据来克服关系数据库局限性的数据结构。

操作方法为:选择"分析"—"报告"—"OLAP 多维数据集",弹出"OLAP 多维数据集"对话框,从左边变量列表框中选择需要研究的变量,将变量"学生成绩 [成绩]"和"学生性别 [性别]"分别移入右边"摘要变量"文本框和"分组变量"文本框内,见图 8-36。同样地,对话框里的选项"Statistics"包含一些基本的描述统计量和一些单元格统计量,用户可以根据需要进行选择。

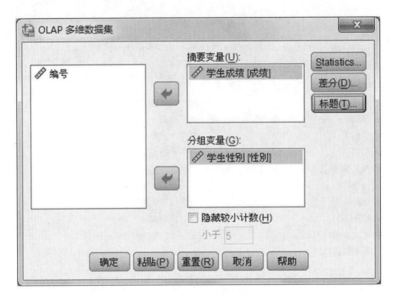

图 8-36 "OLAP 多维数据集"对话框

【例 8-11】以"洗发水购买考虑因素.sav"为例,进行 SPSS 报告里的代码本与 OLAP 多维数据集操作分析。

二、图形

图形是对数据的直观、生动的表现,SPSS 提供了多种统计图形,包括条形图、线图、饼图、箱图、直方图、散点图等,以下针对市场调研较常用的图形做说明。

(1) 条形图:显示各个项目之间的比较情况,包括垂直条形图和水平条形图,用于分类型的数据。

(2) 线图:用线条的升降表示事物的发展变化趋势,主要用于时间序列数据中。

(3) 饼图:显示一个数据系列中各项的大小与各项总和的比例。

(4) 箱图:由一组数据的最大值、最小值、中位数、上四分位数和下四分位数这五个特征值绘制而成,反映原始数据分布的特征。

(5) 直方图:描述数据的频数分布,用矩形的宽度和高度来表示频数分布。

(6) 散点图:描述两种现象的相关关系。

绘制方法一:选择"图形"—"图表构建器",弹出"图表构建器"对话框,由左下"选择范围"中选择要构建的图形(如"条形图"),由右侧选择条形图类型,按住鼠标左键,移至上方"图表预览使用示例数据"文本框内,同样由左上方的变量框中将需要绘制图形的变量移至右侧文本框,单击"确定"即可完成图形输出,见图 8-37。

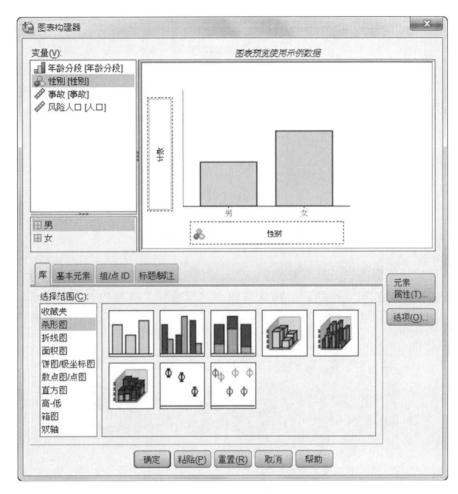

图 8-37 "图表构建器"对话框

绘制方法二分为两个步骤。

步骤一:选择"图形"—"旧对话框"—"欲构建的图形"(如"条形图"),弹出"条形图"对话框,可以定义图形的格式,需要显示的统计量,单击"定义",见图 8-38。

图 8-38 "条形图"对话框

步骤二:弹出"定义简单条形图:个案组摘要"对话框,从变量框选择需要绘制图形的变量"性别[性别]",移入右边"类别轴"文本框内,单击"确定"即可完成图形输出,见图 8-39。

图 8-39 "定义简单条形图:个案组摘要"对话框

【例 8-12】以"一周饮料花费.sav"为例,绘制各种适合"饮料花费"的统计分析图形。

三、交叉表格

市场调研报告常利用交叉表格来探讨两个或两个以上类别变量之间的关联性(如教育程度与使用品牌、品牌与购买原因、所得与是否拥有数字相机)。用户实际上可使用 SPSS 交叉表格完成上述分析工作,意即分析行变量和列变量之间的关系,行变量可能由多个变量组成,列变量也可能有多个变量。

操作方法为:选择"分析"—"描述统计"—"交叉表格",弹出"交叉表格"对话框(见图 8-40),从左边的变量列表框中分别选择要分析的行变量"年龄分段 [年龄分段]"及列变量"性别 [性别]",移入右侧的"行"及"列"文本框中;另外,用户可根据分析所需,在对话框的右侧按钮进行设置,单击"确定",即可得出交叉分析表格及结果。

图 8-40 "交叉表格"对话框

(1)"Statistic":单击后出现"交叉表格:统计"对话框,用户可选择要使用的类别变量检验方法,见图 8-41。

图8-41 "交叉表格：统计"对话框

（2）"单元格"：单击后出现"交叉表格：单元格显示"对话框，用户可设定要显示的计数及百分比等的显示方式，见图8-42。

图8-42 "交叉表格：单元格显示"对话框

四、多重响应分析

在市场调查中经常用到多项选择题,对于多项选择题分析,SPSS 提供了多重响应的功能。多重响应分析又被称为多重应答分析或者多选题应答分析。多项选择题的答案不唯一,一般的分析方法只能算出观测值百分比,因为观测值百分比不是按总数为 100% 来计算的,所以观测值百分比只能显示某个答案出现的频次,而无法算出每一个答案出现的频率(总数为 100% 时的频率)。

SPSS 多重响应的分析概念是把多项选择题中的每个选项分解设置为单一的变量进行数据的录入,SPSS 使用的方法有二分法和分类法。二分法是把多项选择题中的每个问题设为一个 SPSS 变量,每个变量只有"0"(没有选择该答案)和"1"(选择该答案)两个值;分类法则是以该问题最多可能出现的答案个数来设置变量个数。

(一)定义变量集

由于多项选择题的答案的输入是将每一个变量当作一个单项选择题,每一题有一个答案或者没有答案,所以必须先将所有选项构成的单项选择题组成变量集。

如图 8-43 所示,用户可选择"分析"—"多重响应"—"定义变量集",弹出"定义多响应集"对话框,从左边的变量列表框中选择需要进行多重响应分析的变量,移入右边的"集合中的变量"文本框中。用户可从"将变量编码为"选项框中选择数据编码的方式;同时,给定变量集名称及标签,然后点击"添加"按钮,添加到右侧"多响应集"列表框中,最后点击"关闭"按钮。

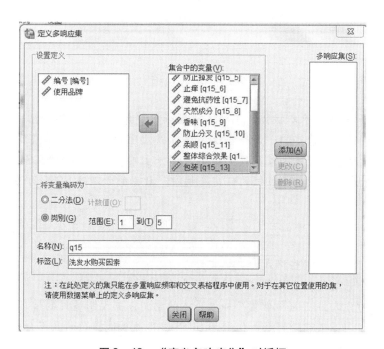

图 8-43 "定义多响应集"对话框

(二) 频数分析

如图 8-44 所示,选择"分析"—"多重响应"—"频率"命令,弹出"多响应频率"对话框,将新添加的变量集添加到右侧列表框,点击"确定"按钮,开始输出结果。在输出的结果报表中,N 是选择对应选项的人数,百分比指的是在所有的选择中该项占的百分比,个案数的百分比指的是选择该选项的人占总数的百分比。

图 8-44 "多响应频率"对话框

本 章 小 结

本章介绍 SPSS 的基本操作。市场调研分析常常会收到大量的数据,熟悉一种统计分析软件是非常有必要的,如此才能加快数据处理的速度,提供最及时且最有效的结果,以便决策者进行决策及战略规划。本章主要介绍 IBM SPSS Statistic 统计分析软件,包括启动与设置、数据的创建与编辑、数据的管理及 SPSS 的图表功能。

复习思考题

1. SPSS 可以读取哪些格式的数据文件?
2. 说明合并文件中添加个案与添加变量的差异及使用时机。
3. 了解拆分文件、选择个案及加权个案的意义,并说明适用的情况。
4. 说明何谓多项选择题及如何利用 SPSS 进行多项选择题的数据分析。

课 后 案 例

都市丽人：不看数据的零售企业无异于瞎子

在电子商务（简称"电商"）盛行的今天，都市丽人的成功有些令人费解。但都市丽人副总裁兼首席信息官沙爽则表示，这种成功绝非偶然，是都市丽人多年来积累的结果。都市丽人成立于1998年，是一家致力于专业研发、经营时尚内衣为主的大型内衣品牌运营集团，其对标公司是美国的维多利亚的秘密（Victoria's Secret）。2014年都市丽人成功地在香港交易所上市，目前在全国有近8 000家门店。

都市丽人今天的成功正是在解决了数据难题之后取得的。在实践中，它逐步摸索出了一条适合自身所处市场的数据应用法则，其中最独特的一点是变"压货制"为"补货制"，而能做到这一步都是依靠加盟模式的创新及数据分析实现的。

这套法则的创立源自都市丽人对零售业的全新解读，那就是沙爽所说的"零售业的本质就是数据，10年后，所有的零售商都将成为IT企业"。

一、看数据避开"红海"

零售商在城市繁华地段扎堆开店，销售近似的产品，这仿佛就是业内的惯例。即便是消费者也对此习以为常，直到电商的出现。这也就是目前大多数线下零售商的困境。这种困境的背后体现出的是整个零售行业对数据的忽视或者轻视。造成这种现象有其客观原因，那就是中国的零售行业数据链的割裂，生产厂商、渠道商和终端销售商各自掌握一部分消费者数据，每一个参与者都如同盲人摸象。根据不完全的数据制定决策的结果就是整个行业都陷入"红海"竞争中。

都市丽人采用了先进的"数据驱动营销理念"，在品牌转型之际，借力IBM数据与分析解决方案，成功将大数据分析与实际业务相结合，完善了管理系统；同时以全渠道整合营销的定位开启电商平台新渠道，建立起以客户为中心、以数据驱动商业的价值链，开创出独具竞争力的业务模式，为传统零售商创建全新商业模式提供了一个全新的发展路径。除了在技术上整合从不同渠道和客户接触点所获取的信息之外，都市丽人还灵活地将相应的数据和内容结合起来，做到及时回应客户的需求。通过洞察并分析趋势和模式，都市丽人能够对未来趋势进行准确预测。借助建模技术和假设分析场景，他们甚至可以制订出下次最佳行动计划。

二、数据智慧

都市丽人所打造的大众内衣消费时尚理念除了提出新的内衣消费主张外，更重要的是开启了内衣时尚全产业链的变革进程。为此，都市丽人选择了IBM大数据解决方案。沙爽先生对此表示："如果用一句话简单来概括都市丽人的商业模式，那就是，都市丽人是一个真正将数据作为核心的零售公司。"

都市丽人借助数据与分析技术，将洞察力与业务战略密切结合，有效地整合了线上线下资源，为企业客户和消费者提供整体电子商务服务平台。都市丽人将互联网技术带来的商业模式变革转变为业务增长的新动力,实现全渠道销售的目标。如此一来,电商平台不仅为会员服务,同时也为门店服务,获得更多盈利,使这个平台成为门店销售的线上延伸。全新设计的电商平台助推了都市丽人线下业务的持续发展,建立起以会员为中心的服务兼顾零售的电商模式。

三、数据带来营销新变化

都市丽人企业高管认识到收集客户相关数据的价值,懂得如何从这些数据中获得洞察力,继而创造智慧的、主动的、与客户相关的交互通路。他们知道如何有效地使用数据分析做决策,将洞察力转变为销售业绩的增长。对他们而言,"大"并不是大数据中最重要的,企业对大数据进行分析,以及随之采取的业务改进措施才是最重要的。数据也为都市丽人带来了从未想象过的市场营销新变化。例如,重塑营销模式,完善供应链与库存管理,以及创建、增强和完善"流失"模型。

都市丽人在通过数据驱动完善零售运营的基础上推出了多品牌发展战略,在该公司的零售平台上创建起多品牌的运营模式。收购一线内衣品牌欧迪芬,创建适合年轻人的新品牌Free day,同时开拓男士内衣市场,这一系列举措都是基于对消费者行为模式的深度洞察,培养与消费者之间的信任关系,为未来收益铺路。

四、数据零售未来

在每个行业以及全球每个地区,企业高层领导都在寻求充分发挥企业内现有的海量信息价值的方式。企业利用新技术收集的数据达到了前所未有的量级;然而,只有对数据拥有更明确、更及时的洞察力,才能从现有的数据中获得价值并在市场上赢得竞争优势。

大数据可以更全面地了解客户偏好和需求,通过这种深入了解,所有类型的企业均可以找到新的方式与现有客户和潜在客户交互。这一原则尤其适用于零售业。大数据分析带来的价值体现为获取、处理和理解与客户相关的数据,共享这些洞察力,并且将其转化为企业以前不可能开展的营销模式。企业应该更好地处理和使用客户数据,而不是面对大量数据无所适从。基于大数据分析结果的数据驱动型营销正是值得关注、投资和实验的领域,它可能正是传统零售行业正在寻求的转折点。

摘录自http://www.ceconlinebbs.com/FORUM_POST_900001_900003_1086143_0.HTM

第九章 SPSS 统计分析

导入案例

中国职场人谁最希望"再出发"

每年的第一季度都是职场人总结上年得失、规划未来发展、准备重新出发的最好时机。国内最大的职业社交网站天际网在京发布2014年第一季度《中国职场人"再出发"报告》,报告揭示,职场人"再出发"观念在总体趋于灵活开放的同时,也有着显著的地域和行业差异。

此次报告的调研数据表明,在问及"是否会主动选择再出发"时,作为一线城市的北上广深和一线以外的城市,职场人意愿有着强烈的反差:在北上广深,高达八成的职场人有过"裸辞"经历或表示可接受"裸辞",超过五成职场人已开始在本职工作之余进行充电或计划近期着手充电;而在北上广深以外城市,会主动选择"裸辞"的职场人和已在充电中或计划进行充电的职场人的数字双双低于10%。

究其原因,一方面,北上广深以外城市的职场人对工作稳定的渴望要大大高于对工作挑战性的期待,"工作中学不到东西"远比"工作不稳定"可忍受;另一方面,这部分城市中关系和人情对择业起重要作用,职场人普遍认为择业空间小,跳槽或充电很难对工作境遇有根本改善。

"再出发"另一项重要的决定因素是职业的工作压力和行业发展前景。一些普遍被认为压力大、加班时间长的职业,如程序员、广告公司、会计/审计、销售,即使职场人本身"再出发"意愿平平,但也容易受大环境影响,萌生重新选择的冲动。另外,已进入"红海"期的行业也会因大环境不景气发生群起逃离效应。

此次报告的调研数据表明:在公认"压力山大"的行业中,因为工作压力而选择或打算选择"再出发"的销售人员只有11%,远远低于广告公司、程序员,原因是"销售在积攒经验、阅历、技巧等方面远超其他岗位,个人努力程度和上进心造就上升阶梯"。

数据显示,最希望通过"再出发"来实现转行的则是传统媒体及出版业。在新媒体、自媒体和电子阅读、网络书写风靡的今天,多数传统媒体及出版企业并未找到很好的应对良方,与网站相比,员工待遇也处于劣势。在无论个人收入还是行业前景都充满不确定因素的大背景下,78%的传统媒体人与出版人都希望抓住机遇转行发展。

摘录自 https://bg.qianzhan.com/report/detail/300/140417-6011986c.html

第一节 统计分析概述

数据收集整理之后,接下来就是对它们的分析,即统计分析或数据分析。统计分析是市场调研与预测的一个重要步骤。

统计分析分为描述性统计与推断性统计,并且按照一次分析涉及的变量数目可分为单变量分析和多变量(包括双变量)分析。根据调查内容、目的或取得的数据不同,调研分析人员必须了解到多方面的问题,才能选择适当的分析方法。例如,一次需要分析多少变量?需要进行描述性分析还是推断性分析?数据的性质是什么?以下我们将按单变量、双变量和多变量的顺序概述统计分析的基本概念和分析技巧。表9-1与表9-2根据不同的变量数目、性质,分别整理出适用于单变量或多变量的统计分析工具,调研分析人员可根据需求正确使用,以避免造成错误的决策。

表9-1 单变量统计分析汇总

数据性质	描述性统计		推断性统计	
	中心趋势	离散程度	单样本	多样本
类别型	众数	频率	卡方检验	卡方检验 McNemar Cochran Q
顺序型	中位数	四分位差	$K\text{-}S$ 检验	Mann-Whitney U 检验 Wilcoxon 方差分析
等差/等比型	平均值	标准差全距	区间估计 z 检验 t 检验	独立样本 t 检验 非独立样本 t 检验

资料来源:根据 Churchill 的研究整理

表9-2 多变量统计分析汇总

因变量数据性质	描述性统计				推断性统计
	自变量数据性质			互依分析	
	类别型	顺序型	等差/等比型		
类别型	权变系数	—	判别分析 罗吉斯回归分析	因子分析 聚类分析	卡方检验 McNemar Cochran Q

续表 9-2

因变量数据性质	描述性统计				推断性统计
	自变量数据性质			互依分析	
	类别型	顺序型	等差/等比型		
顺序型	—	Spearman 排序相关分析	—	排序 Kendall 系数	U 检验 $K\text{-}S$ 检验 Mann-Whitney U 检验 Wilcoxon 方差分析
等差/等比型	多元回归分析 结构方程 模型（SEM）	—	多元回归分析 结构方程 模型（SEM）	相关分析 因子分析 聚类分析	回归系数的 t 检验 双样本 t 检验 方差分析

资料来源：根据 Churchill 的研究整理

第二节 描述性统计

描述性统计是对数据进行归纳、整理以及描述的操作过程。主要目的在于了解某一变量的调查概况，让管理者对该变量有概括性的认识。例如，某一产品的消费者中，男女生的比例、平均消费金额、消费次数等都是决策者关心的部分。

一、描述统计

描述统计通常从三方面进行：中心趋势、离散趋势及形态量数。这些描述统计值除了可对变量进行描述外，也是作为其他统计分析的基础。

（一）中心趋势

1. 平均值

平均值也叫均值、平均数和算术平均数等，是将一组数据全部相加，再除以数据的个数得出的，就是将总和除以个数，反映数据的平均水平，受极端值的影响。

公式如下：

$$\bar{x} = \frac{\sum_{i=1}^{n} x_i}{n}$$

其中，n 为样本单位数（样本容量），x_i 为第 i 个样本观察值。如果描述的数据是总体（参数），我们通常以 μ 表示总体平均值；如果是样本平均值，我们通常以 $\bar{x}$ 表示。

2. 众数

众数，顾名思义就是一组数据中出现次数最多的数据，不受极端值的影响。众数、中位数与平均数均用于衡量母体的集中趋势。众数与中位数较少受极端值影响。不过，众数并非衡量集中趋势的好方法，因为当分配不规则或无显著的集中趋势，众数就无意义（可能会同时有好几个众数）；同时，如果数据组中不包含重复的数据点，也可能会没有众数。

3. 中位数

中位数是将一组数据按大小顺序排序（升序排序或降序排序）后，排列在最中间位置的数字，使数字个数分为两部分而且各占总数的1/2。如果将所有个数视为100%，累积的个数达50%的位置就是中位数。中位数与均值均用于衡量母体的集中趋势，但中位数不会受极端值影响，无论极端值如何变化，中位数均不变。

设一组数据为 $x_1, x_2, \cdots, x_n$，按大小顺序排序后为 $x_{(1)}, x_{(2)}, \cdots, x_{(n)}$，则中位数为：

$$\begin{cases} x_{\left(\frac{n+1}{2}\right)}, & \text{当 } n \text{ 为奇数} \\ \frac{1}{2}\left[x_{\left(\frac{n}{2}\right)} + x_{\left(\frac{n}{2}+1\right)}\right], & \text{当 } n \text{ 为偶数} \end{cases}$$

4. 分位数

中位数是从中间点将全部数据等分为两部分。与中位数类似的还有四分位数、十分位数与百分位数等。它们分别是用3个点、9个点和99个点将数据4等分、10等分和100等分后各分位点上的值。在此介绍四分位数，其余的分位数的算法以此类推。四分位数又分为上四分位数和下四分位数，是将一组数据按顺序排序（升序排序或降序排序）时，处于数据75%位置的数值（上四分位数）和数据25%位置的数值（下四分位数）。

（二）离散趋势

1. 方差

方差是一组数据的数值与其平均值的离差平方和的平均数，是用来衡量观测值与平均值之间的离散程度，其值越小表明总体的离散程度越小。

总体方差公式：

$$\sigma^2 = \frac{\sum_{i=1}^{n}(x_i - \overline{x})^2}{n}$$

样本方差公式：

$$s^2 = \frac{\sum_{i=1}^{n}(x_i - \overline{x})^2}{n-1}$$

值得注意的是，样本方差公式中，分母为 $n-1$。样本个数 n 越大，样本方差与总体方差会越趋近于相等。

2. 标准差

标准差是方差的算术平方根。将总体方差开根号，即可求得总体标准差。其公式为：

$$\sigma = \sqrt{\frac{\sum_{i=1}^{n}(x_i - \overline{x})^2}{n}}$$

样本标准差公式：

$$s = \sqrt{\frac{\sum_{i=1}^{n}(x_i - \overline{x})^2}{n-1}}$$

标准差与方差同样是用来衡量观测值与平均值之间的离散程度，其值越小表示数据集中程度越高。

3. 极差

极差又被称为全距，SPSS 中翻译为范围，是一组数据全部数值的变动范围，即所有数据中的最大值减去最小值（极差 = 最大值 - 最小值）。极差同样是一种离散量数，可用来表示群体中各数字的分散情形。

（三）形态量数

1. 偏度系数

偏度系数 SK 是测量数据分布的对称性的系数，也可以说是评估数据分布左右对称的程度。如图 9-1 所示，偏度系数有三种情况：当 $SK=0$，分布对称；当 $SK>0$，此分布为右偏或正偏分布，不对称的尾端向右延伸；当 $SK<0$，此分配为左偏或负偏分布，不对称的尾端向左延伸。

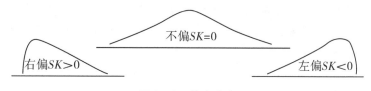

图 9-1 偏度分布

2. 峰度系数

峰度系数 K 是评估数据分布形状高低程度的系数。当 $K=0$，正态分布；$K>0$，尖峰分布，数据集中；$K<0$，扁平分布，数据分散。

二、描述统计操作步骤

在 SPSS 中，描述统计包括频率、描述、探索、交叉表格、比率、P-P 图和 Q-Q 图。基于内容的划分，本节主要讲述描述统计命令中的"描述"及"频率"命令，对其他内容有兴趣者，可自行阅读相关书籍。

（一）描述

【例 9-1】以"一周饮料花费.sav"为例，其中"饮料花费"是大学生一周的饮料花费，请对该变量进行适合的描述性统计分析。

(1) 选择"分析"—"描述统计"—"描述"，弹出"描述性"对话框，从左边的变量列表框中选择变量"饮料花费"，移到右边的"变量"列表框中，见图 9-2。

图 9-2 "描述性"对话框

(2) 单击右侧"选项"钮，弹出"描述：选项"对话框。用户可选取分析所需的统计量，本例选取"平均值""标准偏差""最大值""最小值""范围""峰度""偏度"，单击"继续"按钮，回到"描述性"对话框，单击"确定"按钮，即可得到结果，见图 9-3。

图9-3 "描述：选项"对话框

由表9-3可知，大学生每周的饮料花费平均值为83.22、标准差82.210、最大值500、最小值0、范围（全距）500。由其峰度11.629 > 0可知此分配为高狭峰，分布为尖峰集中；而其偏度2.931 > 0，可知此分配为右偏或正偏分配，分配集中在低数值方面，不对称的尾端向较大值方向（右）延伸。

表9-3 饮料花费描述统计

项目	数字	范围	最小值	最大值	平均值	标准偏差	偏 度		峰 度	
	统计	统计	统计	统计	统计	统计	统计	标准错误	统计	标准错误
饮料花费	200	500	0	500	83.22	82.210	2.931	0.172	11.629	0.342
有效的 n	200									

（二）频率

针对类别型的数据，如性别、宗教、是否有手机、手机品牌等资料，无法求算术平均数、标准差等描述统计量，必须求其频数或频率（频率 = 频数/总个数）来分析变量的取值状况以及分布特征。

> 【例9-2】以"拍卖网站.sav"为例，主要调查大学生是否曾使用过拍卖网站，以描述统计分析确认曾使用过拍卖网站的情况。"1"表示受访者曾使用过拍卖网站，"2"表示受访者没有使用过拍卖网站。

选择"分析"—"描述统计"—"频率"，弹出"频率"对话框，从左边的变量列表框中选择"用过否"变量，移入"变量"列表框里面，勾选"显示频率表格"，用户可根据分析所需，在对话框的右侧按钮进行设置，最后，单击"确定"，即完成频数分析，见图9-4。

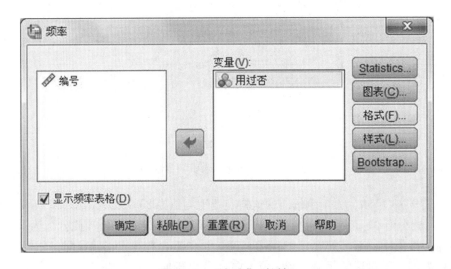

图9-4 "频率"对话框

"Statistics"：用户可选择所需的基本统计量，如均值、标准差、中位数和偏度峰度等。

"图表"：SPSS中提供的图标类型有条形图、饼图和直方图等，选择"图表"可以画出频率分布图。

"格式"：用于选择输出格式，常用的输出格式是按排序方式输出的四种方式。

结果分析：由表9-4可看出，大学生曾使用过拍卖网站者占44.6%，未曾使用过拍卖网站者占55.4%。

表9-4 频数分布

用过否		频率	百分比（%）	有效的百分比（%）	累计百分比（%）
有效	1. 有	70	44.6	44.6	44.6
	2. 没有	87	55.4	55.4	100.0
	合计	157	100.0	100.0	

第三节 推断性统计

在企业的营销活动中，仅仅对样本数据进行归纳、整理以及描述，得出样本的中心趋势和离散程度是远远不够的，企业更想知道整体在调查时的情况，并根据样本数据来推断总体特征。推断统计是在对样本数据进行描述的基础上，利用一定的方法根据样本统计量去估计和检验总体的参数特征的过程。

一、参数估计

（一）总体参数和样本统计量

总体是包含所研究的全部个体（数据）的集合。总体参数是用来描述总体特征的概括性的数字度量，具有相对稳定性、概括性等特征。有总体平均数（μ）、总体标准差（σ）、总体比例（π）等。由于总体数据未知，总体参数一般为未知的常数，需要我们统计推断得出。

样本是总体的一个子集。在调研过程中，由于研究技术和经费等限制，我们不可能对所有的总体进行调查，只能通过抽样的方式从总体中抽取一部分个体进行调查和分析。样本统计量是用来描述样本特征的概括性的数字度量，有样本平均数（$\bar{x}$）、样本标准差（s）、样本比例（p）等。图9-5为总体参数和样本统计量的关系图。

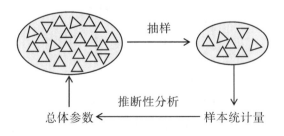

图9-5 总体参数和样本统计量关系

(二) 估计量和估计值

现实情况往往无法也没必要对总体进行全面的调查,因此需要对总体进行抽样调查,根据样本信息来推断总体的特征。参数估计就是用样本统计量去估计总体参数的统计方法。在参数估计中,用来估计总体参数的统计量被称为估计量,样本平均数 ($\bar{x}$)、样本标准差 (s)、样本比例 (p) 等都可以是一个估计量,而根据一个具体的样本计算出来的估计量的数值被称为估计值。

(三) 点估计和区间估计

参数估计有点估计和区间估计两种。

1. 点估计

点估计是用样本统计量的某个取值直接作为总体参数的估计值。例如,用样本均值直接作为总体均值的估计值。

这种估计方法比较简单,只要样本有足够的代表性,点估计也有可能做出比较接近实际的总体参数的估计值。但是,由于点估计不考虑抽样平均误差,所以无法确知估计的准确程度有多大。因此,参数估计不能依赖于一个点估计,而应该围绕点估计值构造估计总体参数的一个区间范围。

2. 区间估计

区间估计是指在一定的把握程度下,根据样本统计值和抽样平均误差,对总体参数值落入的区间范围做出的估计。其中,把握程度被称为置信水平,区间范围被称为置信区间。区间范围通常由样本统计量加减估计误差得到。图 9-6 为区间估计的示意图。

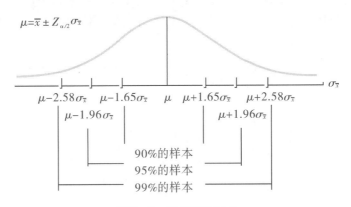

图 9-6 区间估计示意

(四)置信区间和置信水平

1. 置信区间

置信区间即是由样本统计量与平均误差所构造的估计区间,其中区间的最小值被称为置信下限,最大值被称为置信上限。

2. 置信水平

置信水平也被称为置信度或置信系数,为 $1-\alpha$,是指置信区间中包含总体参数真值的次数所占的比例。例如,由 100 个样本构造的总体参数的 100 个置信区间,有 95% 的区间包含总体参数的真值,而有 5% 的区间没有,95% 则可以被称为置信水平。图 9-7 为置信区间示意图。

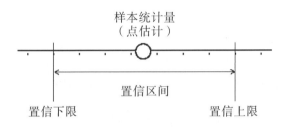

图 9-7 置信区间示意

3. 显著水平

显著水平 α 表示拒绝域在整个抽样分布的比例,即样本的统计值落在拒绝域的机会,也被称为显著度。一般社会学研究中采用的显著水平是 0.1、0.05 或 0.01,对应的置信水平是 90%、95% 或 99%。

二、假设检验

参数估计和假设检验是统计推断的两个组成部分,他们都是利用样本对总体进行某种推断,但推断的角度不同。参数估计讨论的是样本统计量估计总体参数,而假设检验则是利用样本信息去检验这个假设是否成立。

先对总体提出假设,然后根据样本的统计,利用显著水平 α 与 p 值的比较对假设的正确性进行判断,决定是否拒绝这一假设。

(一)假设检验的基本原理

(1)假设检验的基本原理:小概率事件在一次观察中不可能出现。

(2)假设检验的实质:实质是检验我们需要的总体参数。

(3)假设检验的意义:利用所抽取的样本资料采用一定的统计方法计算出检验的统计量,依据小概率事件原则,以显著水平 α(一般为 0.05)来判断样本统计量与总体参数是否存在显著差异,是否应当接受原假设选择的一种检验方法。换句话说，假定样本统计量与总体参数存在显著差异是小概率事件，一次取样发生的可能性不大。如果一次取样，这个小概率事件发生了，则我们有理由认为样本统计量不是总体参数，此时，拒绝原假设，接受备择假设。

（二）原假设与备择假设

如表9-5所示，假设检验中都有两个假设：一是原假设，二是备择假设。

1. 原假设

原假设也被称为零假设或虚无假设，通常以 H_0 表示。如果 H_0 被接受，表示样本统计值与总体参数之间没有显著差异。它们之间的差异纯属偶然，是随机误差所致的。

原假设的一般的表达式为：

$$H_0: \mu_0 = \mu$$

2. 备择假设

备择假设也被称为研究假设，通常以 H_1 表示。如果 H_1 被接受，表示样本统计值与总体参数之间有显著差异，具有统计意义，不能用随机误差解释。

备择假设的一般的表达式为：

$$H_1: \mu_0 \neq \mu$$

（三）两类错误

如表9-5所示，假设检验中容易犯两种类型的错误：第一类错误叫"弃真"，一般记为 α；第二类错误叫"取伪"，一般记为 β。弃真的意义是"原假设是正确，却被当成错误的拒绝了"；而取伪的意义则是"原假设是错误的，却被当成正确的接受了"。

表9-5 两类错误

原假设	不拒绝 H_0	拒绝 H_0
H_0 正确	正确（$1-\alpha$）	第一类错误（α）
H_0 错误	第二类错误（β）	正确（$1-\beta$）

（四）假设检验的流程

假设检验一般有四个步骤。

（1）建立假设：建立原假设 H_0 和备择假设 H_1。

（2）确认统计量：选择适当的统计量并计算检验统计值。

（3）确认临界值：根据设定的显著水平，确认拒绝域的临界值（单侧检验或双侧检验）。

(4) 进行比较：比较检验统计值与临界值，得出结论并做出决策。

（五）p 值

p 值的英文原意为 statistical significance，就是当原假设为真时所得到的样本观察结果或更极端结果出现的概率。如果 p 值很小，说明原假设情况的发生的概率很小，而如果出现了，根据小概率原理，我们就有理由拒绝原假设，p 值越小表示结果越显著。一般进行假设检验时，研究人员会将 p 值与显著水平 α 进行比较。

假设显著水平为 0.05，分别进行单侧检验和双侧检验。

(1) 单侧检验：若 $p<0.05$，则拒绝原假设；若 $p>0.05$，不拒绝原假设。
(2) 双侧检验：若 $p<0.025$，则拒绝原假设；若 $p>0.025$，不拒绝原假设。

第四节 均值比较及检验

由于总体数据无法全部收集或收集总体数据需要花费大量人力、物力和财力，在统计分析中，人们常采用抽样研究的方法进行分析，即从总体中随机抽取一定数量的样本来推断总体的特征。但是，由于总体中每个个体之间存在差异，即使我们严格遵守随机抽样的原则进行抽样，也会由于抽取的个体的数值较大或者较小的数量偏多致使样本统计量和总体参数之间有所不同，又由于测量技术或者仪器精确程度的差别等问题造成系统误差。由此可知，均值不相等的两个样本未必来自均值不同的总体。我们能否用样本均值估计总体均值？两个均值接近的样本是否来自均值相同的总体？样本均值能否反映总体之间存在的差异？我们要解决这些问题就需要进行均值比较和检验。以下将针对均值检验部分进行简要说明，并提供 SPSS 的操作步骤及结果解读。

一、单个总体均值检验

（一）基本概念

单个总体均值检验用于检验单个变量的均值与给定的常数（指定的检验值）之间是否存在显著差异，亦即样本均值与总体均值差异的显著性检验。

1. 前提
样本来自的总体应服从和近似服从正态分布，且只涉及一个总体。

2. 目的
利用样本的数据来推断总体的均值，或检验单个变量（样本）的均值与假设检验值（给定的常数，给定的总体均值）之间是否存在差异，即样本均值与总体均值是否相等。

3. 思路
提出假设—计算检验统计量及 p 值—给出显著性水平 α—做出决策。

4. 检验统计量

(1) 大样本，σ^2 已知，则

$$z = \frac{\bar{x} - \mu_0}{\sigma/\sqrt{n}}$$

(2) 小样本，σ^2 未知，则

$$t_{(n-1)} = \frac{\bar{x} - \mu_0}{s/\sqrt{n}}$$

其中，$\bar{x}$ 为样本均值，μ_0 为总体参数，σ 为总体标准差，s 为样本标准差，n 为样本数。

（二）SPSS 的操作步骤

【例 9-3】要检验某地区的成年男性的平均身高与全国平均身高（173 cm）是否存在显著差异，可用该地区的 20 位成年男性的身高均值（身高 .sav）与全国平均身高进行比较，考察这 20 位成年男性的身高均值是否与全国平均身高存在显著差异。

1. 提出假设

μ_0 为总体参数，μ 为检验的参数。

$$H_0: \mu = \mu_0$$
$$H_1: \mu \neq \mu_0$$

2. 单样本 t 检验

如图 9-8 所示，选择菜单中的"分析"—"比较平均值"命令—"单样本 t 检验"，弹出"单样本 t 检验"对话框。由左边列表框中选择需要检验的变量（如"身高"），移到"检验变量"列表框中，并在"检验值"中输入总体参数值，单击"确定"按钮，完成单样本 t 检验。

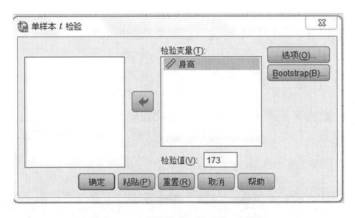

图 9-8 "单样本 t 检验"对话框

"选项":用于选择置信区间和缺失值的处理方式(见图9-9)。

图9-9 "单样本t检验:选项"对话框

"Bootstrap":在原始数据范围内做有放回的抽样。

(三)SPSS分析结果

由表9-6可知,该样本共20位成年人,均值为173.3,标准差为6.48967。

表9-6 单个样本统计量

项目	n	均值	标准差	均值的标准误
身高	20	173.3000	6.48967	1.45113

由表9-7可知,检验统计量$t=0.207$,$p=0.838$,大于0.05,不拒绝H_0,表示该地区的平均身高与全国的平均身高173 cm无显著差异。

表9-7 单个样本检验

项目	检验值为173					
	t	df(自由度)	p(双侧)	均值差值	差分的95%置信区间	
					下限	上限
身高	0.207	19	0.838	0.30000	-2.7373	3.3373

二、两个总体均值差检验

(一)独立样本

所谓独立样本就是所有的观察值都独立的样本,亦即在两组样本中,一组样本中的成员变动时或者无论如何选择该组中的成员,对另一组样本都不会造成影响。

1. 基本概念

(1) 前提:来自两个总体的样本应服从或近似服从正态分布,两个样本相互独立。

(2) 目的:利用来自两个总体的独立样本,推断两个总体的均值是否存在显著差异。

(3) 思路:提出假设—计算检验统计量及 p 值—给出显著性水平 α—做出决策。

(4) 检验统计量。

a. 大样本,σ_1^2,σ_2^2 已知,

$$z = \frac{(\bar{x}_1 - \bar{x}_2) - (\mu_1 - \mu_2)}{\sqrt{\dfrac{\sigma_1^2}{n_1} + \dfrac{1}{n^2}}}$$

b. 小样本,σ_1^2,σ_2^2 未知(假设 $\sigma_1^2 = \sigma_2^2$),

$$t_{(n_1 + n_2 - 2)} = \frac{(\bar{x}_1 - \bar{x}_2) - (\mu_1 - \mu_2)}{S_p \sqrt{\dfrac{1}{n_1} + \dfrac{1}{n_2}}}$$

其中,

$$S_p^2 = \frac{(n_1 - 1)S_1^2 + (n_2 - 1)S_2^2}{n_1 + n_2 - 2}$$

c. 小样本,σ_1^2,σ_2^2 未知(假设 $\sigma_1^2 \neq \sigma_2^2$),

$$t_{(df)} = \frac{(\bar{x}_1 - \bar{x}_2) - (\mu_1 - \mu_2)}{\sqrt{\dfrac{S_1^2}{n_1} + \dfrac{S_2^2}{n_2}}}$$

其中,

$$df = \frac{\left(\dfrac{S_1^2}{n_1} + \dfrac{S_2^2}{n_2}\right)^2}{\dfrac{\left(\dfrac{S_1^2}{n_1}\right)^2}{n_1 - 1} + \dfrac{\left(\dfrac{S_2^2}{n_2}\right)^2}{n_2 - 1}}$$

2. SPSS 的操作步骤

> 【例 9-4】某学院想检验不同性别的学生的学习成绩是否有显著差异,请以"性别和成绩.sav"检验学习成绩与性别是否有关。

(1) 提出假设。

μ_1 为男生的总体均值，μ_2 为女生的总体均值。

$$H_0: \mu_1 = \mu_2$$
$$H_1: \mu_1 \neq \mu_2$$

(2) 进行独立样本 t 检验。

a. 选择菜单中的"分析"—"比较平均值"—"独立样本 t 检验"，弹出"独立样本 t 检验"对话框。由左边列表框中选择需要进行均值比较的变量（如"得分"），将变量移到"检验变量"列表框中，同时将分组变量（如"性别"）移到"分组变量"中，见图 9 – 10。

图 9 – 10　"独立样本 t 检验"对话框

b. 单击"定义组"按键，出现"定义组"对话框，将两组样本分别设置好在系统中的代码（例如，组 1 设置为"1"，代表男生；组 2 设置为"2"，代表女生），点击"继续"，见图 9 – 11，单击"确定"按钮，完成独立样本 t 检验。

图 9 – 11　"定义组"对话框

"选项"：用于选择置信区间和缺失值的处理方式，见图 9 – 12。

图 9-12 "独立样本 t 检验：选项"对话框

3. SPSS 分析结果

由表 9-8 可知，男、女生的样本数各为 7，均值为 82.714 3 与 76.857 1，而男生的分数离散情况高于女生。

表 9-8 组统计量

项 目	性 别	n	均 值	标准差	均值的标准误
得分	男	7	82.714 3	3.147 18	1.189 52
	女	7	76.857 1	2.544 84	0.961 86

表 9-9 给出了关于方差齐性的 Levene 检验结果，由 $p=0.445$，大于 0.05，假设方差相等成立。因此，需参照第一行的 t 检验结果。第一行 t 检验的 p（双侧）= 0.002，小于 0.05，拒绝 H_0，即在 0.05 的显著性水平上，认为男女生的学业成绩有显著的差异，亦即学习成绩与性别有关。

表 9-9 独立样本检验

项 目		方差方程的 Levene 检验		均值方程的 t 检验						
		F	p	t	df	p（双侧）	均值差值	标准误差值	差分的 95% 置信区间	
									下限	上限
得分	假设方差相等	0.622	0.445	3.829	12	0.002	5.857 14	1.529 75	2.524 10	9.190 18
	假设方差不相等			3.829	11.496	0.003	5.857 14	1.529 75	2.507 84	9.206 45

(二) 相关样本

1. 基本概念

相关样本又被称为配对样本。配对样本有两种情况：一种是只有一个样本，但是样本中的每一个个体都被研究了两次，一般是试验的前后对比；另一种是来源相同、性质相同的两个个体配成一对，如医学实验中，常常将两个来源相同、性质相同的白老鼠随机地实施不同处理，再根据所得的实验数据检验两种处理方法的效果。

（1）前提：来自的两个总体应服从或近似服从正态分布，两样本必须是配对的（两样本的观察值数目相同；两样本的观察值的顺序不随意更改）。

（2）目的：利用来自两个总体的配对样本推断两个总体的均值是否存在显著差异。

（3）思路：将两两配对样本做差值，转化为单样本 t 检验，最后转化为差值的总体均值是否与 0 有显著差异做检验。

（4）检验统计量：

$$t = \frac{\overline{x}_d - (\mu_1 - \mu_2)}{\sqrt{\frac{S_d^2}{n}}}$$

其中，$\overline{x}_d$ 为样本差值的均值，即两两样本相减得出的值再取均值；$\mu_1 - \mu_2$ 为两总体均值的差值；S_d^2 为样本差值的方差。

2. SPSS 的操作步骤

> 【例 9-5】某机构想要对比喝减肥药后的体重与喝减肥药前的体重，今取得"减肥成效.sav"数据，请检验确定某减肥药是否有效。

（1）提出假设。μ_1 为喝减肥药前的体重，μ_2 为喝减肥药后的体重。

$$H_0: \mu_1 - \mu_2 \leq 0$$
$$H_1: \mu_1 - \mu_2 > 0$$

（2）进行配对样本 t 检验。如图 9-13 所示，选择菜单中的"分析"—"比较平均值"—"配对样本 t 检验"，弹出"配对样本 t 检验"对话框。由左边列表框中选择需要进行均值比较的变量（如"喝前体重"或"喝后体重"），移到"成对变量"列表框中，单击"确定"按钮，完成配对样本 t 检验。

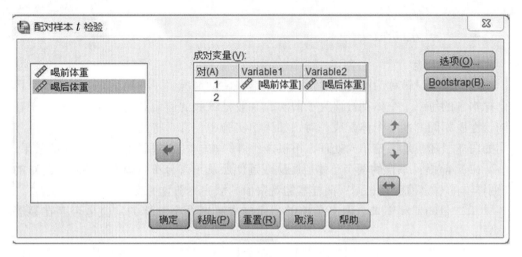

图 9–13 "配对样本 t 检验"对话框

"成对变量":在此框中,变量总是成对出现的,即需要选择两个变量才能分析。本例因要对比喝减肥药前的体重和喝减肥药后的体重,所以成对变量为喝减肥药前的体重和喝减肥药后的体重。

"选项":用于选择置信区间和缺失值的处理方式,如图 9–14 所示。

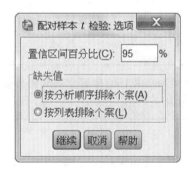

图 9–14 "配对样本 t 检验:选项"对话框

3. SPSS 分析结果

由表 9–10 可知,喝减肥药前后的体重均值分别为 58.42 与 49.42,而且共有 12 个配对样本。

表 9 - 10　成对样本统计量

项　目		均　　值	n	标准差	均值的标准误
对 1	喝前体重	58.42	12	9.298	2.684
	喝后体重	49.42	12	4.981	1.438

表 9 - 11 为样本差值与总体均值差值的比较，由表可知 $p = 0.002$，小于 0.05，拒绝 H_0，表示喝减肥药前后的体重有显著的变化，即该减肥药有效。

表 9 - 11　成对样本检验

项　目	配对差值					t	df	p（双侧）
	均值	标准差	均值的标准误	差值的95%置信区间				
				下限	上限			
对 1　喝前体重 - 喝后体重	9.000	7.544	2.178	4.207	13.793	4.133	11	0.002

三、单因素方差分析

（一）基本概念

在市场调研中常常需要考虑哪些因素会造成消费者行为上的差异，方差分析便是解决此问题常用的方法之一。方差分析是分析或检验因变量、各组的均值是否有差异，而不是字面上的检验方差是否有差异。单因素方差分析也被称为一维方差分析，用于两个或两个以上的样本均值差异的显著性检验。

（1）前提：单因素方差分析对变量的要求为自变量是分类变量和顺序变量；而因变量是数值型变量，且属于随机样本，样本服从正态分布，样本方差相等。

（2）目的：检验两个或两个以上的样本均值的差异，从而推断两个总体的均值是否存在显著差异。

（3）检验统计量：

$$F = \frac{SSA/(k-1)}{SSE/(n-k)} = \frac{MSA}{MSE}$$

其中，SSA 为组间平方和；SSE 为组内平方和；MSA 为 SSA 的均方，也被称为组间均方或组间方差；MSE 为 SSE 的均方，也被称为组内均方或组内方差；$k-1$ 为组间方差的自由度；$n-k$ 为组内方差的自由度。

(二) SPSS 的操作步骤

> 【例 9-6】某企业想研究不同岗位状况的员工的幸福状况评分(幸福状况评分. sav)是否有显著差异,请以方差分析进行员工幸福状况检验。

1. 提出假设

H_0:不同岗位状况员工在幸福状况评分上不存在显著差异。

H_1:不同岗位状况员工在幸福状况评分上存在显著差异。

2. 进行单因素方差分析

如图 9-15 所示,选择菜单中的"分析"—"比较平均值"—"单因素 ANOVA",弹出"单因素方差分析"对话框。由左边列表框中选择需要进行均值比较的变量(如"幸福状况评分"与"岗位状况"),分别移到"因变量列表"列表框与"因子"列表框中。另外,用户可根据分析所需,在对话框右侧按钮进行设置。最后,单击"确定",即可得出"单因素 ANOVA"结果。

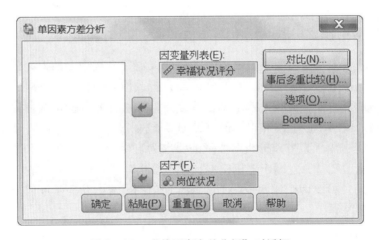

图 9-15 "单因素方差分析"对话框

"对比":比较和分析均值的特征,一元方差分析一般不用此功能。

"事后多重比较":单击后出现"单因素 ANOVA:事后多重比较"对话框(见图 9-16)。当不同分组均值存在显著差异,可进一步使用此选项进行事后多重比较,确定控制变量的不同水平对观察变量的影响程度如何,哪个水平显著,哪个不显著。常用的方法有 LSD、S-N-K 等。

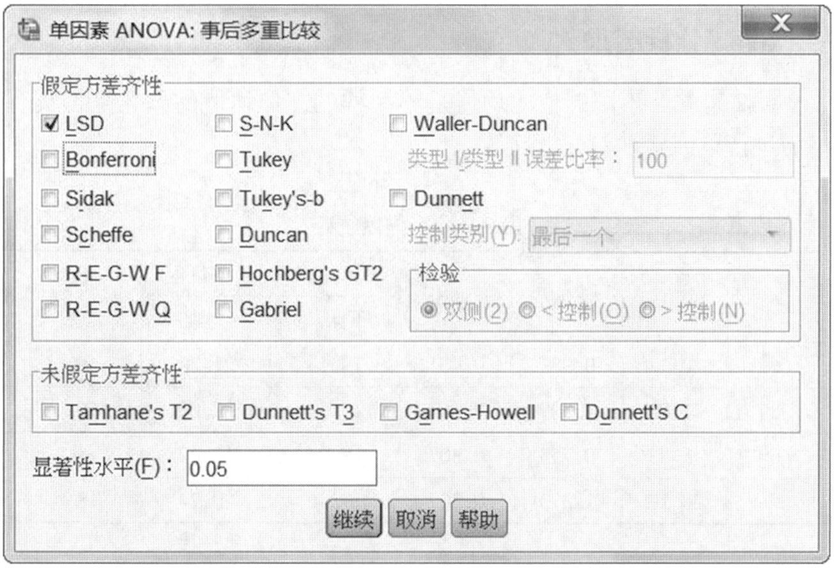

图 9-16 "单因素 ANOVA：事后多重比较"对话框

"选项"：单击后出现"单因素 ANOVA：选项"对话框（见图 9-17）。用户可选择需要的统计量、平均值图及缺失值的处理方式。

图 9-17 "单因素 ANOVA：选项"对话框

(三) SPSS 分析结果

由表 9-12 可知,不同岗位的均值是不一样的,但均值的差异是否具有统计学意义,仍需进行单因素方差分析确认。

表 9-12 描述统计

岗位	n	均值	标准差	标准误	平均值95%置信区间		最小值	最大值
					下限值	上限		
工人	6	20.17	0.983	0.401	19.13	21.20	19	21
干部	8	21.00	1.309	0.463	19.91	22.09	19	23
临时工	6	18.83	0.753	0.307	18.04	19.62	18	20
总数	20	20.10	1.373	0.307	19.46	20.74	18	23

由表 9-13 可知,方差同质性检验 $p=0.381$,大于 0.05,不拒绝 H_0,表示不同总体的方差相等,符合方差分析假设。

表 9-13 方差同质性检验

Levene 统计	df_1	df_2	p
1.023	2	17	0.381

由表 9-14 可知,工人、干部和临时工在幸福状况上差异的显著性是 0.005,小于 0.05,拒绝 H_0,说明工人、干部和临时工在幸福状况评分上存在显著差异。然而,均值不能判断存在怎样的差异,因此,需由事后多重比较进行确认。

表 9-14 ANOVA

误差来源	平方和	df	均方	F	显著性
组间	16.117	2	8.058	7.274	0.005
组内	18.833	17	1.108		
总数	34.950	19			

由表 9-15 可知,只有工人和干部不存在显著性差异(显著性大于 0.05),工人和临时工及干部和临时工均存在显著性差异(显著性小于 0.05),可以说明干部与工人的幸福状况评分都显著地高于临时工。

表 9－15　事后多重比较（LSD）

岗位状况（I）	岗位状况（J）	平均差（I－J）	标准误	显著性	95%置信区间	
					下限	上限
工人	干部	－0.833	0.581	0.170	－2.06	0.39
	临时工	1.333*	0.621	0.046	0.02	2.64
干部	工人	0.833	0.581	0.170	－0.39	2.06
	临时工	2.167*	0.581	0.002	0.94	3.39
临时工	工人	－1.333*	0.621	0.046	－2.64	－0.02
	干部	－2.167*	0.581	0.002	－3.39	－0.94

注："*"表示均值差的显著性水平为0.05

由图 9－18 同样可看出，工人与干部的幸福状况评分均值显著地高于临时工。

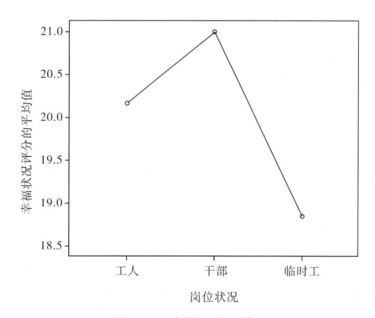

图 9－18　幸福状况评分情况

本 章 小 结

本章主要介绍基本的统计分析方法及 SPSS 操作。统计分析分为描述性统计与推断性统计。描述性统计通常从三方面进行：中心趋势、离散趋势及形态量数。描述性统计除了可对变量进行描述外，也是其他统计分析的基础。推断性统计是在对样本数据进行描述的基础上，利用一定的方法根据样本统计量去估计和检验总体的参数特征的过程。最后，介绍均值比较和检验的基本概念，以及 SPSS 操作方法。

复习思考题

1. 说明中心趋势、离散趋势及形态量数的意义。
2. 说明描述性统计及推断性统计的意义及生活上的应用实例。
3. 说明两个总体均值差检验的意义及使用时机。
4. 说明方差分析的意义及使用时机。

课后案例

展望2018：共享经济全球领跑 人工智能弯道超车

刚刚过去的 2017 年，中国互联网追风踏浪，勇立潮头，捷报频传。高铁、支付宝、共享单车、网购成为外国人眼中的中国"新四大发明"，人工智能异军突起，物联网、大数据、虚拟现实技术与实体经济进一步融合。新兴产业蓬勃发展，传统行业迎来变革之机。海外网邀请几位专家对这一系列热点话题进行解读，展望 2018 年的中国互联网。我们有理由相信：2018 年的中国互联网将再谱新篇，续写华章！

一、共享经济全球领跑

不知不觉间，共享经济已经成为中国人日常生活的一部分：共享出行、共享充电宝、共享房屋……值得一提的是，共享单车服务发轫于中国，是完全意义上的"中国式创新"，无论是设计水准还是制造工艺，都是"中国创造""中国智造"的典型代表。

中国社科院财经战略研究院互联网经济研究室主任李勇坚表示，共享经济在中国高速发展，不但经济规模持续扩大，而且各类创新商业模式层出不穷。交通出行领域，共享经济参与者持续增长，其中共享单车用户增长最快；住宿领域的共享经济也快速发展，2017 年中国共享住宿市场交易规模预计可达 125.2 亿元，相比 2016 年交易额增长 42.6%。此外，共享汽车也开始进入快速发展期。北京、上海、广州、重庆等地开始出现多家共享汽车平台，EVCARD（汽车租赁）用户数超过 75万。2017 年 9 月，北京市石景山区提出打造全市首个共享汽车示范运营区。

李勇坚说："我国共享经济在吸收国外先进商业模式的基础上，向海外扩张，形成了国际影响力。自 2015 年以来，ofo 小黄车、摩拜等多家共享单车企业布局海外市场。共享单车已经成为中国的一张新名片。"

二、人工智能弯道超车

打开手机语音，可以与手机机器人对话；打开输入法，可以将语音转换为文字；打开电子地图，可以得到道路实时路况和最佳出行方案……人工智能从每一个微小的方面改变着人们的生活。艾媒咨询数据显示，2016 年中国人工智能产业规模增长率达到43.3%，突破100亿元，预计2017年达到152.1亿元，并于2019年增长至344.3亿元。

北京大学"机器感知与智能"教育部重点实验室吴建龙博士认为，中国在人工智能领域已经取得阶段性成功。他指出，中国在部分人工智能领域已经取得了重大突破。以计算机视觉为例，例如人脸识别、物体检测与分割以及场景分类等。随着深度学习的发展，现有的技术方法在以上相关任务上已经取得了非常优异的成绩。例如，在标准人脸识别数据集LFW（自然场景下标注的人脸数据库）上的识别准确率已高达99.8%；另外在阿里巴巴举办的天池AI（人工智能）医疗大赛中，对肺部3毫米及以上的微小结节的检测准确率超过95%。未来人工智能主要将在无人驾驶、智慧城市、医学图像以及语音识别四个方向进行深入拓展。我们有理由相信，在不久的将来，中国有望在人工智能方面"弯道超车"。

三、大数据向纵深发展

根据工业和信息化部信息通信研究院《2017年中国大数据发展调查报告》预测，2017—2020年中国大数据市场增速将保持30%以上。但实际上，一些业内人士认为，2017年的中国大数据行业发展速度已超过预期。以百分点公司为例，2017年百分点市场营收实现了3倍的增长，其大数据整体解决方案在国内的公共事务、金融、媒体出版、智能制造、零售快消等领域得到了广泛的采用。再以制造业为例，2017年已经将大数据应用到研发设计、生产制造、市场营销、售后服务等多个环节。

对未来大数据行业的发展，百分点信息科技有限公司董事长兼首席执行官、原北京大学光华管理学院博士研究生导师苏萌很有信心。他说："中国大数据行业的发展离不开政策的支持。百分点公司抓住'一带一路'沿线国家数字化建设的市场机会率先出海，成为中国首家走向海外市场的大数据公司。此外，习近平总书记在党的十九大报告中多次提及大数据，这让我对未来行业的发展更加有信心。"

四、虚拟现实变革产业

2015年以来，随着消费新科技产品的不断推出，VR（虚拟现实）产业成为热点。2017年被称为"VR产业元年"。智能手机、移动客户端、移动互联网与虚拟产品相融合，不仅为人们的生活带来了翻天覆地的变化，也进一步变革了传统产业，催生了大量新兴行业。

工业和信息化部电子信息司副司长乔跃山在前不久召开的国际虚拟现实创新大会上表示，发展虚拟现实产业可以促进融合创新。以虚拟现实为产业抓手，能够推动不同领域的跨界融合，进而定义新标准与新技术，乃至裂变出颠覆式的新产品和新市场。虚拟现实业务形态丰富、产业潜力大、社会效益强，VR应用正在加速向生产与生活领域渗透。

五、移动支付走向海外

2017年5月，北京外国语大学丝绸之路研究院采访了"一带一路"沿线20国的青年。采访发现,让他们惊讶、艳羡、直呼想带回自己国家的,首先便是移动支付。"印度版支付宝""泰国版阿里巴巴"等现象表明,中国的移动支付技术正走向海外并实现本土化,为当地带来深远影响。

中国互联网经济研究院副院长欧阳日辉教授认为,中国互联网金融发展在全球处于领先地位,是中国数字经济的主要成就之一。移动支付是中国最成熟的互联网金融模式,在城市得到充分发展以后,正在向农村市场下沉并向海外市场拓展。

欧阳日辉认为,在未来,从空间上看,中国移动支付机构要做好英美等发达国家市场的开拓,同时做好"一带一路"沿线国家的市场拓展;从合作对象来看,重点做好我国出境游客量比较大的地区的商家合作,先满足我国游客的需求,进而带动所在国消费者的支付变化;最后,一定要深入研究进入国家和地区的法律法规、习俗和传统,以开放和合作方式逐步扩大市场,特别注意海外的信息隐私和反垄断问题。

六、物联网享智慧生活

物联网时代下,中国的物联网产业已经进入快车道。2017 年,中国物联网行业井喷式发展。正如中关村物联网产业联盟秘书长兼创新中心主任王正伟所言:"如果说 2016 年是物联网的新元年,那么 2017 年无疑是中国物联网的爆发之年。"

王正伟认为,2017 年我国物联网加速进入"跨界融合、集成创新和规模化发展"的新阶段,智能可穿戴设备、智能家电、智能网联汽车、智能机器人等数以万亿计的新设备竞相接入网络,形成海量数据,带来应用的爆发性增长。首先,NB-IOT(基于蜂窝网络的窄带物联网)技术引爆了物联网市场。华为公司率先提出的 NB-IOT 核心协议标准,在 3GPP(第三代合作伙伴计划,是一个成立于 1998 年 12 月的标准化机构)获得通过,从而引爆了物联网的热点。其次,2017 年三大电信运营商开足马力,强势介入,齐齐杀向物联网的新蓝海,全面激活了中国物联网市场。同时,工信部印发《关于全面推进移动物联网(NB-IOT)建设发展的通知》,明确加快推进移动物联网部署,到 2017 年年末,实现 NB-IOT 网络覆盖直辖市、省会城市等主要城市,基站规模达到 40 万个。

王正伟表示,物联网的大发展不仅将进一步便利人们的生活,同时还将推动其他技术取得突破,促进各行各业的发展。他说:"物联网万亿级的垂直行业市场正在不断兴起,将推进供给侧结构性改革不断深入;车联网、健康、家居、智能硬件、可穿戴设备等消费市场需求更加活跃,将驱动物联网和其他前沿技术不断融合;人工智能、虚拟现实、自动驾驶、智能机器人等技术也将不断取得新突破。"

摘录自 http://finance.eastmoney.com/news/1344,20180101817754271.html?qrqm=cjdd

第十章 市场预测技术

导入案例

防火墙/VPN 市场潜力分析

前瞻产业研究院分析：随着防火墙/VPN 市场渐趋饱和，未来其市场增长速度将有所放慢。根据《2006—2015 年防火墙/VPN 市场规模变化》，利用回归预测预计 2016—2021 年防火墙/VPN 市场年均增长率将在 7% 左右，至 2021 年，其市场规模将接近 100 亿元。

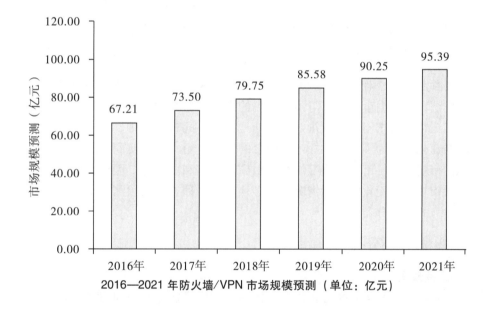

2016—2021 年防火墙/VPN 市场规模预测（单位：亿元）

从趋势来看，未来防火墙/VPN 产品将朝着更安全和更快速的方向发展，而一个好的安全架构和处理架构是保证这两者的重要前提。不难看到，在企业 2.0 时代中，应用层威胁正在日益加剧，它不仅成为罪犯突破企业网络的切入点，还成为员工出现泄密等安全事件的优良载体，防御企业网络应用安全正在成为企业信息管理部门日益关注的话题，而防火墙的地位也正在凸显。

摘录自 https：//bg.qianzhan.com/report/detail/459/160801-18c3b4b0.html

第一节 预测概述

一、预测的定义

市场预测是市场调研的延伸,是对企业未来的营销条件与营销状况的预测和推测。从市场的角度看,所谓市场预测,是指运用科学的方法,对影响市场供求变化的诸多因素进行调研,分析和预见研究对象的未来状态和发展趋势,掌握市场供求变化的规律,为经营决策提供可靠的依据。通俗来说,预测就是通过对过去和现在的状况进行研究来预计和推断未来的。市场预测与企业的生产经营活动密切相关,对市场营销有至关重要的作用,能帮助企业分析和预见未来状态和发展趋势;同时,预测能帮助企业科学地确定营销目标和制定市场营销发展战略,进而更好地适应市场变化,提高企业竞争力等。总的来说,企业最主要的预测结果就是要有效地预测市场需求量,便于决策者制定最适合的营销策略,创造更好的业绩,让企业得以永续生存。

二、市场预测的种类

市场预测的方法有很多,对于决策者或调研人员来说,究竟选择何种类型的市场预测方法,应根据市场调查与预测的目的而定。随着国民经济的发展和社会购买力的提高,市场需求不仅在数量上是不断增长的,同时在品种、花色、式样等方面也是不断变化的,为了充分发挥市场信息的反馈作用,从而使商业经营活动适应千变万化的市场需要,市场预测工作必须做到经常化和多样化。因此,要使市场预测及时反映市场发展变化的实际情况,就必须进行多种类型的预测。市场预测种类可以按两种方式进行分类。

(一)按性质分类

1. 定性预测

定性预测又被称为判断分析法,是指预测者依靠熟悉业务知识或者根据已掌握的历史资料和直观材料,运用个人的经验和分析判断能力,对事物的未来发展做出性质和程度上的判断,再通过一定形式综合各方面的意见,对企业的未来发展状况和趋势做出判断与推测,着重对事物发展的趋势、方向和重大转折点进行预测。定性预测经常采用的方法有德尔菲法(专家调查法)、主观概率法等。

2. 定量预测

定量预测是指以收集到的数据资料为依据,运用数学模型和计量方法,对企业未来的发展趋势进行数量方面的估计与推测。由于是以客观的实际数据作为预测的依据,利用现代化的计算方法来进行大量的计算工作和数据处理,求出适应工程进展的最佳数据曲线,受主观因素的影响较少;因此,目前企业较常使用定量预测方法。常用的定量预测的方法主要包括回归分析和时间序列两大类，下两节将分别针对这两种方法进行说明。

（二）按经营管理的需要分类

1. 商品层次

在市场需求复杂多变，顾客对商品的需求范围越来越广泛等因素的影响下，企业将市场预测落实到商品的需求进行预测。因此，按顾客需求的商品范围划分，市场预测分为单项商品预测、同类商品预测、消费对象的商品预测和商品总量预测等。

2. 空间层次

市场预测的空间层次，即预测商品需求的地区范围。按空间层次来分，市场预测可分为全国性市场预测、地区性市场预测、当地市场预测以及行业或企业市场占有率预测。

3. 时间层次

进行市场预测所得出的市场需求量必定属于一定时间内某地区对某商品的需求量，如果没有时间限制，这种市场预测就会失去它的意义。按照时间层次，市场预测可以分为短期预测、中期预测和长期预测。

三、市场预测的步骤

市场预测过程包括描述与推断两个阶段。描述阶段主要从确定预测目标入手，收集有关资料，经过对资料分析处理、提炼和概括，再用恰当的形式描述预测对象的基本规律；推断阶段则是利用所归纳的基本演变规律，根据对未来条件的了解和分析，推测出预测对象在未来某个期间的可能水平及其必要的评价。整个市场预测过程大致可分为六个步骤。

（一）明确预测目标

只有预测目标明确，预测工作才能做得更好。预测目标的确定应根据经营管理的需要，服从决策的要求。确定预测目标包括确定预测范围、目标领域和预测的时间要求。例如，我国为制定小轿车生产行业五年规划，开展小轿车发展前景预测活动。该项预测是全国性小轿车商品市场的长期预测。通过目标分析，明确了预测目标及研究的相关内容，也为下面的资料搜集、预测方法选择指明了方向。

（二）搜集资料

进行市场预测，必须有充分的资料和数据。调研人员必须了解所需要的是什么资料，并通过适当的方法取得调研资料，才能得到正确的调研结果，深入问题的核心，为决策者提供正确的对策。在市场预测中一般可以利用各种调查方式获取第一手资料，也可以利用各种渠道获取第二手资料。

(三）处理数据

数据处理是对数据（包括数值型和非数值型）进行分析和加工的技术过程。在收集到资料后，调研人员需要将搜集的资料进行分析、加工和整理，以减少误差，提高预测的准确性。基本上，市场预测的结果是依据预测模型描述的演变规律推断而得出的。所以，处理数据也就成为关键性步骤，数据处理得越完善，预测的结果就越精确。

（四）建立预测模型

预测模型是按照预测目标及应用预测方法建立数学模型。一般来说，定性预测可以建立逻辑思维模型，而定量预测可以通过建立数学模型来确定预测值。如果预测项目是短期的，一般选用集体意见法、市场调查预测法、指数平滑法等；而预测项目是中、长期的，一般采用回归分析法、德尔菲法和时间序列法等。一般来说，建立预测模型应注意三点。

（1）在满足预测的要求和目标的前提下，尽可能使预测模型简单化。
（2）对预测模型进行检验，初步判断模型是否正确合理。
（3）当预测模型不合理时，及时修正模型。

（五）评估预测效果

预测效果的评估有估计预测误差、判断预测结果的可信程度等。一般评估预测效果需要做到分析预测误差产生的原因，测定误差的程度，找出将预测误差控制在合理范围的方法。另外，调研人员通常会以不同的方法建立预测模型，最后通过评估找出最佳的预测模型，作为决策者的依据。

（六）得出结论

在确认评估得出预测模型后，调研人员可根据模型的预测结果做出市场预测的结论。主要是概括预测研究对象（企业）的未来状态和发展趋势，包括预测目标、预测对象及有关因素的分析结论，并与企业进行沟通与修正，如此一来，便完成市场调研的预测程序，并可以实际应用于市场营销战略之中。

第二节 回归分析

一、回归分析概述

（一）基本定义

在分析模型时，可以选择研究其中一些变量对另一些变量的影响，那么我们选择的这些变量就被称为自变量,而被影响的量就被称为因变量。回归分析就是确定自变量对因变量的影响关系的一种统计分析方法,也是一种应用很广的数量分析方法,用于分析事物间的统计关系,侧重数量关系变化。

在回归分析中,按照自变量和因变量之间的关系类型,可分为线性回归分析和非线性回归分析;而按照自变量的多少,可分为一元回归分析与多元回归分析。总的来说,如果只包括一个自变量和一个因变量,且二者的关系可用一条直线近似表示,这种回归分析被称为一元线性回归分析;如果回归分析中包括两个或两个以上的自变量和一个因变量,并且因变量和自变量之间是线性关系,则被称为多元线性回归分析。

(二) 回归分析的假设

考虑到现实的市场调研情况和统计方法的使用难度等综合因素,本章只讲述线性回归分析,非线性回归分析不在此详述。为了使回归分析的结果符合理论模型,一般在进行回归分析时,会做出四个假设。

(1) 线性关系假设。线性回归分析必须建立在因变量与自变量之间存在线性关系的假设成立的基础上,即因变量与自变量之间必须存在线性关系。当因变量与自变量之间不存在线性关系,则需要使用非线性模型,例如神经网络等模型。

(2) 误差项方差同质性假设。对于所有的自变量,误差项的方差都相同;这同时表示,对于一个特定的自变量,因变量的方差也都相同。

(3) 正态分布假设。回归分析的误差项为一个服从正态分布的随机变量;同理,因变量也是一个服从正态分布的随机变量。

(4) 误差项独立性假设。回归分析中的误差应该是呈随机分布的,而且不同自变量所产生的误差是相互独立的,无自相关。

(三) 回归模型

对于具有线性关系的变量,可以用一个线性方程式来表示它们之间的关系。描述自变量如何影响因变量的方程被称为回归模型(regression model),在回归模型中,因变量是自变量间的线性函数加上误差项。误差项是描述除了自变量与因变量之间的线性关系之外的随机因素对因变量的影响。如上所述,回归分析模型可分为一元线性回归模型与多元线性回归模型。

1. 一元线性回归模型

只涉及一个自变量的一元线性回归模型可以用下式表示:

$$y = \beta_0 + \beta_1 x + \varepsilon$$

其中,y 为因变量,β_0 为截距值,β_1 为回归系数,x 为自变量,ε 为误差项。

2. 多元线性回归模型

涉及多个自变量的多元线性回归模型则表示如下:

$$y = \beta_0 + \beta_1 x_1 + \beta_2 x_2 + \cdots + \beta_k x_k + \varepsilon_i$$

其中，y 为因变量；β_0 为截距值；β_1, β_2, $\cdots$, β_k 为回归系数；x_1, x_2, $\cdots$, x_k 为 k 个自变量；ε_i 为误差项。

（四）回归分析的自变量选取原则

在建立回归模型时，调研人员一般只希望尽可能以较少的变量来建立模型，而且也能避免自变量间的多重共线性。回归分析建立模型的过程中，可用来选取自变量的方法有五种，分别是强行进入法、强制去除法、逐步法、前进法和向后法。

（1）强行进入法（enter）。在进行回归分析过程中，对任何自变量都不进行筛选，全部纳入回归模型之中。

（2）强制去除法（remove）。在进行回归分析过程中，不考虑变量之间的关系，一次将全部对因变量没有解释能力的自变量排除在回归模型之外，再计算所有保留在回归方程式中的自变量的回归系数。

（3）逐步法（stepwise）。计算各自变量对因变量的贡献大小，按贡献度从大到小，依次进入方程式中。若已在方程式中的变量因新变量的进入而失去统计意义，则必须将它剔除，以此类推，重复计算各自变量对因变量的贡献，依照贡献度大小进入或剔除，直到方程式中所有变数均符合进入标准为止。

（4）前进法（forward）。筛选步骤与逐步法类似，但只进不出，仅根据自变量对因变量的贡献大小，由大到小依次进入，直到没有自变量进入为止。

（5）向后法（backward）。筛选步骤与逐步法类似，但只出不进，即对已纳入方程式的自变量，根据自变量对因变量的贡献大小，由小到大依次去除，直到方程式中所有变数均符合进入标准，没有自变量可以被剔除为止。

（五）模型解释

在回归分析中，评估回归模型和每个回归系数对因变量的解释能力有四种常用的判断指标。

（1）线性关系检验。线性关系检验是检验因变量与 k 个自变量之间的关系是否显著。主要以方差分析来检验整体回归模型是否成立并具有统计显著意义。

（2）回归系数。回归系数一般分为未标准化的回归系数和标准化的回归系数。未标准化的回归系数的意思是：x 每变动一个单位时，y 的平均变动量。未标准化的回归系数适用于预测值的计算，偏向实务用途；标准化的回归系数适用于变量解释能力的比较，偏向学术用途。

（3）判定系数（R^2）。在回归分析中，表示自变量预测因变量时的解释能力，即因变量被自变量所解释的比率，反映回归分析或解释力是否具有统计学上的意义。

（4）调整后判定系数（adjusted R^2）。调整后判定系数可以减轻因自变量个数增加带来的判定系数膨胀效果，当自变量增加时，会高估整体模型的解释力，自变量个数越多，越应采用调整后判定系数。

二、一元线性回归分析

(一) SPSS 分析步骤

回归分析在市场调研分析过程中经常被广泛地使用，IBM SPSS Statistic 提供了回归分析方法，用户可根据分析所需进行操作。以下以【例 10 - 1】介绍一元回归分析在 SPSS 中的操作步骤。

> 【例 10 - 1】某企业老板为了提高公司产品的市场占有率，每个月都进行一连串的广告宣传。年末，他想确认广告是否对销售量产生影响，于是请公司研究人员收集每月份的广告费与销售量数据（广告与销售量.sav）进行分析，希望了解广告费与销售量之间的关系。

在 SPSS 主界面中，选择"分析"—"回归"—"线性"，弹出"线性回归"对话框，从左边的变量列表框中选择变量"销售量"至右边的"因变量"列表框中，选择变量"广告费"至右边的"自变量"列表框中，用户可根据分析所需，在对话框的右侧按钮进行设置，最后，单击"确定"，即可得出一元线性回归分析结果，见图 10 - 1。

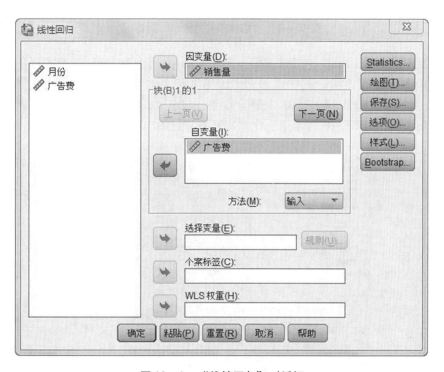

图 10 - 1　"线性回归"对话框

"Statistics":单击后出现"线性回归:统计"对话框,用户可分别选择需要的回归系数、残差及相关的检验(如"模型拟合度""R^2 变化"),见图 10 - 2。

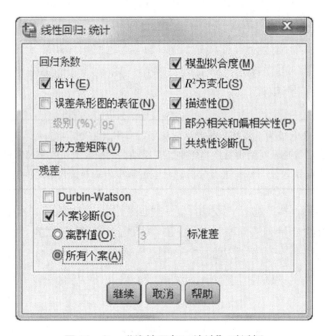

图 10 - 2 "线性回归:统计"对话框

"绘图":单击后出现"线性回归:图"对话框,用户可分别选择需要的 X 与 Y 轴的变量,绘制散点图。其中,DEPENDNT 为因变量,ZPRED 为标准化预测值,ZRESID 为标准化残差,DRESID 为删除残差,ADJPRED 为调节预测值,SRESID 为学生氏化残差,SDRESID 为学生氏化删除残差,见图 10 - 3。

图 10 - 3 "线性回归:图"对话框

(二) 分析结果

1. 描述统计

主要展示变量的描述性统计量。由表 10-1 可知,销售量与广告费的平均值分别为 2 213.33 与 208.33,各有 12 个样本。

表 10-1 描述统计

变 量	平 均 值	标准偏差	样 本 数
销售量	2 213.33	566.125	12
广告费	208.33	56.862	12

2. 相关性

主要确认变量间的相关性。由表 10-2 可知,广告费与销售量的相关系数为 0.923,显著水平达 0.000,小于 0.05,两者存有显著相关。可以认为被解释变量与解释变量全体的线性关系是显著的,可建立线性方程。

表 10-2 相关性

项 目	变 量	销售量	广告费
Pearson 相关性	销售量	1.000	0.923
	广告费	0.923	1.000
显著性(单尾)	销售量		0.000
	广告费	0.000	

3. 判定系数

模型摘要表提供回归模型的相关信息。由表 10-3 可以知道,本次回归分析 R^2 为 0.851,拟合优度较高,不被解释的变量较少。判定系数即这条回归线可帮助资料解释的部分,判定系数越大,代表解释力越大;若两组回归模式的判定系数差不多,就选择方程式较简单的一组回归模式。

表 10-3 模型摘要

模型	R	R^2	调整后的 R^2	标准估算的错误	更改统计量				
					R^2 变化	F 更改	df_1	df_2	显著性 F 更改
1	0.923	0.851	0.836	229.162	0.851	57.132	1	10	0.000

4. 回归模型

回归模型主要用来检验与因变量的相关性是否显著,判断回归系数与常数项是否为0(若为0,即无直线关系存在)。由表10-4可知,常量(截距)为299.869,其 t 统计量为1.146,显著性为0.278,大于0.05,故接受虚无假设,回归方程式之常数项应为0;另外,自变量 x(广告费)的回归系数为9.185,其 t 统计量为7.559,显著性小于0.05,故拒绝其为0的虚无假设,回归方程自变量 x 的系数不为0,自变量与因变量间存有直线关系。由此可得,本研究一元回归方程式为 $y=9.185x$。

表10-4 系数

模型(变量)		非标准化系数		标准系数	t	显著性
		B	标准错误	β		
1	常量	299.869	261.652		1.146	0.278
	广告费	9.185	1.215	0.923	7.559	0.000

三、多元线性回归分析

(一) SPSS分析步骤

在现实中,很多状况并非简单的单一变量就可以解释清楚的。如例10-1,销售量并非完全决定于广告费,还包括产品质量、售价和销售人员等影响因素。所以在回归分析中,同时使用多个自变量来预测某一因变量的情况已越来越多。多元线性回归的基本原理与一元线性回归相同,但由于自变量个数多,计算相当麻烦,一般在实际中应用时都要借助统计软件,下面以例10-2介绍SPSS多元回归分析的操作步骤。

> 【例10-2】银行信用卡部门为了评估申请人的信用状况,搜集了申请人的每月总收入(万元)、不动产(百万元)、动产(百万元)、每月房贷(万元)与抚养支出费用(万元)等资料(银行卡信用分数.sav),并根据过去的还款状况与主管的经验,主观地给予信用分数(1~100)。为使评估信用分数更客观,以多元回归分析求出回归方程式,进行信用分数的预测。

在SPSS主界面中,选择"分析"—"回归"—"线性",弹出"线性回归"对话框,从左边的变量列表框中选择变量"信用分数"至右边的"因变量"列表框中,选择变量"总收入、不动产、动产、每月房贷、抚养支出"至右边的"自变量"列表框中,用户可根据分析所需,在对话框的右侧按钮进行设置,最后,单击

"确定",即可得出多元线性回归分析结果,见图 10-4。

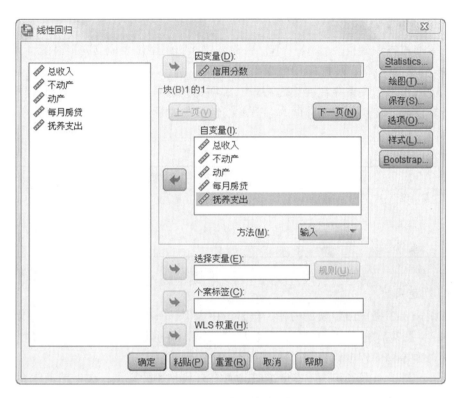

图 10-4 "线性回归"对话框

"Statistics":单击后出现"线性回归:统计"对话框,用户可分别选择需要的回归系数、残差及相关的检验(如"模型拟合度""R^2 变化"),见图 10-5。

图 10-5 "线性回归:统计"对话框

(二) 分析结果

1. 线性关系检验

主要通过方差分析表（ANOVA）检验整体回归模型是否成立并具有统计显著意义。由表10-5可知，F检验的显著性为0.044，小于0.05，故拒绝因变量与自变量之间无线性回归关系存在的虚无假设。说明每月总收入、不动产、动产、每月房贷、抚养支出与信用分数整体间有显著的线性回归关系存在，可显著解释信用分数。

表10-5　方差分析

模型		平方和	自由度	均方	F	显著性
1	回归	520.001	5	104.000	21.897	0.044
	残差	9.499	2	4.750		
	总计	529.500	7			

2. 判定系数

模型摘要表提供回归模型的相关信息。由表10-6可以知道，本次回归分析R^2为0.982，调整后的R^2为0.937，拟合优度较高，显示整组回归方程式可解释银行卡信用分数差异的程度相当高。

Durbin-Watson检验可看出预测变量是否有自我相关的现象，$D\text{-}W$值通常在1.8～2.2之间为可接受范围，本例中，$D\text{-}W$值为2.119，小于2.2，属于可接受的范围。

表10-6　模型摘要

模型	R	R^2	调整后的R^2	标准估算的错误	更改统计量					$D\text{-}W$
					R^2变化	F更改	df_1	df_2	显著性F更改	
1	0.991	0.982	0.937	2.179	0.982	21.897	5	2	0.044	2.119

3. 共线性诊断与回归模型

在回归模型中，共线性诊断是确认自变量之间是否有共线性的方式之一，如果多元回归分析中的自变量之间有高度的共线性存在，将会影响回归模型的预测能力。共线性统计量VIF值为判断模型是否符合基本假设的标准之一，VIF值越大表示共线性的问题越严重，VIF值绝对值小于10以下为可接受范围。由表10-7可知，"总收入""每月房贷""抚养支出"的VIF值均小于10，可以认为这三个自变量的共线性都在正常范围内，而"不动产"与"动产"的VIF值大于10，表示可能有共线性的问题存在。

回归系数的显著性 t 检验结果中，常数项为 57.076，其显著性为 0.007，小于 0.05，故拒绝常数项为 0 的虚无假设，回归方程式的常数项不应为 0，故不可将其省略。在五个自变量中，仅"总收入"显著性为 0.033，小于 0.05，拒绝虚无假设，表示每月总收入与信用分数间存在显著的线性关系，其系数为 5.351，显示每月总收入与信用分数之间的关系为正相关，收入越高信用分数越高。

其余四个变量的显著性均大于 0.05，故不拒绝虚无假设，显示信用分数与这些变量之间并无显著的线性关系。故可将这些变量的系数自回归方程式中排除掉。所以，本研究的多元回归方程式为 $y = 57.076 + 5.351x_1$（即信用分数 = 57.076 + 5.351 × 每月总收入）。

表 10-7 系数

模型		非标准化系数		标准系数	t	显著性	共线性统计	
		B	标准错误	β			容许	VIF
1	常量	57.076	4.950		11.530	0.007		
	总收入	5.351	0.995	1.262	5.375	0.033	0.163	6.142
	不动产	0.704	0.930	0.470	0.757	0.528	0.023	43.011
	动产	-4.962	5.445	-0.637	-0.911	0.458	0.018	54.559
	每月房贷	-0.090	1.716	-0.012	-0.052	0.963	0.167	5.972
	抚养支出	-2.499	1.705	-0.203	-1.466	0.280	0.467	2.142

第三节 时间序列分析

时间序列分析是市场预测中常用的定量预测方法之一。它是指根据市场现象的历史资料，运用数学方法建立拟合预测模型，预测市场现象未来的发展变化趋势或者找出事物发展变化的规律。经济数据大多数以时间序列的形式给出。

一、时间序列基本原理

时间序列是指将某种现象某一个统计指标在不同时间上的各个数值按时间先后顺序排列而形成的序列。指标值若以"日"的顺序进行排列，被称为日时间序列；若以年、季、月为序排列，则分别被称为年时间序列、季时间序列、月份时间序列。

（一）时间序列的种类

按照时间序列的平稳性，可以将时间序列分为平稳的时间序列和非平稳的时间序列。平稳序列是不存在趋势的序列，这类序列中的各观测值基本上在某个固定的水平上波动，在不同时间段波动的程度不同，但并不存在某种规律，而其波动可以看成是随机的,见图 10-6。

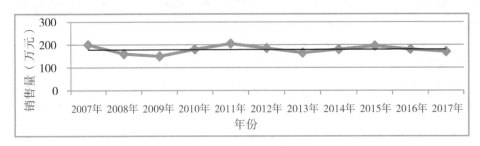

图 10-6 平稳序列

非平稳序列是包含趋势、季节性或周期性的序列,可以分为含趋势的序列、含季节成分的序列以及复合型序列,见图 10-7、图 10-8、图 10-9。

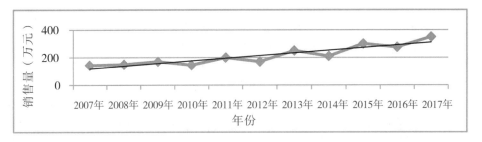

图 10-7 含趋势的序列

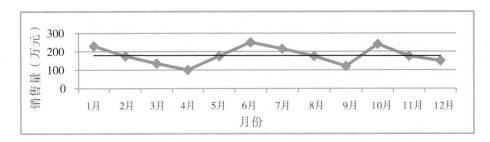

图 10-8 含季节成分的序列

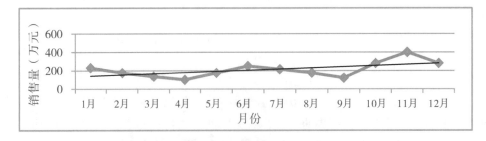

图 10-9 复合型序列

在应用过程中，一般可以用图示法来判断时间序列的平稳性，该方法虽然简单易用，但缺点是比较随意和主观；另外，在统计上有单位根检验法检验平稳性，在此不赘述，有兴趣者可自行了解。

（二）时间序列构成要素

时间序列构成要素主要有四种，分别为长期趋势、季节变动、周期性变动和不规则变动，见图10-10。

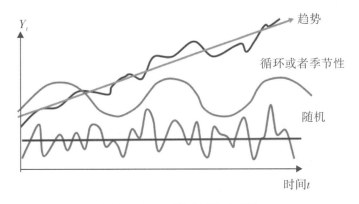

图10-10 时间序列构成要素

（1）长期趋势（T）：在较长时期内受某种根本性因素作用而形成的总的变动趋势。对于市场现象而言，长期趋势现象通常是由各种经济投入（例如技术进步、劳动力、资金等）所引起的。

（2）季节变动（S）：在一年内随着季节的变化而发生的有规律的周期性变动，通常表现为市场现象在一年内随着自然季节的更替而发生的较有规律的增减变化。例如，某些季节性商品的销售额、旅游客流量和各月降雨量等。

（3）周期性变动（C）：围绕长期趋势所呈现出的波浪起伏形态的有规律的变动，又被称为循环变动。变动周期多在一年以上，且周期长短不一。周期性变动通常是由经济环境的变化引起的。

（4）不规则变动（I）：一种无规律可循的变动，包括严格的随机变动和不规则的突发性影响很大的变动两种类型。不规则变动是一种偶然、随机、突发性的因素，受这种因素影响，现象呈现时大时小、方向不定等特点，如战争和自然灾害等。

这四种变动对时间序列的影响通常有两种模型：一是假定四种变动因素是相互独立的，则时间序列模型是各个影响因素相加的总和，可以用加法模型表达为 $Y = T + S + C + I$；二是假定四种变动因素存在着某种相互影响关系，则时间序列模型是各个影响因素的乘积，可以用乘法模型表达：$Y = T \times S \times C \times I$。

(三) 时间序列的前提假设

在应用时间序列数据对市场现象未来的发展变化趋势进行预测时，调研人员要先以下列假设条件为前提，才能确认时间序列模型的实用性。

1. 市场现象存在时间过程

企业在进行市场预测时，通常是以过去的资料为基础，利用统计和数学的方法预测未来的需求。影响市场预测的经济变量因素总是在过去、现在和未来存在的，在进行市场预测时，市场现象所表示的变量需要存在一个时间过程。

2. 市场现象的变化只发生量变而不发生质变

在一定的时期内，各种因素的变化只是数量的变化，而不会发生质的变化。这一前提假设就决定了时间序列预测法的短期预测准确性较高，而长期预测的准确性较低。从长期看，事物容易发生质的变化，难以保证事物的未来变化趋势。

3. 时间是唯一变量

时间序列预测法把时间作为影响预测目标变化趋势的唯一变量。

二、时间序列分析方法

根据分析方法的不同，时间序列预测法可以分为简单平均法、移动平均法、指数平滑法、最小二乘法、趋势剔除法等。不含趋势和季节变动的时间序列，也就是平稳时间序列（只含随机变动），只要通过平滑就可以消除随机波动，一般使用简单平均法、移动平均法和指数平滑法等进行预测；非平稳时间序列中，对于反映含有长期趋势的时间序列模型，最小二乘法是较为常用的预测方法之一，而趋势剔除法较常应用于含有季节变化的时间序列。

(一) 简单平均法

简单平均法也被称为按月（季）平均法，是直接根据已有的时间序列数据，通过简单平均来预测下一期数据，一般只能适用于事物变化不大的趋势预测。如果事物呈现某种上升或下降的趋势，就不宜采用此法。虽然简单平均法简便并且能迅速求出预测值，但是简单平均法的计算过程并没有考虑整个社会经济发展的新动向和其他因素的影响，导致其准确性较差。当简单平均法计算出结果以后，需要根据新的情况，对预测结果做必要的修正。

(二) 移动平均法

移动平均法是测定长期趋势的一种较简单的常用方法，其方法是通过扩大原时间序列的时间间隔，并按一定的间隔长度逐期移动，计算出一系列移动平均数。由移动平均数形成的新的时间序列对原时间序列的波动起到修匀作用，削弱了原序列中短期偶然因素的影响，从而呈现出现象发展的变动趋势。

设移动间隔长度为 k，则移动平均数序列可以写为：

$$\bar{Y}_i = \frac{Y_i + Y_{i+1} + \cdots + Y_{i+k-1}}{k}$$

其中，$\bar{Y}_i$ 为移动平均趋势值，k 为大于 1 而小于 n 的正整数，i 为期数。

（三）指数平滑法

移动平均法和一次指数平滑法也被称为平滑法，主要是通过对时间序列进行平滑以消除其随机波动。平滑法既可用于描述序列的趋势，也可以用于对平稳时间序列进行短期预测。

指数平滑法是用过去观察值的加权平均数作为趋势值，它是加权平均的一种特殊形式。根据历史资料的上期实际数和预测值，用指数加权的办法进行预测，实质上是由加权移动平均法演变而来的一种方法，其基本形式是根据本期的实际值 Y_t 和本期的趋势值 $\hat{Y}_t$，分别给以不同权数 α 和 $1-\alpha$，计算加权平均数作为下期的趋势值 $\hat{Y}_{t+1}$。指数平滑法适用于预测呈长期趋势变动和季节变动的评估对象。指数平滑法可分为一次指数平滑法和多次指数平滑法。

一次指数平滑法的基本模型如下：

$$\hat{Y}_{t+1} = \alpha Y_t + (1-\alpha)\hat{Y}_t$$

其中，$\hat{Y}_{t+1}$ 表示时间数列 $t+1$ 期的趋势值，Y_t 表示时间数列 t 期的实际值，$\hat{Y}_t$ 表示时间数列 t 期的趋势值，α 为平滑系数（$0 < \alpha < 1$）。若利用指数平滑法模型进行预测，从基本模型中可以看出，只需一个 t 期的实际值 Y_t，一个 t 期的趋势值 $\hat{Y}_t$ 和一个 α 值，所用数据量和计算量都很少，这是移动平均法所不能及的。

（四）最小二乘法

最小二乘法又被称为最小平方法，是统计学中数学模型参数使用的传统方法，可用于时间序列中含有趋势（包括线性趋势和非线性趋势）的描述和预测。

其基本原理是通过趋势方程求出的长期趋势估计值 $\hat{Y}_t$ 与时间序列实际值 Y_t 的离差平方和为最小，即 $\sum (Y_t - \hat{Y}_t)^2$ 取最小值。该方法实际操作可由回归分析完成，故此不再赘述。

（五）趋势剔除法

趋势剔除法是在现象具有明显长期趋势的情况下，测定季节变动的一种基本方法。假定包含季节变动的时间序列的各影响因素以乘法模型形式组合，其结构为 $Y = T \times S \times C \times I$。为了便于观察和分析时间序列的其他特征，就需要进行季节变动

的调整。季节变动的调整是将季节变动从时间序列中予以剔除,其方法是将原时间序列除以相应的季节指数,计算公式为:

$$\frac{Y}{S} = \frac{T \times S \times C \times I}{S} = T \times C \times I$$

推算季节性指数可采用不同的方法,常用的方法有季(月)别平均法和移动平均法两种。

(1) 季(月)别平均法:把各年度的数值分季(或月)加以平均,除以各年季(或月)的总平均数,得出各季(月)指数,一般用来分析生产、销售等方面的经济事物的季节性变动。

(2) 移动平均法:即应用移动平均数计算比例进而求得季节指数。

三、时间序列分析步骤

由于指数平滑法适用于平稳时间序列和非平稳时间序列的预测与分析,使用范围比较广,而且指数平滑法只要有上期实际数和上期预测值,就可计算下期的预测值,是国内外广泛使用的一种短期预测方法。另外,在市场销售中,一些商品如电风扇、冷饮、四季服装等往往受季节影响而出现明显的季节性变动规律。季节趋势预测法可以根据经济事物每年重复出现的周期性季节变动指数预测其季节性变动趋势,是季节性时间序列使用最广泛的一种预测方法。因此,本教材重点介绍指数平滑法以及季节趋势预测法,以下将以 SPSS 操作进行介绍。

(一) 指数平滑法建模

【例 10-3】调研人员为了分析进出口总额变动的趋势,收集了我国 2007 年 1 月到 2017 年 10 月进出口总额的数据(进出口总额.sav),并使用指数平滑法对这些数据进行时间序列分析,提供给国际贸易公司作为决策参考依据。

1. 操作步骤

(1) 绘制时间序列图。为了确认时间序列数据是否有趋势、季节变动因子,首先需绘制时间序列图。在 SPSS 主界面中,选择"分析"—"预测"—"序列图",弹出"序列图"对话框,从左边的变量列表框中,选择变量"进出口总值"至"变量"列表框中,选择变量"月"至"时间轴标签"列表框中(见图 10-11),点击"确定"即可生成如图 10-12 的时间序列图。

图10-11 "序列图"对话框

由图10-12可看出,进出口总值时间序列呈线性趋势,有随着时间上升的明显趋势,因此,可以用指数平滑法进行分析。

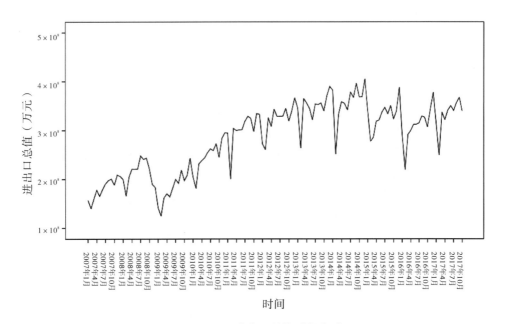

图10-12 进出口总值时间序列

(2) 时间序列分析。在 SPSS 主界面中，选择"分析"—"预测"—"创建模型"，弹出"时间序列建模器"对话框，从左边"变量"列表框中，选择变量"进出口总值"至"因变量"列表框中。（见图 10 – 13）

图 10 – 13　"时间序列建模器"对话框

(3) 在下方"方法"下拉列表框中选择"指数平滑法"选项，单击"条件"按钮，弹出"时间序列建模器：指数平滑条件"对话框，由于数据具有明显的趋势性，所以选择"Brown 线性趋势"，点击"继续"，返回"时间序列建模器"对话框，用户可在对话框的上方标签页进行各项设置，最后，单击"确定"，即可得出时间序列分析结果。（见图 10 – 14）

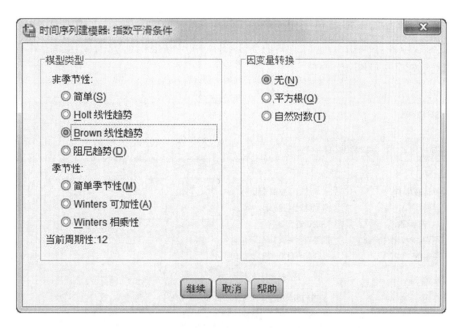

图 10-14 "时间序列建模器：指数平滑条件"对话框

"Statistics"：单击后出现相关的统计量选项卡，用户可选择所需要的统计量，本例选择"按模型显示拟合测量、Ljung-Box 统计量和离群值的数量""平稳的 R^2""参数估计"选项，见图 10-15。

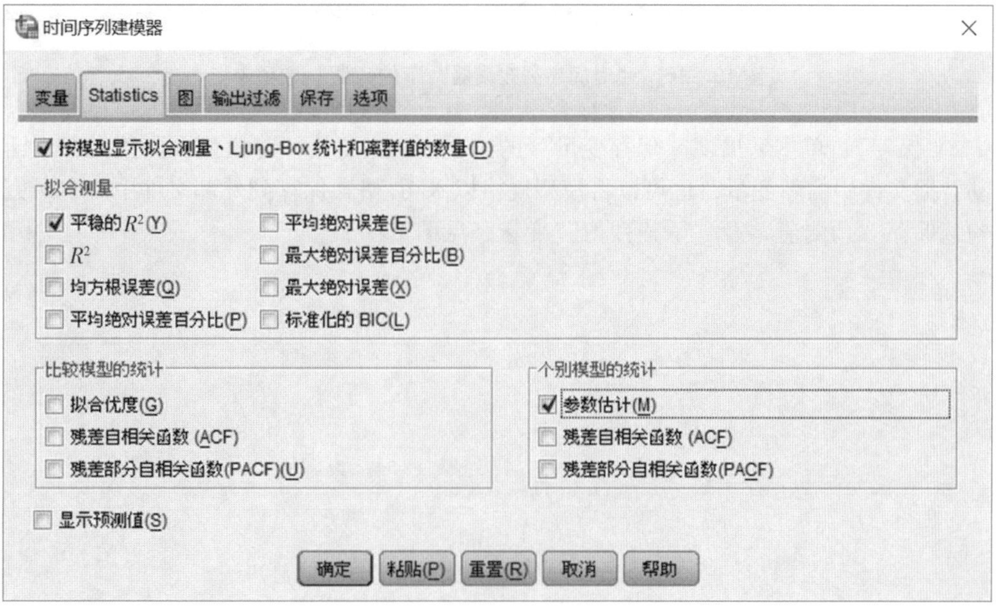

图 10-15 "时间序列建模器"下的"Statistics"选项卡

"图":单击后出现时间序列图的选项卡,主要用于设定输出模型拟合统计量、自相关函数以及序列值(包括预测值)的图,用户可根据研究需要选择,本例维持 SPSS 默认选项,见图 10-16。

图 10-16 "时间序列建模器"下的"图"选项卡

"保存":单击后出现"保存变量"的选项卡,主要用于将模型预测值另存为活动数据文件中的新变量,也可以将模型规格以 XML 格式保存到外部文件中。本研究勾选保存"预测值"及"噪声残值"变量,见图 10-17。

图 10-17 "时间序列建模器"下的"保存"选项卡

2. 分析结果

(1) 模型描述。主要是对研究时间序列模型的基本描述。由表 10-8 可知，本次所建立的指数平滑模型，因变量是"进出口总值"，模型名称为"模型_1"，模型的类型为"Brown 线性趋势"。

表 10-8 模型描述

项 目		模型类型
模型标识	进出口总值	模型_1	Brown

(2) 模型统计。主要说明时间序列模型的拟合状况。由表 10-9 可知，本次建构的时间序列模型，平稳的 R^2 值为 0.653。Ljung-Box Q 统计量值为 109.946，显著水平为 0.000，小于 0.05，因此拒绝残差序列为独立序列的原假设，说明模型拟合后的残差序列是存在自相关的。

表 10-9　模型统计

模　型	预测变量个数	模型拟合度统计信息 平稳的 R^2	Ljung-Box Q（18） 统计	df	显著性	界外值数
进出口总值-模型_1	0	0.653	109.946	17	0.000	0

（3）模型参数。主要可以了解指数平滑时间序列的相关参数。由表 10-10 可知，本研究拟合的指数平滑模型的水平 α 值为 0.159，显著性为 0.000，小于 0.05，结果非常显著。

表 10-10　指数平滑法模型参数

模　型			估　算	SE	t	显著性
进出口总值-模型_1	不转换	Alpha（级别和趋势）	0.159	0.024	6.505	0.000

（4）时间序列图。根据提供的研究数据绘制的时间序列图（含预测值）。由图 10-18 可以看出我国 2007 年 1 月到 2017 年 10 月进出口总额的线图及趋势，该序列存在周期性，并且序列是连续的。这说明该序列无缺失值。

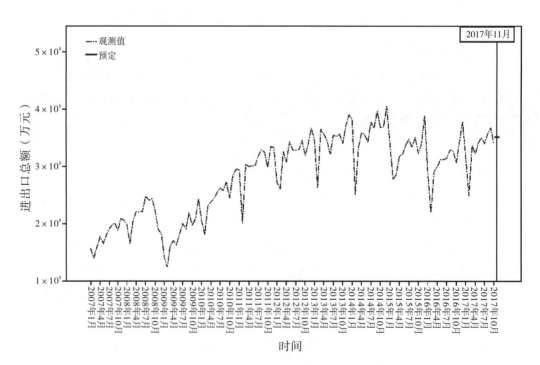

图 10-18　时间序列

(二)季节趋势预测法

【例10-4】某连锁餐厅老板想了解餐饮收入的趋势状况,收集了我国2010年1月到2017年10月餐饮收入的数据(餐饮消费.sav),使用适当的时间序列方法对这些数据进行分析,以作为未来经营决策的参考。

1. 操作步骤

(1)绘制时间序列图。为确认时间序列数据是否有趋势、季节变动因子,首先需绘制时间序列图。在SPSS主界面中,选择"分析"—"预测"—"序列图",弹出"序列图"对话框,从左边的变量列表框中,选择变量"餐饮收入"至"变量"列表框中,选择变量"时间"至"时间轴标签"列表框中(见图10-19),点击"确定"即可生成如图10-20的时间序列图。

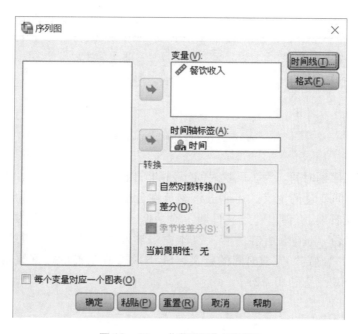

图10-19 "序列图"对话框

由图10-20可看出,餐饮收入时间序列的特点为:呈线性趋势,有季节性变动,有随着时间上升的明显趋势,且季节波动随着趋势增加而加大。

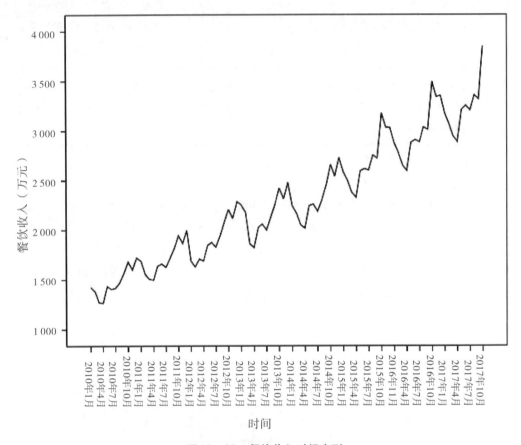

图 10-20　餐饮收入时间序列

（2）定义序列时间。为了反映时间序列随着时间变化的统计规律性，需对时间序列先进行时间变量的定义，才能进行季节性分解。在 SPSS 主界面中，选择"数据"—"定义日期"，弹出"定义日期"对话框。从左边的"个案为"对话框中选择"年份、月份"选项，并在"年"文本框中输入"2010"，在"月"文本框中输入"1"，单击"确定"完成时间的定义，SPSS 将会在当前的数据编辑窗口中自动生成时间的变量，见图 10-21。

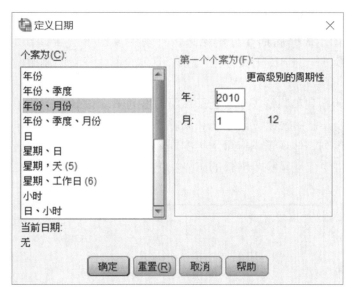

图 10 – 21 "定义日期"对话框

(3) 季节性分解。在 SPSS 主界面中，选择"分析"—"预测"—"周期性分解"，弹出"周期性分解"对话框，从左边变量列表框中，选择变量"餐饮收入"至右边"变量"列表框中，在"模型类型"中选择"乘法"，在"移动平均值权重"中选择"所有点相等"，并勾选"显示个案列表"，单击"确定"按钮，弹出提示对话框，提示用户在当前数据编辑窗口将自动生成四个变量，见图 10 – 22。

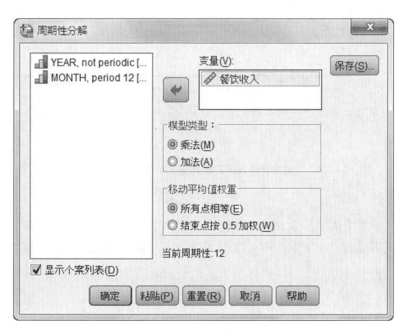

图 10 – 22 "周期性分解"对话框

2. 分析结果

(1) 序列图。根据周期性分解结果,自动生成四个变量,分别为"SAS_1""SAF_1""STC_1""ERR_1",我们分别以这四个新生变量绘制时间序列图,并说明其代表意义。

第一,原始序列和调整了季节因子作用的序列图。图10-23是由"餐饮收入"及"SAS_1"所绘制的餐饮收入序列和调整了季节因子作用的时间序列图。实线为原始餐饮收入序列,体现了销售量呈年度周期振荡增长的态势。虚线为调整了的月度效应序列,在7年里呈稳步增长的态势。

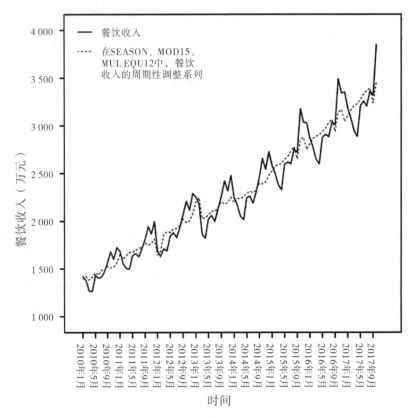

图10-23 原始餐饮收入序列和调整了季节因子作用的时间序列

第二,季节因子图。图10-24是由"SAF_1"所绘制的季节因子图,呈12个月周期的规则波动:一年中,10—12月餐饮收入较多,其他时间相对较少,4月份为淡季。

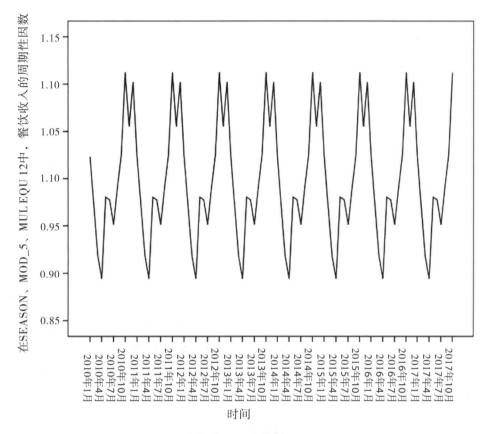

图 10-24 季节因子

第三，趋势成分图。图 10-25 是由"STC_1"所绘制的趋势成分图。趋势成分图反映餐饮收入在 7 年里呈增长的态势，基本上是呈现稳定增长状况，只是前 3 年中偶尔有些波动。

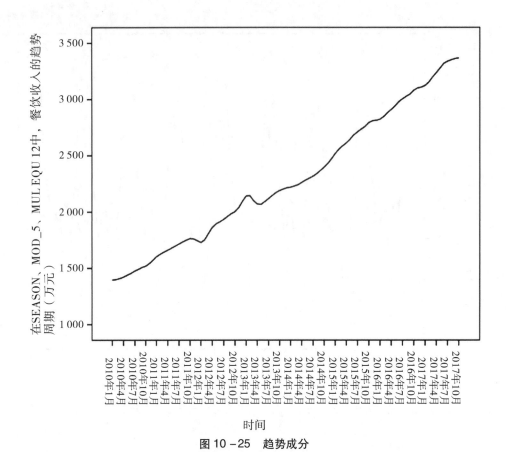

图 10-25 趋势成分

第四，随机波动成分图。图 10-26 是由"ERR_1"所绘制的随机波动成分图，可能含有模型未能解释的因素。

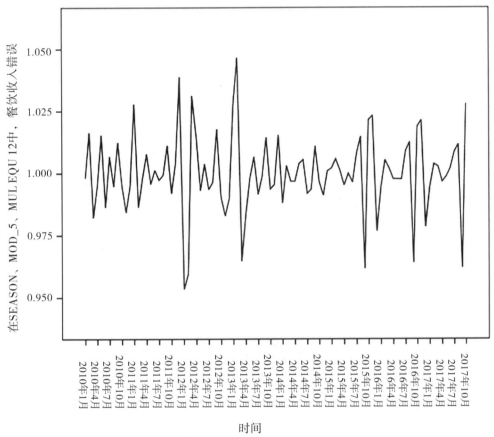

图 10-26 随机波动成分图

(2) 预测结果。

a. 线性趋势方程式。根据"SAS_1"的序列,取 2010 年 1 月至 2017 年 10 月的数据建立线性趋势方程式(即建立以"时间编号"为自变量及"SAS_1"为因变量的线性回归模型,结果见表 10-11)。线性趋势方程式为 $y = 1\,272.021 + 21.434t$。

表 10-11 线性趋势方程式系数

模型		非标准化系数		标准化系数	t	显著性
		B	标准错误	β		
1	常数	1 272.021	16.821		75.621	0.000
	时间编号	21.434	0.307	0.991	69.706	0.000

b. 样本外预测。利用线性趋势方程式进行样本外的预测,对 2017 年 11—12 月进行预测值估计,结果见表 10-12。

表 10-12　样本外预测结果

时　间	编　号	趋势预测值	季节指数	预测值
2017 年 11 月	95	3 308.271 00	1.055 11	3 490.59
2017 年 12 月	96	3 329.705 22	1.102 10	3 669.67

c. 预测序列图。图 10-27 为餐饮收入实际值与预测值的时间序列图，实线为餐饮收入实际值，虚线为预测值，可以看出预测效果非常好。

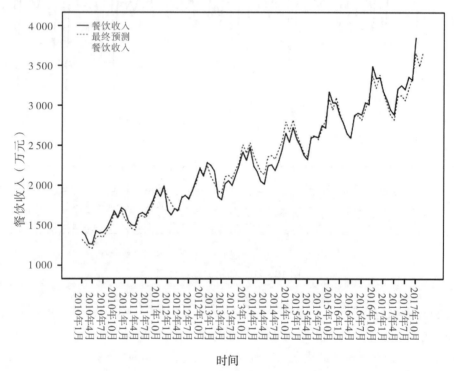

图 10-27　餐饮收入实际值与预测值的时间序列

本 章 小 结

本章主要介绍市场预测技术。从市场的角度看，所谓市场预测，是指运用科学的方法，对影响市场供求变化的诸多因素进行调研，分析和预见研究对象的未来状态和发展趋势，掌握市场供求变化的规律，为经营决策提供可靠的依据。预测的方法可分为定性预测与定量预测。预测的程序分为：明确预测目标、搜集资料、处理数据、建立预测模型、评估预测效果及得出结论。调研预测最常用的是线性回归分析与时间序列分析两种方法。

复习思考题

1. 说明市场预测的重要性。
2. 举例说明线性回归分析在生活上的应用。
3. 举例说明时间序列分析在生活上的应用。

课 后 案 例

智能手机的"寒潮"来临了吗?

当前的这一轮智能手机寒潮不只是针对个别厂商的寒潮,而是全球产业的寒潮。

继2017年12月中旬集微网报道华为、欧珀、维沃等近期纷纷向下调整订单规模,有的厂商订单缩水10%以上。2017年12月下旬供应链再传出消息,苹果、三星也加入了"砍单"队伍。这意味着全球前五大智能手机厂商皆加入了"砍单"队伍。

具体消息称,目前苹果公司已经下调了iPhone X订单,同时再度下调了iPhone 8及iPhone 8 Plus订单。而三星也开始跟进,下调了2018年第一季度订单,下调幅度超过两位数百分点。

从2011年算起,智能手机产业链也曾经历过几次大波折,比如2014年时3G转4G。但是整体来看,各大厂商始终处于"有悲有喜"状态,即使出现阶段性大幅下滑也仅是个别厂商,整个产业链还是在前进中壮大。而当前的这一轮不管是调整幅度,还是涉及面都发生了本质性变化。在很多业内人士看来,智能手机寒潮已不只针对个别厂商,而是全球产业共同面临的问题。

全球智能手机产业到底怎么了?为何智能手机就这样卖不动了?这是很多人关心的问题。在与产业人士交流中,笔者也梳理了几个共识。

一、市场进入饱和阶段

"全球智能手机市场整体进入饱和阶段"无疑是最大因素之一。

过去7年,随着产业链迅速崛起,智能手机的出货量高速增长并普及到每一名用户手中。国际知名调研机构IDC的报告显示,实际上,从2015年开始全球智能手机的出货量就已经大幅下滑。到2016年,全球智能手机的总出货量为14.7亿部,同比增长仅2.3%,整个市场出现停滞状态。到了2017年第二季度,全球智能手机出货量不但没有维持增长反而出现了下滑。IDC报告显示,2017年第二季度,全球智能手机出货量为3.416亿部,同比下滑1.3%,环比下滑0.8%。第三季度略微出现反弹,但是同比仅增长了2.7%。

同样回到国内市场,2015年也成为中国智能手机产业发展的分水岭。据IDC最新数据显示,2015年中国智能手机出货量为4.341亿部,同比增长2.5%。不过,在 2016 年，受到换机潮的影响，中国智能手机市场全年出货量达到了 4.67 亿，比上年度同比增长了 8.7%。从数量上看，预计每年 5 亿部将成为中国市场的一道大坎。

2017 年中国市场又怎样呢？从工业和信息化部（简称"工信部"）每月公布的国民经济调研数据看，2017 年整体不乐观！此前有媒体统计了工信部公布的数据，国内手机市场连续 11 个月出货量下降，国产手机品牌 9 个月出货量下降，特别是 11 月，国内手机与去年同期相比下降 20.7%，下降幅度几乎达到了全年最高点。分内外品牌看，11 月份内，国内手机品牌出货量为 3 724.5 万部，同比下降 19.2%，占同期国内市场出货量的 86.1%，国外手机品牌出货量为 600.6 万部，同比下降更是达到了 28.6%。

二、换机周期拉长

从上述分析看，目前中国，乃至全球都进入一个存量博弈阶段。没有增量就只能搞搞存量市场，提高用户换机速度。不过，这一招目前看来很难。

2017 年 10 月 18 日，雷军在微博上分享了国际调研机构 Counterpoint 的报告，称全世界的消费者平均每 21 个月就会换一次手机，中国人的换机周期平均为 22 个月，换机频率低于平均水平。有行业人士表示，其实真实用户换机周期可能更长。为什么长？①创新乏力；②智能手机越做越好；③智能手机创新乏力，用户难以为"微创新"买单。

接下来重点说说刚才提到的"创新乏力"。毫无疑问创新才是行业进步的原动力，不过"创新乏力"已经成为全行业都要面对的事实。从 2011 年开始，智能手机硬件快速迭代，先后经历了处理器的"核战"、屏幕的"分辨率大战"、摄像头"像素战"、内存"容量大战"……而去年开始又出现了"品质"战。这些"战争"极大地提升了智能手机的用户体验。由于供应链的成熟、研发资源的壮大，越到后面保持技术领先的时间越短。

除了创新速度变慢，另一方面创新深度也在减弱，最明显的就是"全面屏"。2017 年上半年，大家都以为"全面屏"会引领换机潮，但是目前看这是一个伪命题。"全面屏"只是将屏幕占比提高，本质上没有带给用户革命性的体验，而且指纹移到背后，很多消费者使用起来更加不方便（如吃饭或工作时，手机放在桌子上，背面指纹手机还需要拿起手机才能解锁）。

虽然苹果公司推出了"3D 感测人脸解锁"，但是也有用户表示要为这项技术多花 3 000 元很不值得，不会为此买单。

三、2018 年到底怎么走

目前，行业普遍预期智能手机大技术、大机会、大变革会发生在 5G（第五代移动通信技术）时代。不过按照中国政府的计划，2020 年才会正式推行商用 5G，手机厂商最早也要到 2019 年下半年才会推出 5G 手机。未来一年半，各大厂商如何应对？对于即将开始的 2018 年又怎么走？对此，笔者也说说看法。

(一) 做好消耗战准备，第 5～10 名厂商控制好节奏

中国手机进入"消耗战"阶段，这个观点来源于大量的数据分析。市场研究机构 Kantar Worldpanel 的最新数据显示，截至 2017 年 10 月末，中国前五大手机厂商华为、小米、苹果、维沃以及欧珀占据了整个市场 91% 的份额，而这个数字去年为 79%，这意味着它们领先中兴、魅族和联想等公司的优势还在进一步扩大，后者正努力在国内市场找到立足之地。总之，2018 年的"消耗战"会让第 5～10 名很难受，甚至有危机。所以控制好节奏、找到市场空当，并巩固本来的用户群体是当务之急。

(二) "微创新"叠加，让产品体验再上一个台阶

虽然"全面屏"并没有激活 2017 年的市场，不过未来一年关于屏幕的技术革新仍然是最大的看点。微创新需要多个叠加才有效果，所以，目前能看到的除了屏幕外，还有"无线充电""屏内指纹""3D 感测""外观材质""AI 技术"等"微创新"叠加可以让产品体验再上一个台阶。

(三) 2018 年第四季度或再迎来喘息机会

行业内目前对 2018 年上半年比较悲观，但是也有人认为 2018 年第四季度左右会迎来一波"换机潮"。主要理由如下。

按照上文提到的中国用户换机周期约 22 个月，那么 2016 年年中有一波"换机潮"，到 2018 年第四季度左右有可能再迎来一波。

"屏幕""无线充电""屏内指纹""3D 感测""外观材质""AI 技术"等创新技术产业链会在 2018 年第三季度开始爆发，届时中端机也将标配这些技术，用户体验会再次升级。

2018 年的看点还是在海外。这几年中国手机厂商持续在印度、欧洲、北美，甚至非洲、南美洲等持续播种，2018 年合力将中国品牌、中国优质的手机推向这些市场，预计会有一定的机会。

总之，纵观过去 20 多年的手机历史，技术和行业变革前夜总是最难受的阶段。只要不放弃，全力找突破口，拼死活下来，就一定会迎来转机和辉煌。多变、快变，手机行业的魅力也正在于此。

摘录自 http://www.sohu.com/a/212308417_166680

第十一章 多变量分析方法

> **导入案例**

白酒目标市场细分

产品多样化的趋势和消费者需求的不同促进了白酒行业的深度细分。不同酒度、不同口感、不同工艺、不同包装、不同容量、不同区域、不同种类的白酒产品或者品牌都可以成为细分市场的重要角色。主要的细分指标有六个。

（1）性别细分。女性市场潜力巨大。开发女性专用酒，针对不善饮酒的女性，开发出低酒精含量或脱醇酒。由于女性对包装的追求较为突出，因此在包装上一定要非常讲究。例如，现在有一些白酒的酒瓶做得高高瘦瘦的，还有的在透明的酒瓶中放入各种水果、花瓣等，结合女性希望美容养颜等功能需求来酿造属于她们自己的白酒。

（2）功能细分。随着消费者对白酒口味和功能需求的增多，按功能来细分存在巨大商机。例如：北京牛栏山酒厂推出以甜秫秆为原料的绿色佳酿，获得了不少消费者的赞同；五粮液集团推出自己的新型养生白酒"溢五嘉"，保留了五粮液系列酒的口感和劲道，同时能发挥刺五加、枸杞的养生功能。

（3）人群细分。按特定的群体进行细分，如针对最可爱的军人的"国壮"和"名将"，针对企业家的专供酒——茅台集团"王胎补酒"，针对追求尊贵、激情、活力的都市成功人士的"茅台王子酒"，以及五粮液集团推出的为中国烟草打造的"金叶神"商务礼宾酒。

（4）节日细分。随着竞争的进一步加强和对节假日促销的关注，可以推出针对主要节日的白酒，如定位为"中秋第一酒"的江西"月潮"酒。

（5）用途细分。例如，可以针对送礼，可以针对珍藏，可以针对不同场合的饮用，送礼要送出意义。

（6）个性化细分。在竞争品牌众多且产品同质化非常严重的今天，品牌个性能赋予消费者更亲近和更生动的东西，消费者会把品牌个性特征与自身的特征相联系，在消费该品牌的产品时，可获得自我的肯定和社会的认同。例如"小角楼"的小包装细分策略、"宁夏红"的营养酒细分策略、五粮液集团的保健酒细分品牌策略等。

总之，细分的方式将呈现出多种形式，有渠道方面、终端方面、品牌内涵等等，通过细分获得进入市场的切入点，在细分市场获得市场的生存权及利润基础，从而达到通路产品满足市场的目的。

摘录自 http://blog.ceconlinebbs.com/BLOG_ARTICLE_191796.HTM

随着统计学的发展,统计分析的方法由原来的单变量分析演进为多变量分析,多变量分析用于确定两个以上变量之间的关系,如上一章中介绍的回归分析便是其中一种多变量分析方法。市场调研分析中常需要用到不同的多变量分析方法,以下针对较常用到的方法进行介绍。

第一节 因子分析

市场调研过程中所涉及的变量众多,并且变量之间存在一定的相关性,这往往会造成调研人员分析上的困难。因此,在简化变量的工作上,通常会使用因子分析进行处理,以便完成决策分析的工作。

一、因子分析基本原理

因子分析(factor analysis)是一种数据简化和降维的多变量分析方法。在变量之间存在内在相关性时,试图探索数据中的基本结构,并用少数几个假想变量来描述这些多变量的主要信息,进而将数据降至调研分析人员可以掌握的水平。因子分析没有因变量,并且要求分析变量必须是连续型数据。

因子模型可表示为:

$$x_i = \alpha_{i1}F_1 + \alpha_{i2}F_2 + \cdots + \alpha_{im}F_m + \varepsilon_i \quad (i=1, 2, \cdots, p)$$

即

$$\begin{pmatrix} x_1 \\ x_2 \\ \vdots \\ x_p \end{pmatrix} = \begin{pmatrix} a_{11} & a_{12} & \cdots & a_{1m} \\ a_{21} & a_{22} & \cdots & a_{2m} \\ \vdots & \vdots & \cdots & \vdots \\ a_{p1} & a_{p2} & \cdots & a_{pm} \end{pmatrix} \begin{pmatrix} F_1 \\ F_2 \\ \vdots \\ F_m \end{pmatrix} + \begin{pmatrix} \varepsilon_1 \\ \varepsilon_2 \\ \vdots \\ \varepsilon_p \end{pmatrix}$$

或

$$X = AF + \varepsilon$$

调研所用的原始变量为可观测的显在变量(即 $x_1, x_2, \cdots, x_p$),而假想变量是不可观测的潜在变量,被称为因子(即 $F_1, F_2, \cdots, F_m$)。每个因子皆是一组根据各题项对于因子贡献而得的加权组合,m 个共同因子的变化可以解释各个变量的大部分变异,换句话说,调研分析人员可以用这 m 个因子预测每个原始变量的大部分变化。

(一)因子分析中的重要指标

(1)因子载荷(factor loading):方程式中的系数是对应的观测变量与因子的相关系数,被称为因子载荷,说明两者的关系强度,主要反映该因子对相应原始变量的贡献力。

(2)共同度(communalities):也被称为公因子方差,是某一变量在所有因子上的载荷的平方和，反映了该变量可以被共同因子解释的变异量的比例，是衡量因子分析效果的常用指标。

（3）特征值（eigenvalue）：特征值是某因子对每个原始变量载荷的平方和，即因子的方差贡献。将每个因子的特征值除以原始变量个数，则为该因子对所有原始总方差解释能力的比例。因子分析即希望以最少的因子对总方差做最大的解释，因此，抽取的因子越少越好，但累积的总方差解释力越大越好。

（二）因子分析的主要步骤

依据上述因子分析的核心目的，因子分析主要可由以下步骤来进行。

1. 确认是否适合进行因子分析

因子分析主要是抽取原始变量之间信息重叠的部分为因子，达成对原始变量进行简化的目的。因此，进行因子分析的前提便是要求原始变量之间应存在较强的相关关系，否则便无法抽取出共同因子。通常有以下几种判断指标。

（1）计算相关系数矩阵（correlation matrix）。如果相关系数矩阵中大部分相关系数小于 0.3，则不适合进行因子分析。由于市场调研原始变量通常较多，建立的相关矩阵观察不易，一般不采用此方法。

（2）巴特利特球形度检验（Bartlett test of sphericity）。Bartlett 球形度检验的目的是检验相关矩阵是否为单位矩阵，如果是单位矩阵，则不适合进行因子分析。Bartlett 球形度检验的原假设为相关矩阵是单位矩阵，显著性水平越小（一般小于 0.05），表示数据越适合进行因子分析。

（3）*KMO*（Kaiser-Meyer-Olkin）。*KMO* 值越高，表示原始变量之间的共同因子越多，适合进行因子分析。常用的度量标准：0.9 以上表示非常适合，0.8 表示适合，0.7 表示一般，0.6 表示不太适合，0.5 以下表示极不适合。

2. 抽取共同因子

决定因子抽取的方法有主成分分析法、未加权的最小平方法、综合最小平方法、最大似然法、主轴因子法等，研究人员较常用的是主成分分析法。

3. 决定因子数目

目前并无精确的决定因子数目的方法，但通常是借助两个准则来决定。一是取特征值大于或等于 1 的主成分作为因子数目；二是利用碎石图曲线开始变平坦的前一点，该点被认为是提取的最大因子数。

4. 转轴以增加因子的可解释性

通常在抽取初始因子后，无法快速对因子进行解释，因此，调研分析人员会进一步做因子旋转，使因子的意义更容易解释。因子旋转的转轴法有：最大方差法、最大四次方值法、最大平衡值法、直接斜交法、斜交法。不同的因子旋转方法各有特点，在实务上，最大方差法是较常被应用的方法。

5. 因子命名并计算因子得分

转轴后可根据因子所包含原始变量的共同特征进行因子命名。另外，进一步计算各样本在各因子上的得分可作为后续分析的输入变量。

二、因子分析操作步骤

因子分析在市场调研分析过程中经常被广泛地使用,IBM SPSS Statistic 提供了因子分析方法,用户可依分析所需进行操作。以下介绍因子分析操作步骤。

> 【例 11-1】星巴克(Starbucks)成立于 1971 年,是在美国华盛顿州西雅图市发展起来的,现在已经是全球最大的咖啡连锁店。满意度被企业视为维持与顾客关系最重要的决定因素,顾客满意度主要来源于顾客对产品和服务等相关因素的感知与距离感,当顾客在做出购买决策时,顾客满意度会影响到顾客的购买情况。本案例为 2016 年对星巴克的 500 位顾客进行的调查(国内星巴克顾客满意度影响因素研究.sav),主要询问影响星巴克满意度的题项,共 12 题(如表 11-1 所示),并且以李克特 5 刻度量表进行问卷设计,试以因子分析将下列题项归类,找出共同因子。

表 11-1 星巴克满意度调研题项

题 项
A1 星巴克门店所陈列的艺术品让我感觉有独特之美
A2 星巴克门店所陈列的艺术品适当地展现风格品味
A3 星巴克门店所陈列的艺术品让我有流行时尚的感觉
B1 星巴克员工对商品具有一定的专业知识,可以去帮助顾客
B2 星巴克员工很友善并且会主动帮助消费者
B3 星巴克服务顾客时员工的反应是迅速的
C1 星巴克在消费者中的口碑非常好
C2 星巴克在咖啡行业处于领先地位
C3 星巴克值得信赖
D1 星巴克产品的外形设计出众
D2 星巴克产品的外观包装很容易辨别
D3 星巴克标志令人喜欢

在 SPSS 主界面中,选择"分析"—"降维"—"因子分析",弹出"因子分析"对话框,从左边变量列表框中,分别选择原始变量至右边对应的文本框内,用户可根据分析所需,在对话框的右侧按钮进行设置,最后,单击"确定",即可得出因子分析结果,见图 11-1。

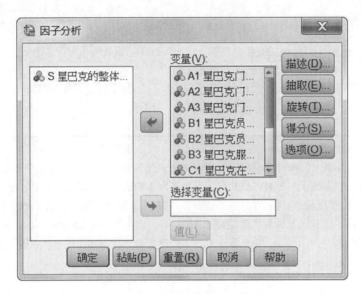

图 11-1 "因子分析"对话框

"描述":单击后出现"因子分析:描述统计"对话框(见图 11-2),用户可分别选择需要的统计量"Statistics"及相关性矩阵检验。如前所述,相关性矩阵通常使用 KMO 和 Bartlett 球形度检验。

图 11-2 "因子分析:描述统计"对话框

"抽取":单击后出现"因子分析:抽取"对话框,用户可选择因子抽取的方法,同时在下方抽取的选项框中,根据自身需求选择由特征值或自定义决定因子数目,见图 11-3。

图11-3 "因子分析：抽取"对话框

"旋转"：单击后出现"因子分析：旋转"对话框，用户可以设定转轴方法。如前所述，在此选择实务上较常用的最大方差法，见图11-4。

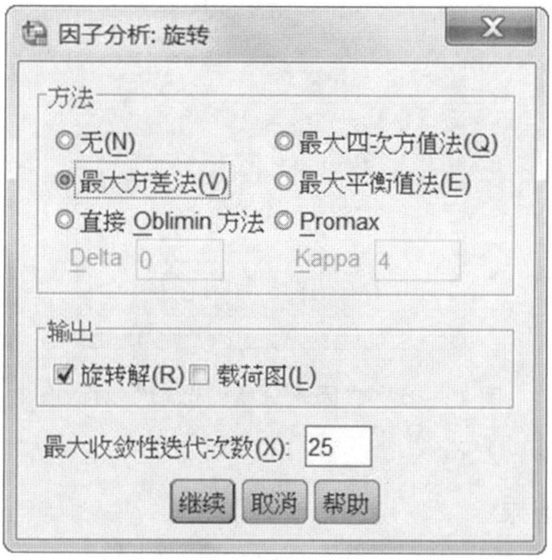

图11-4 "因子分析：旋转"对话框

"得分"：单击后出现"因子分析：因子得分"对话框，用户在因子分析完成后，可将因子得分依据所选择的方法保存为变量，作为后续分析的变量，见图11-5。

图 11-5 "因子分析:因子得分"对话框

"选项":单击后出现"因子分析:选项"对话框,用户可设定缺失值处理方式,以及系数显示格式,以方便因子的归类与判断,见图 11-6。

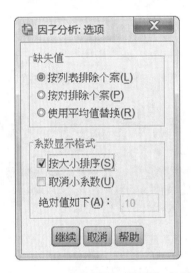

图 11-6 "因子分析:选项"对话框

三、因子分析结果

根据前述操作步骤,我们以因子分析方法进行变量的降维,得到输出结果,说明如下。

(一) 描述统计

描述统计表可以清楚地看出每一题项的描述性统计值,使用户对题项的分布有概括性的了解。由表 11-2 可以得出,样本数为 500,所有题项的平均值分布在

3.64~4.55 之间。

表 11-2 题项描述统计

题 项	平均值	标准偏差	分析数
A1 星巴克门店所陈列的艺术品让我感觉有独特之美	3.64	0.756	500
A2 星巴克门店所陈列的艺术品适当地展现风格品味	3.71	0.798	500
A3 星巴克门店所陈列的艺术品让我有流行时尚的感觉	3.68	0.722	500
B1 星巴克员工对商品具有一定的专业知识,可以去帮助顾客	3.89	0.833	500
B2 星巴克员工很友善并且会主动帮助消费者	3.91	0.750	500
B3 星巴克服务顾客时员工的反应是迅速的	3.75	0.732	500
C1 星巴克在消费者中的口碑非常好	3.77	0.690	500
C2 星巴克在咖啡行业处于领先地位	3.82	0.609	500
C3 星巴克值得信赖	3.86	0.729	500
D1 星巴克产品的外形设计出众	4.02	0.780	500
D2 星巴克产品的外观包装很容易辨别	4.55	0.607	500
D3 星巴克标志令人喜欢	3.91	0.766	500

(二) *KMO* 和 Bartlett 球形度检验

主要用于确认原始题项是否适合进行因子分析。由表 11-3 可以得出,*KMO* 为 0.77,接近 0.8,Bartlett 的球形度检验显著性为 0.000,显示本题项组适合进行因子分析。

表 11-3 *KMO* 和 Bartlett 球形度检验

KMO 取样适切性量数		0.770
Bartlett 的球形度检验	上次读取的卡方	2 902.551
	自由度	66
	显著性	0.000

(三) 公因子方差

公因子方差即共同度,反映某一变量可以被共同因子解释的变异量的比例,该值越大越好。举例来说，由表 11-4 可知，"A1 星巴克门店所陈列的艺术品让我感觉有独特之美"变量，可以被共同因子解释的变异量的比例为 0.822，表示该变量可被所有公共因子解释到大部分，应该予以保留。

表 11-4 公因子方差

题 项	初始值	提取
A1 星巴克门店所陈列的艺术品让我感觉有独特之美	1.000	0.822
A2 星巴克门店所陈列的艺术品适当地展现风格品味	1.000	0.791
A3 星巴克门店所陈列的艺术品让我有流行时尚的感觉	1.000	0.749
B1 星巴克员工对商品具有一定的专业知识，可以去帮助顾客	1.000	0.756
B2 星巴克员工很友善并且会主动帮助消费者	1.000	0.729
B3 星巴克服务顾客时员工的反应是迅速的	1.000	0.759
C1 星巴克在消费者中的口碑非常好	1.000	0.837
C2 星巴克在咖啡行业处于领先地位	1.000	0.652
C3 星巴克值得信赖	1.000	0.663
D1 星巴克产品的外形设计出众	1.000	0.794
D2 星巴克产品的外观包装很容易辨别	1.000	0.624
D3 星巴克标志令人喜欢	1.000	0.670

注：提取方法为主成分分析

（四）总方差解释

该表主要反映公共因子可以解释总方差变异的情况，累积值越大越好。由表 11-5 可以看出，本案例用 4 个公共因子，总方差的累积解释力达到 73.722%。

表 11-5 总方差解释

组件	初始特征值			提取载荷平方和			旋转载荷平方和		
	总计	方差百分比（%）	累计百分比（%）	总计	方差百分比（%）	累计百分比（%）	总计	方差百分比（%）	累计百分比（%）
1	4.774	39.782	39.782	4.774	39.782	39.782	2.612	21.767	21.767
2	1.569	13.073	52.855	1.569	13.073	52.855	2.331	19.425	41.192
3	1.284	10.703	63.558	1.284	10.703	63.558	1.962	16.350	57.542
4	1.220	10.164	73.722	1.220	10.164	73.722	1.942	16.180	73.722
5	0.733	6.107	79.829						

续表 11-5

组件	初始特征值			提取载荷平方和			旋转载荷平方和		
	总计	方差百分比（%）	累计百分比（%）	总计	方差百分比（%）	累计百分比（%）	总计	方差百分比（%）	累计百分比（%）
6	0.639	5.321	85.150						
7	0.442	3.681	88.830						
8	0.369	3.075	91.905						
9	0.329	2.739	94.644						
10	0.235	1.961	96.605						
11	0.233	1.940	98.545						
12	0.175	1.455	100.000						

注：提取方法为主成分分析

（五）碎石图

碎石图用于决定因子数目，其曲线开始变平坦的前一点被认为是提取的最大因子数。由图 11-7 可看出，曲线由 5 号开始变得平坦，故可决定公共因子数目为 4 个。

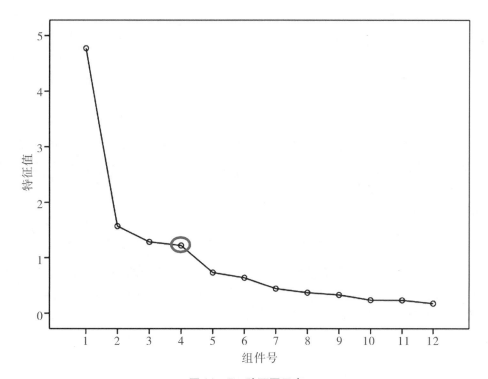

图 11-7　碎石图示意

(六) 成分矩阵

为便于对题项进行归属,用户可直接查看旋转后的成分矩阵。由表 11-6 可得出,A1、A2、A3 属于第一个因子,B1、B2、B3 属于第二个因子,C1、C2、C3 属于第三个因子,D1、D2、D3 属于第四个因子。

表 11-6 旋转后的成分矩阵

题 项	组 件			
	1	2	3	4
A1 星巴克门店所陈列的艺术品让我感觉有独特之美	0.866	0.143	0.144	0.178
A2 星巴克门店所陈列的艺术品适当地展现风格品味	0.844	0.184	0.205	-0.061
A3 星巴克门店所陈列的艺术品让我有流行时尚的感觉	0.771	0.160	0.018	0.359
B1 星巴克员工对商品具有一定的专业知识,可以去帮助顾客	0.174	0.821	0.225	-0.028
B2 星巴克员工很友善并且会主动帮助消费者	0.007	0.789	0.001	0.327
B3 星巴克服务顾客时员工的反应是迅速的	0.366	0.757	0.155	0.166
C1 星巴克在消费者中的口碑非常好	0.009	0.170	0.898	0.050
C2 星巴克在咖啡行业处于领先地位	0.228	-0.040	0.724	0.273
C3 星巴克值得信赖	0.202	0.454	0.643	0.044
D1 星巴克产品的外形设计出众	0.399	-0.082	0.149	0.779
D2 星巴克产品的外观包装很容易辨别	-0.091	0.268	0.059	0.735
D3 星巴克标志令人喜欢	0.364	0.257	0.235	0.645

注:提取方法为主成分分析,旋转方法为 Kaiser 标准化最大方差法

由上表可得到每一个因子由哪些题项组成,进一步便要对因子命名。由上可知,第一个因子中的三个题项包含的共同部分是与陈列有关的,因此可命名为"陈列因素";第二个因子可命名为"服务因素";第三个因子可命名为"形象因素";第四个因子可命名为"产品因素"。

(七) 因子得分

因子得分结果可以直接在数据视图中生成因子得分的新变量,FAC1_1 至 FAC4_1 为因子分析后生成的每个样本分别在 4 个因子上的得分,这 4 个变量可用于后续的分析之中,见图 11-8。

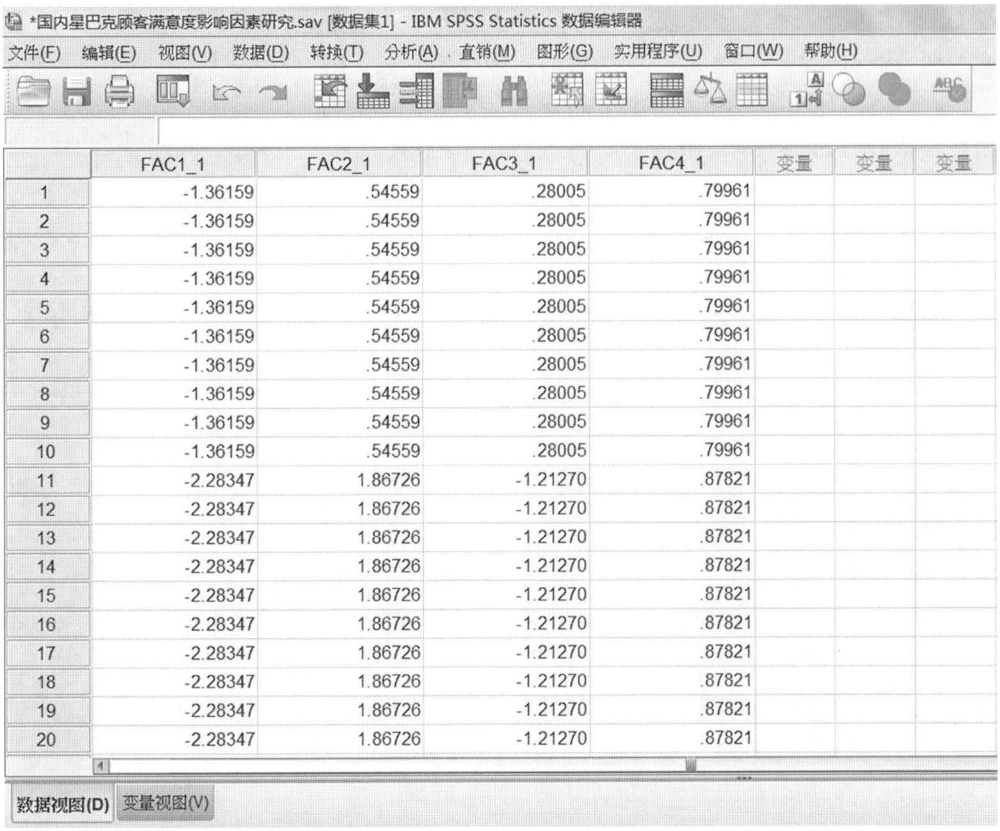

	FAC1_1	FAC2_1	FAC3_1	FAC4_1	变量	变量	变量
1	-1.36159	.54559	.28005	.79961			
2	-1.36159	.54559	.28005	.79961			
3	-1.36159	.54559	.28005	.79961			
4	-1.36159	.54559	.28005	.79961			
5	-1.36159	.54559	.28005	.79961			
6	-1.36159	.54559	.28005	.79961			
7	-1.36159	.54559	.28005	.79961			
8	-1.36159	.54559	.28005	.79961			
9	-1.36159	.54559	.28005	.79961			
10	-1.36159	.54559	.28005	.79961			
11	-2.28347	1.86726	-1.21270	.87821			
12	-2.28347	1.86726	-1.21270	.87821			
13	-2.28347	1.86726	-1.21270	.87821			
14	-2.28347	1.86726	-1.21270	.87821			
15	-2.28347	1.86726	-1.21270	.87821			
16	-2.28347	1.86726	-1.21270	.87821			
17	-2.28347	1.86726	-1.21270	.87821			
18	-2.28347	1.86726	-1.21270	.87821			
19	-2.28347	1.86726	-1.21270	.87821			
20	-2.28347	1.86726	-1.21270	.87821			

图 11－8 因子得分

第二节 聚 类 分 析

生活中我们常常遇到需要将人或事物分类的问题。在市场调研过程中，往往也需要根据消费者不同的特性对市场进行细分。然而，影响市场细分的因素很多，且因素间也可能相互影响。因此，调研分析人员便需要利用聚类分析（cluster analysis）来完成工作。

一、聚类分析基本原理

聚类分析主要目的是将数据进行分类，研究“物以类聚，人以群分”的一种统计方法。该方法是依据某种准则对样本或变量进行分类的分析方法，按相似性的程度进行归类，即同类的个体有较大的相似性，而不同类的个体差异很大。聚类分析是一种互依分析，所使用的数据可以是类别型量表数据，也可以是连续型量表数据。

聚类分析根据分类对象不同可分为样本聚类（Q 型聚类）与变量聚类（R 型聚

类)。在实务上,聚类分析较常用来对样本进行聚类,因此本节将主要以样本聚类来说明聚类分析的方法,而变量聚类的方法与样本聚类的方法相同,故此不再赘述。

在市场调研中,聚类分析的应用非常广泛,除了上述的市场细分外,还可以应用在消费者行为、识别竞争市场、发现潜在市场等。例如,根据不同消费者对产品的购买行为,可将消费者进行分类,以便于企业进行市场定位与制定营销决策;对品牌或产品进行聚类,可以识别相近的品牌与产品,进而了解竞争对手优劣势,同时也能在过程中发现潜在的市场,创造新的市场机会。

聚类分析一般会包含五个步骤:选择聚类变量、计算相似性、决定聚类方法、确定聚类个数以及解释聚类群体。

(一)选择聚类变量

在进行聚类之前,首先要了解研究的主题,再根据主题确定用来进行聚类分析的变量,因为聚类分析是根据选定的变量对样本进行分类,因此变量的选择在聚类分析中非常重要。一般而言,选择的聚类变量具有以下特点。

(1)与研究主题相关联。
(2)能反映聚类对象的特征。
(3)在不同研究对象上的数值有显著差异。
(4)变数之间不应该高度相关。

(二)计算相似性

相似性(similarity)是聚类分析的基本概念,主要反映样本数据之间的亲疏程度,通常是以计算样本之间的距离或关联来度量。聚类分析时会将距离近的样本分属于同一类,距离远的则分属不同类。对不同类型的数据需采用不同的统计量来度量距离或关联。由于篇幅关系,本教材仅介绍适用于连续型变量中较常用的距离计算方法。

(1)欧氏距离(Euclidean distance):所有变量差值平方和的平方根。假设有 k 个聚类变量,则两样本 (x, y) 的距离计算公式如下:

$$D(x,y) = \sqrt{\sum_{i=1}^{k}(x_i - y_i)^2}$$

(2)欧氏距离平方(square Euclidean distance):两样本 (x, y) 的距离是所有变量差值的平方和。计算公式如下:

$$D^2(x,y) = \sum_{i=1}^{k}(x_i - y_i)^2$$

(3)切氏距离(Chebychev distance):两样本 (x, y) 的距离是所有变量差值的绝对值中的最大值。计算公式如下:

$$D(x,y) = \max|x_i - y_i|$$

(4)曼哈顿距离(Manhattan distance):两样本 (x, y) 的距离是所有变量差值的绝对值总和。计算公式如下：

$$D(x,y) = \sum_{i=1}^{k} |x_i - y_i|$$

（三）决定聚类方法

聚类分析方法有很多种，主要可分为层次聚类（hierarchical cluster）和非层次聚类（non-hierarchical cluster）。层次聚类通常所需花费的计算时间与成本相当高，而非层次聚类相对所用的计算时间较短。目前较为广泛使用的方法为 K 平均值法（K-means），主要源于该方法对于所产生的聚类结果唯一性的特性。

（四）确定聚类个数

确定聚类个数是相对难度较大的过程，目前尚未有完全精确的确定聚类个数的方法。在实务上，调研分析人员应根据实际目的与使用角度来决定适合的聚类个数。值得一提的是，聚类分析结果不存在某个分类的样本很多，或者某个分类的样本特别少的情况；此外，为了便于对聚类的命名与样本特征进行解释，聚类个数不宜过多。

（五）解释聚类群体

对聚类群体的解释是对各个聚类的样本特征进行准确的描述，进而为不同的聚类命名。例如，可以根据消费者对生活形态的衡量，将喜欢时尚小物但收入不高的女性命名为"时尚小资女"。

二、聚类分析操作步骤

聚类分析在市场或消费者细分中经常被广泛地使用，IBM SPSS Statistic 提供了聚类分析方法，用户可依分析所需进行操作。以下介绍聚类分析操作步骤。

【例11－2】在传统电视媒体优质资源的基础上，"互联网＋电视"视频平台的诞生很好地填补了人们生活的碎片化时间，满足人们休闲娱乐的需求。本案例为2015年对使用"互联网＋电视"的358位用户进行的 AIO 生活形态量表的调查（互联网＋电视视频平台观众生活形态量表研究.sav），共10题（如表11－7所示），并且以李克特5刻度量表进行问卷设计。本案例以 AIO 生活形态量表对用户进行有效的市场细分，所得结果可作为企业制定营销决策的依据。

表 11-7 AIO 题项

题　项
我经常听流行音乐
工作之余，我经常进行休闲和娱乐活动
在社交活动中，我是比较活跃的分子
我喜欢团体活动，并容易为他人所接受
观看网络视频是我主要的娱乐方式
我会在网络上观看综艺、体育、音乐、电影、连续剧等视频节目
我有很强的好奇心，喜欢学习新东西
我经常在生活中为自己确立更高的目标
我会参加学习以扩展未来
我非常重视自己的仪容

在 SPSS 主界面中，选择"分析"—"分类"—"K 平均值聚类"，弹开"K 平均值聚类分析"对话框，从左边变量列表框中，选择聚类变量至右边对应的文本框内，在"聚类数"的空格中输入要聚类的个数，用户可根据分析所需，在对话框的右侧按钮进行设置，最后，单击"确定"，即可得出聚类分析结果，见图 11-9。

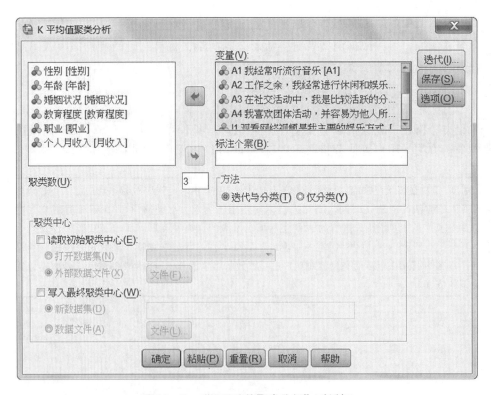

图 11-9　"K 平均值聚类分析"对话框

"迭代"：单击后出现"K平均值聚类分析：写入文件"对话框，用户可分别设定"最大迭代次数"及"收敛性标准"，见图11-10。

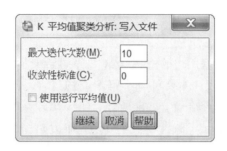

图11-10 "K平均值聚类分析：写入文件"对话框

"保存"：单击后出现"K-Means 聚类：保存新变量"对话框，用户可勾选是否要保存"聚类成员"及"与聚类中心的距离"为新变量，作为后续分析的变量，见图11-11。

图11-11 "K-Means 聚类：保存新变量"对话框

"选项"：单击后出现"K平均值聚类分析：选项"对话框，用户可依分析需要进行对话框选项设定，见图11-12。

图11-12 "K平均值聚类分析：选项"对话框

三、聚类分析结果

根据前述聚类分析操作步骤，得到输出结果，说明如下。

（一）聚类个案数量

聚类分析结果中，依据用户的选择会给出"初始聚类中心""迭代历史记录""最终聚类中心"等结果表，主要可以了解聚类的过程。然而，聚类分析结果最主要要了解聚类中的个数是否恰当。如前所述，不要出现某个分类的样本很多或者某个分类的样本特别少的情况。由表 11-8 可知，本分析结果设定为 3 个聚类，聚类中的个数分别为 96 位、183 位及 79 位，显示聚类个数没有差异太大。

表 11-8　聚类中的个案数量

聚　　类	聚类个数
1	96.000
2	183.000
3	79.000
有效	358.000
缺失	0.000

（二）聚类成员

聚类分析的目的是要将相似性高的样本归为一类，因此聚类分析的结果最重要的便是要知道样本是属于哪一个聚类。SPSS 提供了储存聚类成员的功能，可以将聚类分析的成员结果生成为 1 个变量（QCL_1），1 表示属于第一个聚类，2 表示属于第二个聚类，该变量可作为聚类验证或后续分析的用途，见图 11-13。

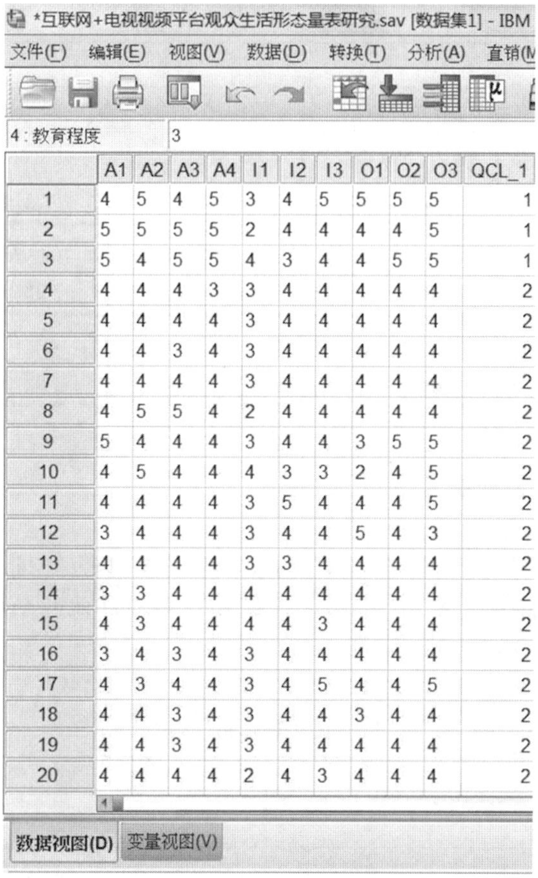

	A1	A2	A3	A4	I1	I2	I3	O1	O2	O3	QCL_1
1	4	5	4	5	3	4	5	5	5	5	1
2	5	5	5	5	2	4	4	4	4	5	1
3	5	4	5	5	4	3	4	4	5	5	1
4	4	4	4	3	3	4	4	4	4	4	2
5	4	4	4	4	3	4	4	4	4	4	2
6	4	4	3	4	3	4	4	4	4	4	2
7	4	4	4	4	3	4	4	4	4	4	2
8	4	5	5	4	2	4	4	4	4	4	2
9	5	4	4	4	3	4	4	3	5	5	2
10	4	5	4	4	4	3	3	2	4	5	2
11	4	4	4	4	3	5	4	4	4	5	2
12	3	4	4	4	3	4	4	5	4	3	2
13	4	4	4	4	3	3	4	4	4	4	2
14	3	3	4	4	4	4	4	4	4	4	2
15	4	3	4	4	4	4	3	4	4	4	2
16	3	4	3	4	3	4	4	4	4	4	2
17	4	3	4	4	3	4	5	4	4	5	2
18	4	4	3	4	3	4	4	3	4	4	2
19	4	4	3	4	3	4	4	4	4	4	2
20	4	4	4	4	2	4	3	4	4	4	2

图 11－13　聚类成员

（三）聚类命名

调研分析人员可进一步根据聚类结果进行用户特征的分析，并进行聚类命名。举例来说，可以将聚类结果与年龄进行交叉表分析（见表 11－9）。从表中我们可以看出：对 24 岁及以下的群体而言，第一个聚类的比例相对高于其他两个聚类；对 25～30 岁的群体而言，第三个聚类的比例相对高于其他两个聚类；而对 31 岁以上的群体而言，第二个聚类的比例相对高于其他两个聚类。

表 11-9 聚类与年龄交叉

聚类		年龄			总计
		24岁及以下	25～30岁	31岁以上	
1	n	59	13	24	96
	百分比（%）	61.5%	13.5%	25.0%	100.0%
2	n	103	28	52	183
	百分比（%）	56.3%	15.3%	28.4%	100.0%
3	n	42	17	20	79
	百分比（%）	53.2%	21.5%	25.3%	100.0%
总计	n	204	58	96	358
	百分比（%）	57.0%	16.2%	26.8%	100.0%

另外，可以再将聚类结果与性别进行交叉表分析（见表 11-10）。从表中我们可以看出：对男性而言，第二个聚类的比例相对高于其他两个聚类；对女性而言，第一、第三聚类的比例相对较高。

表 11-10 聚类与性别交叉

聚类		性别		总计
		男	女	
1	n	38	58	96
	百分比（%）	39.6%	60.4%	100.0%
2	n	86	97	183
	百分比（%）	47.0%	53.0%	100.0%
3	n	32	47	79
	百分比（%）	40.5%	59.5%	100.0%
总计	n	156	202	358
	百分比（%）	43.6%	56.4%	100.0%

根据表 11-9 和表 11-10，第一个聚类中 24 岁及以下或女性居多，可以命名为"年轻女性群"；第二个聚类中 31 岁以上或男性居多，可以命名为"熟男群"；第三个聚类中 25～30 岁或女性居多，可以命名为"轻熟女群"。"互联网+电视"平台可根据不同的细分聚类量身定制适合的决策。此外，为了使聚类命名更精确，建议可以使用多个变量作为命名的依据。

第三节 判别分析

市场调研过程中也常常会出现需要进行判别的问题，例如满意与不满意客户的判别、忠诚与非忠诚客户的判别、诈欺与非诈欺客户的判别。这类型的问题通常可以利用统计上的判别分析方法来解决。

一、判别分析基本原理

判别分析（discriminant analysis）是一种统计鉴别与分类的技术，是根据调研过程中所观测或测量的变量值对样本进行判别的统计方法。判别分析主要适用于类别型的因变量与多个连续型的自变量所进行的分析。该分析主要是为了找出因变量与不同自变量的对应关系，在错判率最小的原则下，建立可以鉴别出不同类别数据的判别函数，进而利用此判别函数鉴别未知分类的样本，判别其应归属的类别。

判别分析的基本模型就是判别函数，即因变量与多个自变量之间的现行函数关系，其函数模型可表示为：

$$y = b_0 + b_1 x_1 + b_2 x_2 + \cdots + b_i x_i + \cdots + b_k x_k \quad (i = 1, 2, \cdots, k)$$

其中，y 是判别分数，b_0 为常数项，b_i 为判别系数，x_i 为自变量。

判别分析的原理在于根据样本数据可以计算出一个判别临界值 y_0，将其作为判断样本归属到哪个类别的基准。例如，假设要判别 A、B 两类，若判别分析所得的判别分数 $y_i > y_0$，则判定为 A 类；若 $y_i < y_0$，则判定为 B 类。

调研分析人员在进行判别分析时，通常可以根据下列步骤进行，以下将逐一介绍。由于统计指标计算过程涉及其他复杂的矩阵代数，这里不再赘述，有兴趣者可参见相关数理统计图书。

1. **确定问题与研究变量**

判别分析首先就是确认要分析的问题，了解调研的主要目的，根据研究主题确认判别分析的因变量与自变量。判别分析的要求是因变量需为类别型变量，如果取得的因变量不是类别型数据，则需要进一步转换。

2. **建立判别函数**

在建立判别函数过程中，必须先确定估计判别系数的方法。一般可分为完全进入法（enter）或者逐步进入法（stepwise）。为了有效避免自变量的多重共线性，较常使用逐步进入法。

在建立好判别函数后，我们需要对判别函数进行检验，通常有两种方法。

（1）距离判别。根据样本到每个分类重心的距离远近，可以将样本归类到最接近的分类。最常使用的是马氏距离（Mahalanobis distance）。这种以距离为判别的准则是最简单且最直观的。

（2）费希尔（Fisher）判别。费希尔判别又被称为典则（canonical）判别。该方法是由费希尔所创，主要概念就是将高维度空间的自变量组合投影到较低维度的空间上再进行分类。投影的原则便是找到使不同类别之间的差异最大的线性组合。其优势在于对分布及方差等没有限制，而且可以直接以手工计算的方式直接对新样本进行判别，应用较为广泛。

3. 解释与评估结果

在判别函数确定后，我们应该通过一定的方法确认变量的相对重要性。如此一来，我们可以确认出每个自变量对因变量的影响程度，并进一步对因变量进行解释。另外，我们也必须对判别函数进行评估，一般可以通过分类结果（classification results），或称混淆矩阵（confusion matrix）来评估其分类效果。

二、判别分析操作步骤

判别分析用于解决市场调研中分类的问题，IBM SPSS Statistic 提供了判别分析方法，以下介绍判别分析操作步骤。

> 【例11-3】随着社会经济不断改善提高，机动车保险产业发展也越来越快。机动车保险市场竞争势必会变得更加激烈，所以了解消费者主动购买机动车保险情况将有助于业务发展。本案例为2015年对208位某城市机动车保险消费者进行的调查，主要询问影响其主动购买的因素，据此计算出平均得分，共有5个指标（自变量），分别是服务质量、价格、主观规范、顾客认知及涉入度。因变量为主动购买（购买机动车保险调查.sav）。试以判别分析预测消费者是否主动购买保险。

在 SPSS 主界面中，选择"分析"—"分类"—"判别"，弹开"判别分析"对话框，从左边变量列表框中，将"购买行为"移入右边"分组变量"内，并点击下方"定义范围"按钮（本例最小值为0，最大值为1），将"服务质量""价格因素""主观规范""顾客认识""涉入度"移入右边"自变量"文本框内，同时选择"使用步进法"，用户可根据分析所需，在对话框的右侧按钮进行设置，最后，单击"确定"，即可得出判别分析结果，见图11-14。

第十一章 多变量分析方法

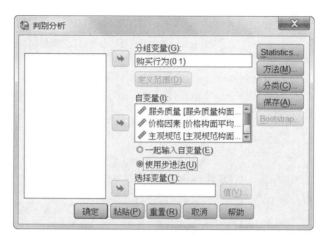

图 11 – 14 "判别分析"对话框

"Statistics":单击后出现"判别分析:统计"对话框,用户可在"描述性"中选择所需要的描述性统计结果,在"函数系数"中选择适当的参数,见图11 – 15。

图 11 – 15 "判别分析:统计"对话框

"方法":单击后出现"判别分析:步进法"对话框,用户可在"方法"列表框中选择(此处选择系统默认的"Wilks' lambda"),在"标准"选项中根据需要选择"使用 F 值"或"使用 F 的概率"进行估计,见图 11 – 16。

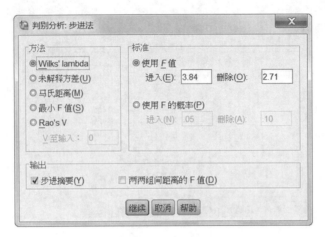

图 11-16 "判别分析：步进法"对话框

"分类"：单击后出现"判别分析：分类"对话框，在"先验概率"中选择"根据组大小计算"，在"输出"中选择"留一分类"（交叉验证方法），其他维持默认，见图 11-17。

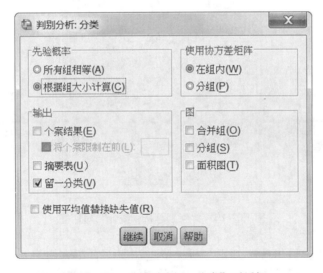

图 11-17 "判别分析：分类"对话框

"保存"：单击后出现"判别分析：保存"对话框，用户可以选择要保存的变量作为后续分析的变量，见图 11-18。

第十一章 多变量分析方法

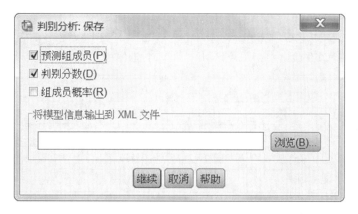

图 11-18 "判别分析：保存"对话框

三、判别分析结果

根据前述判别分析操作步骤，得到输出结果，说明如下。

（一）描述统计

描述统计表可以清楚地看出不同分组中每一变量的描述性统计值，使用户对题项的分布有概括性的了解。由表 11-11 可以看出，总样本数为 208 位，非主动购买有 35 位，主动购买有 173 位。所有题项的平均值分布在 2.695 2~3.905 6 之间。

表 11-11 描述统计

主动购买汽车保险		平均值	标准偏差	有效样本 n（成列）	
				未加权	加权
非主动购买	服务质量	2.923 8	0.889 6	35	35.000
	价格因素	2.828 6	0.793 6	35	35.000
	主观规范	2.971 4	0.912 4	35	35.000
	顾客认知	2.857 1	0.821 6	35	35.000
	涉入度	2.695 2	0.777 0	35	35.000
主动购买	服务质量	3.876 7	0.905 2	173	173.000
	价格因素	3.817 0	0.873 4	173	173.000
	主观规范	3.872 8	0.741 4	173	173.000
	顾客认知	3.905 6	0.721 2	173	173.000
	涉入度	3.801 5	0.789 8	173	173.000

续表 11-11

主动购买汽车保险		平均值	标准偏差	有效样本数 n（成列）	
				未加权	加权
总计	服务质量	3.716 3	0.968 7	208	208.000
	价格因素	3.650 6	0.935 2	208	208.000
	主观规范	3.721 2	0.841 2	208	208.000
	顾客认知	3.729 2	0.835 2	208	208.000
	涉入度	3.615 4	0.888 6	208	208.000

（二）组平均值的同等检验

主要利用 ANOVA 检验每一变量中各分组的平均值是否有显著差异。由表 11-12 可以看出，5 个变量平均值在不同分组间有显著差异。

表 11-12 组平均值的同等检验

变量	Wilks' lambda	F	df_1	df_2	显著性
服务质量	0.864	32.443	1	206	0.000
价格因素	0.843	38.385	1	206	0.000
主观规范	0.839	39.666	1	206	0.000
顾客认知	0.778	58.641	1	206	0.000
涉入度	0.782	57.419	1	206	0.000

（三）特征值

本案例只有两个分组，因此只会产生一个判别函数。表 11-13 为特征值分析表，说明判别函数的特征值为 0.334，可以解释 100% 变异。

表 11-13 特征值

函数	特征值	方差百分比（%）	累计百分比（%）	规范相关性
1	0.334	100.0	100.0	0.501

（四）Wilks' lambda

表 11-14 为 Wilks' lambda 分析，提供了 Wilks' lambda 值、卡方值、自由度和

显著性。由卡方检验可知，此判别函数在 0.05 的显著水平下达显著。

表 11-14 Wilks' lambda

函数检验	Wilks' lambda	卡方	自由度	显著性
1	0.749	59.136	2	0.000

（五）标准化与未标准化判别函数系数

表 11-15 及表 11-16 为标准化与未标准化判别函数系数。由表 11-15 可以看出，最后判别函数使用的变量为顾客认知与涉入度，而且顾客认知对主动购买的判别能力较强。由表 11-16 可以看出，判别函数如下：

主动购买 = -5.257 + 0.758 × 顾客认知 + 0.672 × 涉入度

表 11-15 标准化判别函数系数

变量	函数
	1
顾客认知	0.560
涉入度	0.529

表 11-16 非标准化判别函数系数

变量	函数
	1
顾客认知	0.758
涉入度	0.672
常量	-5.257

（六）分类结果

判别分析最重要的就是输出分类结果，该表主要评估判别分析的预测力。表 11-17 显示，以顾客认知及涉入度作为自变量，对主动购买的判别能力可高达 86.5%。

表 11－17 分类结果

主动购买汽车保险			预测组成员资格		总计
			非主动购买	主动购买	
原始	计数	非主动购买	10	25	35
		主动购买	3	170	173
	占比（%）	非主动购买	28.6	71.4	100.0
		主动购买	1.7	98.3	100.0
交叉验证	计数	非主动购买	10	25	35
		主动购买	3	170	173
	占比（%）	非主动购买	28.6	71.4	100.0
		主动购买	1.7	98.3	100.0

注：（1）86.5% = ［（10＋170）/208］正确分类的原始分组个案

（2）86.5% = ［（10＋170）/208］正确分类的交叉验证分组个案

（七）判别分数

判别分析结果可以直接在数据视图中生成预测组成员及判别分数的新变量，如图 11－19 所示，Dis_1 与 Dis1_1 为判别分析后生成的每个样本的预测判别结果及判别分数，这两个变量可用于后续的分析之中。

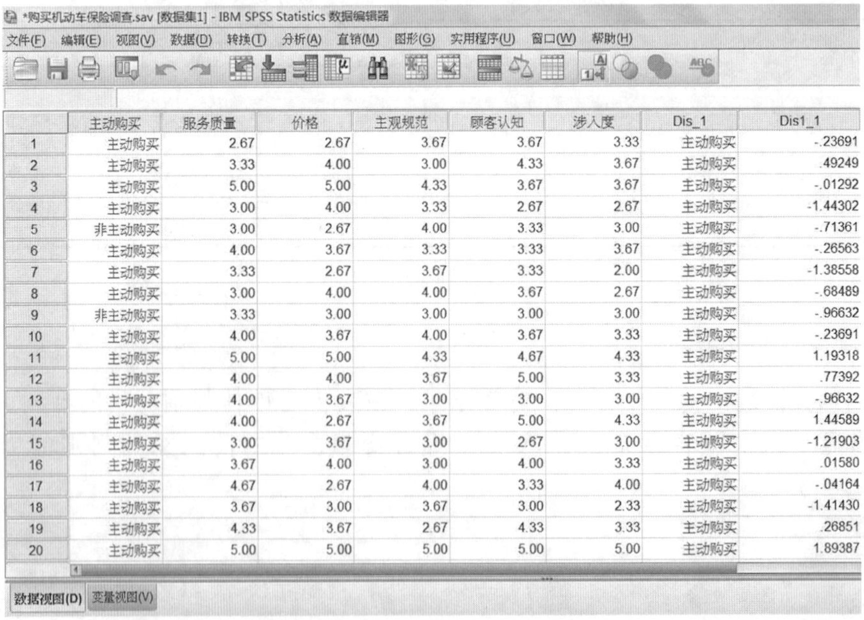

	主动购买	服务质量	价格	主观规范	顾客认知	涉入度	Dis_1	Dis1_1
1	主动购买	2.67	2.67	3.67	3.67	3.33	主动购买	-.23691
2	主动购买	3.33	4.00	3.00	4.33	3.67	主动购买	.49249
3	主动购买	5.00	5.00	4.33	3.67	3.67	主动购买	-.01292
4	主动购买	3.00	4.00	3.33	2.67	2.67	主动购买	-1.44302
5	非主动购买	3.00	2.67	4.00	3.33	3.00	主动购买	-.71361
6	主动购买	4.00	3.67	3.33	3.33	3.67	主动购买	-.26563
7	主动购买	3.33	2.67	3.67	3.33	2.00	主动购买	-1.38558
8	主动购买	3.00	4.00	4.00	3.67	2.67	主动购买	-.68489
9	非主动购买	3.33	3.00	3.00	3.00	3.00	主动购买	-.96632
10	主动购买	4.00	3.67	4.00	3.67	3.33	主动购买	-.23691
11	主动购买	5.00	5.00	4.33	4.67	4.33	主动购买	1.19318
12	主动购买	4.00	4.00	3.67	5.00	3.33	主动购买	.77392
13	主动购买	4.00	3.67	3.00	3.00	3.00	主动购买	-.96632
14	主动购买	4.00	2.67	3.67	5.00	4.33	主动购买	1.44589
15	主动购买	3.00	3.67	3.00	2.67	3.00	主动购买	-1.21903
16	主动购买	3.67	4.00	3.00	4.00	3.33	主动购买	.01580
17	主动购买	4.67	2.67	4.00	3.33	4.00	主动购买	-.04164
18	主动购买	3.67	3.00	3.67	3.00	2.33	主动购买	-1.41430
19	主动购买	4.33	3.67	2.67	4.33	3.33	主动购买	.26851
20	主动购买	5.00	5.00	5.00	5.00	5.00	主动购买	1.89387

图 11－19 判别结果与判别分数

第四节　信 度 分 析

一、信度分析操作步骤

信度是指数据的一致性程度。一般评价信度的方法包括三种：重测信度、复本信度、内部一致性信度。详细内容已于第五章介绍，不再赘述。本节仅针对在问卷设计中最常用的内部一致性信度（也被称为同质性信度，指测验内部所有题项的一致性）的 Cronbach's α 系数进行 SPSS 操作介绍。

> 【例 11 – 4】以"互联网 + 电视视频平台观众生活形态量表研究. sav"档案，确认 AIO 生活形态量表（共 10 题）的信度是否达到问卷设计的标准。

在 SPSS 主界面中，选择"分析"—"度量"—"可靠性分析"，弹出"可靠性分析"对话框，从左边变量列表框中，选择要进行信度分析的题项至"项目"列表框中，由下方"模型"的下拉选单中，选择 Cronbach's α，用户可根据分析所需，在右侧"Statistics"按钮中进行设置，最后，单击"确定"，即可得出信度分析结果，见图 11 – 20。

图 11 – 20　"可靠性分析"对话框

"Statistics"：单击后出现"可靠性分析：统计"对话框，用户可分别在"描述性""摘要""项之间""ANOVA 表"等选项卡中设定，本例勾选"如果项已删除则进行度量"，以确认是否有删除题项的必要，见图 11 – 21。

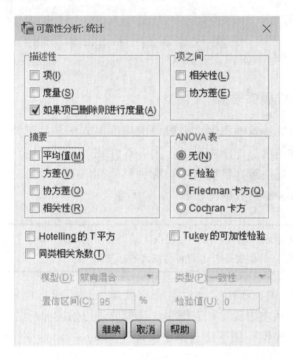

图 11-21 "可靠性分析：统计"对话框

二、信度分析结果

根据信度分析操作步骤得到输出结果，说明如下。

（一）Cronbach's α

信度分析结果中，最主要便是确认 Cronbach's α 值。由表 11-18 可知，问卷整体信度为 0.842，表示问卷信度达到可信的标准，可以作为正式调研问卷。

表 11-18 可靠性统计

克隆巴赫系数 （Cronbach's α）	项　数
0.842	10

（二）题项筛选

上述整体问卷信度已达可信，按理说可直接进行正式调研。不过，基于以下两种状况，可依据表 11-19 进行问卷题项的筛选。一是调研人员想再提高问卷信度；二是企业经费缩减，考虑删减题项。表 11-19 中最右边一栏"项目删除后的克隆巴赫系数"表示删除该变量后的信度,例如,删除"A1 我经常听流行音乐"后,以余下的题项进行信度分析的 Cronbach's α 为 0.830。因此,由表 11-19 可知,删除问卷中的任一题项,对于信度的提升并没有帮助。

如果因为经费缩减必须删减题项,则可优先考虑删除后信度降低最少的变量。例如,删除"I1 观看网络视频是我主要的娱乐方式"。值得注意的是,如果需删除多道题项,删除时必须逐一进行。当第一优先题项删除后,研究人员应该重新进行信度分析,再确认接下来要删除的题项,而不是一次性删除,以免造成偏差。

表 11-19 项目总计统计

题 项	删除项目后的标度平均值	删除项目后的标度方差	校正后项目与总分相关性	项目删除后的克隆巴赫系数
A1 我经常听流行音乐	34.93	19.619	0.523	0.830
A2 工作之余,我经常进行休闲和娱乐活动	34.95	19.636	0.590	0.823
A3 在社交活动中,我是比较活跃的分子	35.20	19.562	0.576	0.824
A4 我喜欢团体活动,并容易为他人所接受	35.12	20.137	0.513	0.830
I1 观看网络视频是我主要的娱乐方式	35.21	20.355	0.409	0.841
I2 我会在网络上观看综艺、体育、音乐、电影、连续剧等视频节目	34.95	19.916	0.577	0.824
I3 我有很强的好奇心,喜欢学习新东西	35.02	19.742	0.618	0.821
O1 我经常在生活中为自己确立更高的目标	35.09	19.520	0.604	0.822
O2 我会参加学习以扩展未来	35.04	20.222	0.551	0.827
O3 我非常重视自己的仪容	34.93	20.909	0.439	0.836

第五节 其他多变量分析方法

一、罗吉斯回归分析

市场调研的预测中,常常会面临是或否两类的决策。如前所述,调研分析人员可以使用判别分析;同时,还有另外一种常用的统计分析方法,被称为罗吉斯回归(logistic regression)分析。

罗吉斯回归类似上一章中介绍的线性回归模式。回归分析是描述一个因变量与一个或多个自变量之间的关系,而通常罗吉斯回归所探讨的因变量是类别型,特别是只有两类(例如"是与否""同意与不同意""成功与失败")的情况。利用罗吉斯回归的目的是建立一个最精简和最能配适的分析结果,而且在实用上合理的模式,建立模式后可用来预测因变量与一组自变量之间的关系。

罗吉斯回归的优点在于它不需要假设分布类型。罗吉斯回归的自变量对因变量的影响方式是以指数的方式来变动,意味着罗吉斯回归无须具有符合正态分布的假设。但是,如果自变量为正态分布,分析结果会比较可靠。在罗吉斯回归分析中,因变量必须为类别型变量,而自变量可以是类别型变量或连续型变量。罗吉斯回归分析曲线如图11-22所示。

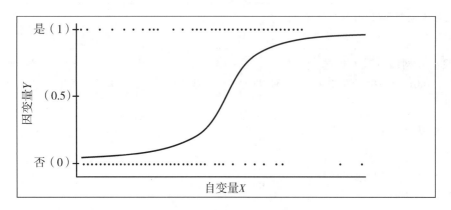

图11-22 罗吉斯回归曲线

罗吉斯回归在实务上的应用非常多,例如,商场的营销部门可以针对客户过去的消费记录及付费习惯,预测找出未来会使用抵用券的客户;银行的销售部门可以根据客户的借贷情况及还款行为进一步预测出会购买投资商品的客户。

二、联合分析

联合分析同样是应用在市场调研上的一种多变量分析技术。市场调研经常想要了解客户最喜爱哪种产品属性（因子），客户心中最需要哪一种水平的产品属性，客户如何在产品的各种属性水平组合上做选择。因此，调研分析人员需要使用联合分析方法，了解客户对产品或某属性的偏好状况。

进行联合分析前，通常调查人员会要求受访者对属性的不同水准进行排序或给分。一般会使用正交设计（orthogonal design），让受访者以最少的水准数来评估每个组合的效用值，经过特定的统计计算，以了解客户心目中实际的需求及较好的属性组合。

联合分析可用于市场调研，对产品、品牌、服务等不同属性的相对重要性进行分析。该方法后来获得广泛的传播及使用，由市场调研的领域延伸到不同的领域，例如金融、医疗、零售、保险、电子商务等。

三、AHP 分析

层次分析法（analytic hierarchy process，AHP）是美国匹兹堡大学 Thomas L. Saaty 教授于 1971 年提出用来处理埃及国防部的应变计划，主要应用于不确定情况及具有多个评估准则的决策问题，是一种直接衡量的方法。

AHP 分析主要是将复杂的问题进行层级分解再组合，并通过系统、有效、可靠以及量化的统计分析方法加以综合的评估，最后提供决策者适当的选择方案，以降低错误决策的风险，是对定性问题进行定量分析的一种简便、灵活而又实用的多准则决策方法。该方法的优点在于将主观的决策模式化，理论简单、操作容易而且是综合多数专家的意见进行决策，因此，最后结果可以作为群体决策的基础。

AHP 适用于解决市场分析过程中所遇到的不同类型的问题，例如替代方案的建立、选择最佳方案、资源分配、需求确认、风险评估、系统设计、绩效量测等，在市场分析中的使用是相当广泛的。

本 章 小 结

本章主要介绍多变量分析方法。多变量分析用于确定两个以上变量之间的关系，市场调研分析中常需要用到不同的多变量分析方法，主要介绍了较常用在市场调研上的因子分析、聚类分析、判别分析、问卷信度分析等方法，同时介绍 SPSS 操作。另外还简单介绍了罗吉斯回归、联合分析、AHP 等方法。

复习思考题

1. 何谓多变量分析？
2. 比较因子分析与聚类分析的差异并说明使用时机。
3. 举例说明因子分析、聚类分析及判别分析在生活上的应用。

课后案例

"互联网+餐饮",特色细分市场如何掘金?

中国饭店协会发布了2015年快餐行业的发展报告。2015年1—9月的行业收入同比增长11.7%。自2008年开始至今,整个行业增长已经实现翻番,成为继地产、汽车行业之后最大规模的产业。令人意外的一组数据是,在移动互联网平台,只有17.5%的人选择点西餐,而有63%的人点中餐,中餐市场正在快速崛起。

一、互联网到底如何"+"餐饮

"互联网+"使传统的餐饮机构陷入进退两难的境地。互联网的流量思维大大瓜分了线下传统门店的客流,传统门店叫苦连天,靠吃老本、老客户过日子。倘若没有决胜的产品,对于他们来说几乎是致命的。传统门店寄希望于各类互联网餐饮平台,频繁地加入各种互联网在线平台,搞团购、优惠、外卖、自媒体,但最终还是面临着层层利润瓜分后的微利困局,进退两难成为当前餐饮机构的痛中之痛。

首先,互联网滋生了新生代消费群体,任何一家想立足、想长存的企业都必须与时俱进。"80后""90后"是成长在互联网时代的第一代人,他们已经成长为社会的主流消费群,不能搞定他们就没有未来,这也直接决定任何一家想求发展的企业无法放弃互联网。

其次,很多人已经养成了餐前上平台的习惯。平台的成熟、餐饮机构对互联网工具的熟稔操作,这些都是餐饮机构出现利好的前奏。餐饮机构的话语权正在逐渐回归,平台合作方式也在发生改变,互联网环境正在变好。

最后,餐厅要做好还是要回归产品品质,产品的发展要考虑到新生代的消费群体。

二、餐饮如何锁定新生代群体

主流消费群体的转移对餐厅的消费者洞察要求进一步提升。那么新生代群体都具备哪些特征?对餐饮机构有着怎样的启示?

(1)个性化。互联网信息发达,年轻群体接受信息广泛多元,每个人都能在虚拟世界中找到各自的意识存在,这也正是为什么非主流文化兴起于互联网时代的原因。意识直接决定行为,落到现实生活就很容易形成圈子和不同的行为类别。

(2)体验好。同样,这批网民们能接收到各类信息,严密的阶层消费正在崩塌,消费进入大众时代、平民时代。消费者的视野得到了前所未有的释放,对现有的消费体验要求同步提高。

(3)有互动。传统的餐厅只是为了满足人们简单的吃,但是当各种餐厅兴起之后,主流的餐饮形式就几种,如何在竞争中实现差异化,最好下功夫的地方就是人和场馆。人可以提供更好的服务,而场馆则能更快地吸引眼球。新生代群体的社交属性、休闲娱乐、崇尚自由快乐的消费理念直接倒逼商家完善互动配套。

(4) 够劲爆。当消费者已经腻味了静态的东西,对互动、更深层次的东西表现出更强的兴趣。除了基本的互动之外,对各种服务还体现出了更加劲爆的要求。用户在同一平台接收信息,信息又间接反馈群体状况,信息在得到释放汇总的同时,用户其实也面临着吸收的问题。能和顾客发生亲密接触的除了用户本身长期关注的信息,就只剩下那些劲爆的"病毒信息",它们无处不在,快速抢占关注焦点。

三、特色细分餐饮市场究竟如何掘金

综上所述,个性、体验好、有趣、互动、劲爆,是新生代群体信息接触的习惯,也是互联网信息制造的习惯。这些特征对应到餐饮机构则是一个鲜活的、年轻的、创新的、热情的形象。以宴遇为例,整个餐厅的布置、器具的选用、餐盘的设计、果盘、以试管装置的彩色饮料、极具欣赏性的菜品等,完全颠覆了传统只以口味论英雄的餐饮观念。除此之外,还有将湘菜和铁板烧结合的57°湘,整个店内只有一道烤鱼产品的炉鱼,一时间,各种焖锅、烤肉类食品遍布大街小巷。

在这个大众化、平民化的消费期,消费结构从正三角结构过渡到倒三角结构——原来只服务于少数人的特色餐饮成为主流趋势,塔尖正向塔底过渡,体量不断丰富壮大,每一个特色细分餐饮又有自己的小小生态结构。在这个"老大吃肉、老二啃骨"的年代,怎样才能成为特色细分餐饮的"first one"、"number one"或"only one"呢?

首先,要有清晰的品牌定位。

消费心理是软性的事物,是可以被引导的,这也是品牌之所以存在的原因。你的餐饮到底服务于万千大众的哪一部分?或者哪一环节?是吃腻了大鱼大肉后的素食主义?是同学聚会的圣地?是无聊打发时间的休闲空间?还是能够亲近社交的场所?如此等等,不一而足。总能有一个空白的领域占领用户随性的心智。

其次,餐厅要做好场景营销。

近些年,随着场景营销的提出,场景的重要性才首次系统地展示在大家眼前。品牌的定位、服务、产品、所有感情的象征都能浓缩到场景之中。场景不再等同于装修,而是包含了更加丰富的意思,从整体色调、内部互动设施,到每一份餐具、每一个器皿、每一个与用户接触的点都成为可以触发品牌传递和消费的点。近些年兴起来的各种烤肉、自助餐、铁板烧餐饮就是典型的例子。

在中国饭店协会主办、锦坤文化发展集团协办的第三届中国铁板烧峰会上,由锦坤策划服务的铁板烧行业第一品牌创绿推出的太空舱炭烤鱼炉和火箭烤肉炉就引爆了全场,充分满足了当前人们对餐饮互动性强、有趣、以及饮食偏好的取向。再加上创绿是以铁板烧起家,拥有天然的特色餐饮基因,其将后厨搬到台前的理念在这两款产品上也有直接体现。这两款产品可以直接在餐吧内烹制,就如同全聚德的透明操作间一样,极具观赏性;同时,设备还可以直接模拟航天器的发射过程,如烟雾、语音、升降等。可以试想,消费者在这样的用餐环境中,一边观赏着前台的烹饪过程,一边等待出炉的美味,肯定是一个非常有趣好玩的过程。

最后，与时俱进也要回归产品品质。

产品才是餐厅的本质。民以食为天，作为几千年来屹立不倒的餐饮产业的铁的规律就是好吃实惠。

近两年，随着行业竞争加剧，门店、人员成本节节攀升，餐饮行业整体萧条。然而，外婆家的营业额却还在以每年30%～40%的速度攀升，更是出现"店店排队、餐餐排队"的现象。不得不说，外婆家是近些年来餐饮行业的一个传奇。西湖醉鱼，饕客们想必耳熟能详，算得上是杭帮菜中的代表菜品之一。为何偏爱外婆家？味道够正宗，更重要的是——实惠！

餐饮行业洗牌加剧、经营成本增长、营销模式快速更迭、市场白热化竞争、移动互联网冲击、湘鄂情、俏江南等高端餐饮下探中低端市场不断受挫，餐饮业正在回归到为顾客提供优质的服务和营养健康产品的本质上来。

摘录自 http://blog.ceconlinebbs.com/BLOG_ARTICLE_236973.HTM

第十二章 大数据挖掘技术

导入案例

小故事一则，告诉你什么是大数据！

某比萨店的电话铃响了，客服人员拿起电话。

客服：×××比萨店。您好，请问有什么需要我为您服务？

顾客：你好，我想要一份……

客服：先生，烦请先把您的会员卡号告诉我。

顾客：16846146×××。

客服：陈先生，您好！您住在泉州路一号××楼×××室，您家电话是2646××××，您公司电话是4666××××，您的手机是1391234×××。请问您想用哪一个电话付费？

顾客：你为什么知道我所有的电话号码？

客服：陈先生，因为我们有CRM（客户关系管理）系统。

顾客：我想要一个海鲜比萨……

客服：陈先生，海鲜比萨不适合您。

顾客：为什么？

客服：根据您的医疗记录，你的血压和胆固醇都偏高。

顾客：那你们有什么可以推荐的？

客服：您可以试试我们的低脂健康比萨。

顾客：你怎么知道我会喜欢吃这种的？

客服：您上星期一在中央图书馆借了一本《低脂健康食谱》。

顾客：好。那可以刷卡吗？

客服：陈先生，对不起。请您付现款，因为您的信用卡已经刷爆了，您现在还欠银行4 807元，而且还不包括房贷利息。

顾客：那我先去附近的提款机提款。

客服：陈先生，根据您的记录，您已经超过今日提款限额。

顾客：算了，你们直接把比萨送我家吧，家里有现金。你们多久会送到？

客服：大约30分钟。如果您不想等，可以自己骑车来。

顾客：为什么？

客服：根据我们 CRM 全球定位系统的车辆行驶自动跟踪系统记录。您登记有一辆车号为 SB-748 的摩托车，而目前您正在解放路东段华联商场右侧骑着这辆摩托车。

顾客当即晕倒。

在大数据面前每个人都已经无所遁形了，所以注意保护好自己的隐私吧！

摘录自 http://www.sohu.com/a/159301050_500657

第一节 数据挖掘概述

近年来随着科技的快速发展、企业市场调研的规模扩大，所收集到的数据也随之增大。伴随企业调研数据的大量积累而来的是大数据挖掘技术的发展。LinkedIn通过大数据调查，从 2016 年成功找到工作的用户及猎头最常用的搜索关键词中，提取了中国与美国目前最当红的十大职场技能，而统计分析与数据挖掘的技能需求均在前三名（见表 12-1）。由此可知，拥有大数据挖掘技术已成为时代的趋势。

表 12-1 2016 年中美十大热门技能

排名	中国	美国
1	虚拟化技术	云端和分布式计算
2	网络与信息安全	统计分析与数据挖掘
3	统计分析与数据挖掘	移动开发
4	云端和分布式计算	存储系统与管理
5	汽车装配及设计	用户界面设计
6	公共政策及国际关系	网络与信息安全
7	社交媒体营销	中间软件与集成软件
8	商业智能	网络架构与开发框架
9	Mac、Linux、Unix 系统	算法设计
10	存储系统与管理	Java 开发

一、数据挖掘的定义

数据挖掘（data mining）最早是在 1995 年美国计算机学会 ACM 召开的第一届知识发现和数据挖掘国际会议上被正式提出的。Fayyad（1996）等人提出，数据挖掘是 KDD 过程的一部分，即通过使用各种数据分析和发现算法，在可接受的时间内产生模式，形成知识。学者认为，数据挖掘就是从大量数据中挖掘出隐含的、先前未知的、对决策有潜在价值的关系、模式和趋势,并用这些知识和规则建立了用于决策支持的模型,提供预测性决策支持的方法、工具和过程。数据挖掘是采用数学、统计、人工智能和机器学习等领域的科学方法,从大量的、不完全的、有噪声的、模糊的和随机的数据中提取隐含的、预先未知的并且具有潜在应用价值的模式的过程。综合国内外学者观点,数据挖掘是从大量的数据中,利用适当的分析方法,从无规则的数据中发现有应用价值的隐含规则的过程。这里的隐含规则,我们又称之为知识。这种知识先前没有被发现,在通过数据挖掘后被人发现并应用到生活中。

二、数据挖掘的程序

20 世纪 90 年代,三个在数据挖掘方面具有丰富经验的公司 Daimler Chrysler、SPSS、NCR 建立了一个组织 SIG(CRISP-DM Special Interest Group)。SIG 开发并提炼出 CRISP-DM(cross-industry standard process for data mining)的数据挖掘程序,如图 12-1 所示。此后,该程序模型被广泛运用到不同的行业领域中,并且不断地被完善。

CRISP-DM 程序对数据挖掘的生命周期进行综合描述,说明了数据挖掘中的整个流程及每个阶段之间的关联。图中外圈的循环代表了数据挖掘本身的循环性,在完成一个数据挖掘项目后并不代表就此结束,而是我们要根据挖掘出来的内容吸取经验,提出新的商业问题;而内部的箭头代表了阶段与阶段之间最频繁的依赖关系,说明每进行完一个步骤之后则根据箭头的指向,进行下一个步骤。

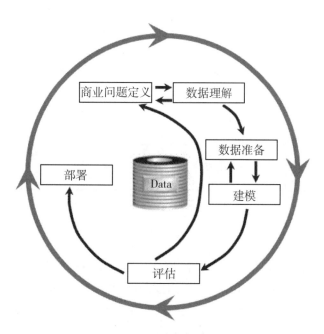

图 12-1 CRISP-DM 程序

数据挖掘的程序由六个阶段组成，各阶段工作内容如表 12-2 所示。这些阶段之间的顺序并不固定，在不同阶段之间来回流动往往是非常有必要的。究竟下一步要执行哪一个阶段或者哪一个特定的任务，都取决于每一个阶段的结果。图 12-1 中的箭头标明了阶段之间最重要和最频繁的依赖关系。

表 12-2 CRISP-DM 各阶段工作内容

商业问题定义	数据理解	数据准备	建模	评估	部署
确定商业目标 确定数据挖掘目标 指定项目计划	收集原始数据 检验数据质量 描述数据 探索数据特征	选择数据 清理数据 构建数据 整合数据 格式化数据	选择建模技术 制作检验设计 建造模型 评估模型	评估结果 回顾过程 确定下一步方案	制定部署方案 制定监控方案 制定维护方案 书写最终报告 回顾项目

三、常用的数据挖掘方法

在介绍常用的数据挖掘方法之前，首先，需要明确要进行数据挖掘的任务类型。其次，再根据不同的任务类型的性质来选择适合的数据挖掘方法。总的来说，常用的数据挖掘方法主要分为预测、描述两大类，有三项任务，见表 12-3。

表 12-3 数据挖掘方法汇总

类　　别	任　　务	传统方法	数据挖掘方法
预测	推断预测	回归分析 时间数列	类神经网络
描述	分类区隔	判别分析 聚类分析	决策树
描述	规则探索	—	关联规则 序列分析

（一）预测

预测任务的目标是根据其他属性的值，预测特定属性的值。被预测的属性一般被称为因变量（dependent variable），而用来预测的属性被称为自变量（independent variable）。预测模型被广泛地应用在我们的生活当中。比如，预测模型可以用来确定顾客对产品促销活动的反应，预测地球生态系统的扰动，等等。

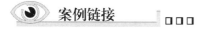

您交税了吗?

据调查发现,偷税漏税现象在不少企业中不同程度地存在。由于在同一地区、同一行业内,相同的工人工资支出对应的销售收入大体是一致的,因此,我们可以根据在这个地区某行业收集到的企业收入和工人工资总额的统计数据建立一个回归分析模型,预测其他企业的销售收入。若是某企业的账面销售收入明显低于预测收入,则可以认为该企业有隐瞒销售收入偷税的嫌疑。下表为某市10家核算规范的轮胎企业年销售收入和工人工资总额的统计资料。如何根据搜集到的数据来进行偷税现象的预测?

某市轮胎企业的销售收入和工人工资的总额(单位:万元)

企业	销售收入	工人工资总额
1	271.5	76.1
2	155.1	45.6
3	318.2	87.5
4	923.3	253.9
5	202.6	60.5
6	443.3	129.2
7	1 325.5	371.0
8	648.2	194.5
9	553.6	155.0
10	337.9	98.4

利用数据挖掘技术做分析预测,可以对偷税现象进行预测。我们可以通过回归分析得到一条回归直线,如下图所示。如此一来便可以根据工人工资来预测销售收入。如果有明显异常的数值,就会容易被发现。

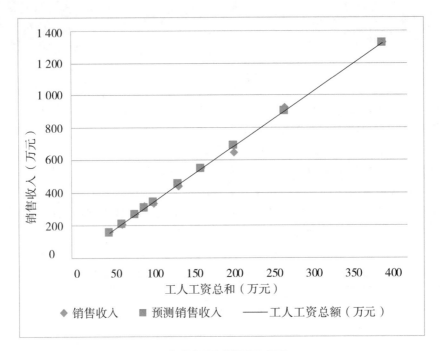

回归分析预测模型示意图

摘录自朱明《数据挖掘导论》，中国科学技术大学出版社2012年版

（二）描述

主要目标是概括出数据中潜在关联的模式，可再分为两种任务：分类区隔及规则探索。本质上，描述性数据挖掘任务主要是分析现有的数据的关系。在我们进行了描述性数据挖掘后，我们需要对挖掘出来的知识进行后处理技术验证，并且解释结果。以下分别举例说明。

1. 分类区隔任务

在面对着杂乱无章的海量数据时，我们通常会利用聚类分析将看似无序的对象进行分组、归类，便于我们的分析和理解。聚类分析要求组内相似度较高，组间相似度低。在市场调研研究中，很多问题可以借助聚类分析来解决，例如营销中的市场区隔。

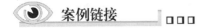

了解消费者阅读喜好

文本挖掘属于大数据挖掘技术之一，主要以语义分析技术判别资料内容的属性，达到文档聚类的效果，目前也广泛应用于市场调研项目。下表为新闻文章根据它们各自的主题分组，每篇文章经过数据挖掘后，整理出"词：频率（$\omega:c$）"的集合，其

中 ω 表示词，而 c 是该词在文章中出现的次数，由数据集可以大致看出，这些文章可以分为两个聚类。第一个聚类由前 4 篇文章组成，对应经济新闻；而第二个聚类包含后 3 篇文章，对应卫生保健新闻。如此便能成功将文章区隔，并了解读者阅读喜好。

新闻文章集合

文章	词：频率（ω：c）
1	dollar：1；industry：4；country：2；loan：3；deal：2；government：2
2	machinery：2；labor：3；market：4；industry：2；work：3；country：1
3	job：5；indication：3；rise：2；jobless：2；market：3；country：2；index：3
4	domestic：3；forecast：2；gain：1；market：2；sale：3；price：2
5	patient：4；symptom：2；drug：3；health：2；clinic：2；doctor：2
6	pharmaceutical：2；company：3；drug：2；vaccine：1
7	death：2；cancer：4；drug：3；public：4；health：3；director：2

摘录自（美）Pang-Ning Tan、Michael Steinbach、Vipin Kumar 著，范明、范宏建等译《数据挖掘导论》，人民邮电出版社 2006 年版

2. 规则探索任务

规则探索主要是用于发现大量数据中具有强相关性的规则。这一规则常用于超市中，利用关联分析中的购物篮分析挖掘一同被购买最多的商品，从而对商品进行搭配销售，提高超市的销售量。

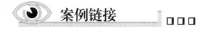

消费者都买了什么？

目前在零售业中，最常用的是规则探索的数据挖掘技术，找出交易记录具有高强度关联的规则。下表为某超市的交易记录。通过数据挖掘后发现，{咖啡} → {方糖} 为强关联规则。该规则暗示着顾客在购买咖啡的时候，有很大可能会再购买方糖。因此，利用这一条规则，便可以把咖啡和方糖的摆放更接近，也可以将两者进行搭配销售，从而提高超市咖啡和方糖的销售量。

某超市交易数据

ID	商品 ID 列表
T100	{面包，黄油，咖啡，鸡蛋，方糖}
T200	{小甜饼，咖啡，方糖}
T300	{咖啡，面包，盐}

续上表

ID	商品 ID 列表
T400	{方糖，茶叶，鸡蛋，黄油}
T500	{黄油，鸡蛋，面包}
T600	{咖啡，茶叶，方糖，牛奶}
T700	{盐，茶叶，面包}
T800	{方糖，咖啡}
T900	{小甜饼，方糖，茶叶，咖啡}

摘录自朱明《数据挖掘导论》，中国科学技术大学出版社 2012 年版

四、数据挖掘的应用

数据挖掘已经在许多领域中得到了广泛的应用，例如医疗、零售、金融、社交媒体等行业，并深入人们的生活之中，以下为数据挖掘在生活中的应用实例。

1. 医学领域

2015 年，Krogan 教授和他的同事发起了"癌细胞地图计划（CCMI）"项目。CCMI 已经收集到了大量有关癌细胞的数据。在这个基础上，CCMI 利用数据挖掘技术分析癌症基因之间的复杂关系，分析它们在不同的疾病和健康状况下的区别，并制作出癌细胞中正常基因、突变基因以及蛋白质的"连线图"。

2. 零售商务分析

一般零售商店都安装了 POS 机，零售商对 POS 机收集到的客户购买记录进行数据挖掘，分析了解顾客的购买行为。零售商可以根据分析出来的结果进行不同的货物摆放，做出更明智与客观的商务决策。这就是我们常说的购物篮分析。

3. 智能推荐

商家可以根据顾客浏览记录与购买记录的数据，对顾客进行商品的智能化推荐。比如我们发现，在淘宝手机客户端，我们浏览过的商品，淘宝客户端总会在底部推荐类似的商品。这就是利用数据挖掘技术，实现商品的智能推荐。由于都是客户浏览过的商品，因此对同类的商品进行推荐更能激发客户的购买欲。

总的来说，现在已进入大数据时代，数据呈爆炸性的增长。因此，如何通过数据挖掘在大数据中获取有用的信息就变得越来越重要。数据挖掘就像是淘金用的筛子，运用得当便可在大数据的浪潮中淘出有价值的金子。

第二节 决策树分析

决策树（decision tree）分析是以实例为基础的归纳学习算法，是一个利用像树一样的图形或决策模型推导出分类规则，主要用于决策目标的规划，以达成企业或

个人的预期目标。

一、决策树分析基本原理

(一) 决策树节点

决策树分析主要用于分类区隔任务,通过提出一系列精心构思的关于检验记录属性的问题,直到得到记录的类标号以解决分类问题。

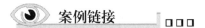

丈母娘挑女婿

丈母娘在为女儿择婿的时候,怎么判断男士是否符合大多数丈母娘的标准呢?怎么把相亲的男性按照标准进行分类呢?一种方法是对该男士的现况提出一系列问题。第一个问题可能是该男士是否有稳定的中高收入的工作。如果没有,那么不符合,标为 C 级。如果该男士有稳定的中高收入的工作,那么继续问第二个问题:该男士有房吗?如果没有,标为 B 级;如果有,则标为 A 级。根据上述丈母娘择婿例子做出的决策树如下图所示。

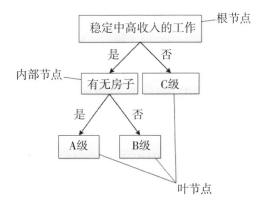

丈母娘择婿决策树示意图

摘录自朱明《数据挖掘导论》,中国科学技术大学出版社 2012 年版

由上面案例可知,决策树中主要包含三种节点。

(1) 根节点 (root node),它没有入边,但有零条或者多条出边,例如稳定的中高收入的工作。

(2) 内部节点 (internal node),恰有一条入边和两条或多条出边,例如有无房子。

(3) 叶节点 (leaf node) 或终节点 (terminal node),只有一条入边,没有出

边，例如 A 级、B 级、C 级。

（二）决策树的算法

目前学术上提出的决策树算法有很多，本教材由于篇幅关系，只简述 C 4.5 和 CART 两种较典型的决策树算法。

1. C 4.5 算法

C 4.5 算法是 Quinlan 在 1993 年针对 ID3 算法存在的一些缺点提出的，它是 ID3 算法的后继，同时也成为诸多决策树算法的基础。C 4.5 算法不仅可以处理离散属性，还可以处理连续属性。与 ID3 不同，C 4.5 采用基于信息增益率的方法选择测试属性。信息增益率（information gain ratio）等于信息增益对分割信息量的比值。

设样本集 S 按离散属性 A 的 n 个不同的取值划分为 S_1，S_2，…，S_n，共 n 个子集，则用 A 对 S 进行划分的信息增益率为：

$$\text{GainRatio}(S, A) = \frac{\text{Gain}(S, A)}{\text{Splitinformation}(S, A)}$$

其中，

$$\text{Splitinformation}(S, A) = -\sum_{i=1}^{n} \frac{S_i}{S} \log_2 \frac{S_i}{S}$$

生成决策树是 C 4.5 算法的第一阶段，进一步需再计算每个节点的分类错误进行树剪枝，得到最适决策树。

2. CART 算法

CART 是一个二叉树模型，最早由 Breman 等人在 1984 年提出，并已在统计学领域普遍应用。CART 算法是描述给定预测向量值 X 后，求取变量 Y 条件分布的一个灵活的方法。树中的叶节点对应着划分的不同领域，划分是由每个内部节点相关的分支规则（splitting rules）确定的。通过从树根到叶节点的移动，一个预测样本被赋予一个唯一的叶节点，Y 在该节点上的条件分布也随之被确定。

CART 算法与 C4.5 算法的最大不同之处就是采用分裂节点的标准不同，它采用的是 GINI 系数，GINI 系数越小，划分越合理，样本的纯度越高，划分的效果也就越好。例如，对训练样本集 T：

$$gini(T) = 1 - \sum_{j} p_j^2$$

其中，p_j 是类别 j 在 T 中出现的频率，若 T 被划分为 T_1、T_2，则此次划分的 GINI 系数为：

$$gini_{\text{split}}(T) = \frac{S_1}{S} gini(T_1) + \frac{S_1}{S} gini(T_2)$$

其中，S 是 T 中样本的个数，S_1、S_2 分别为 T_1、T_2 中样本的个数。对候选属性集中的每个属性，CART 算法计算该属性上每种可能划分的 GINI 系数，找到 GINI 系数最小的划分作为该属性上的最佳划分，然后比较所有候选属性上最佳划分的 GINI 系数，拥有最小划分 GINI 系数的属性被称为最终测试属性。

CART 算法在下列条件之一满足时停止构建决策树：①所有节点中的样本数为 1 或样本属于同一类；②决策树高度到达用户设置的阈值。

（三）处理决策树过度拟合的问题

决策树的生成随着分类属性逐步向下递归地进行数据分割，当一个节点上的数据都属于同一个类别或者没有属性可以再用于对数据进行分割时，决策树便停止分割。决策树分类模型不仅要能够很好地拟合训练数据，而且对未知样本也要能够准确地分类，避免过度拟合发生。然而，树枝修剪正是针对这类数据过度拟合的问题而提出来的。

1. 事前修剪

该方法通过在建立决策树的过程中判断是否停止分支，从而进行剪枝，即通过在当前节点上判断是否需要继续划分该节点所含的训练样本集。如果在一个节点上划分样本集时，会导致所产生的节点中样本数少于指定的阈值，那么此时就要停止继续分解样本集。因此，阈值的确定变得格外重要。阈值过大会导致决策树过于简单化，而阈值过小又会导致多余的树枝无法修剪，从而使生成的决策树过于茂盛。一般可以利用统计上的重要性卡方检验或者信息增益等来对分支生成情况（优劣）进行评价。一旦停止分支，那么当前节点就成为一个叶子节点。

2. 事后修剪

事后修剪比事前修剪需要更多时间，不过可以获得一棵更可靠的决策树。该方法是从一个经过充分生长的决策树中修剪多余的节点分支或子树。

基于代价成本的修建算法就是一个事后修剪方法。被修剪分支的节点就成为一个叶子节点，并将其标记为它所包含的样本中类别数目最多的类别。而对于树中的每个非叶节点，计算出若干节点分支被修剪后所发生的预期分类错误率变大，则放弃修剪，保留相应的各个分支，否则就将相应的节点分支修剪删去。

除了利用预期分类错误率进行决策树修剪之外，还可以利用决策树的编码长度进行决策树的修剪。所谓最佳修剪树，就是编码长度最短的决策树。这种修剪方法利用最短描述长度的原则来进行决策树的修建。这原则的基本思想是最简单的就是最好的。

（四）决策树的特点

决策树是数据挖掘中常用于分类的方法之一，主要特点如下。

（1）决策树对数据的预处理要求不高，而其他技术对数据的预处理要求较高。

（2）决策树是一种构建分类模型的非参数算法。它不需要任何假设检验，不需要假设定类和其他属性要服从某种概率分布。

（3）决策树的构建成本低，模型建设速度快，即使有很大的训练集，也能快速建立模型。

(4) 决策树只要构建一次，可以反复地使用。

(5) 决策树对缺失值不敏感，不会因为缺失值导致最后结果不准确。

(6) 由于大多数的决策树算法都采用自顶向下的递归划分方法，因此沿着树向下，数据记录会越来越少，因为有些分支把部分数据筛选出去了。

二、决策树分析操作步骤

由于数据挖掘技术的兴起，IBM SPSS Statistic 也已加入许多数据挖掘方法。用户可依分析的需求选择数据挖掘的方法。以下介绍决策树操作步骤。

> 【例 12-1】银行拥有大量的客户贷款数据，但近年来许多银行都面临呆账问题，违约预测已成为银行刻不容缓的工作。如果预测不当可能会造成非常严重的损失，因此，运用大数据分析可以让银行降低违约的风险。本范例为银行个人借贷信息的部分数据集，共 18 995 笔。因变量为转催收注记；同时，利用统计方法先找出数据集中，对违约有显著影响的自变量为性别、是否愿意接受交叉销售、作业中心、利率加减码、本月本金收入、已缴期数（信贷数据.sav）。利用决策树来进行分类预测，最后找出哪一种属性的客户容易违约。

(1) 在 SPSS 主界面中，选择"分析"—"分类"—"树"，弹出"决策树"对话框（1）（见图 12-2）。用户可先选择右下方"定义变量属性"，对变量属性进行定义；或者按"确定"直接对树模型定义。在此，我们选择"确定"。

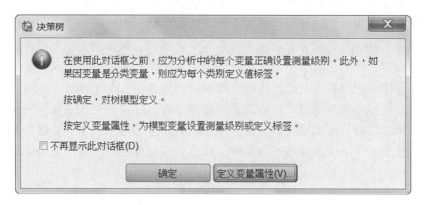

图 12-2 "决策树"对话框（1）

(2) 弹出"决策树"对话框 (2) (见图 12-3),从左边变量列表框中,分别选择因变量及自变量至右边对应的文本框内,并选择要使用的生长法,本例选择"CRT"。另外,用户可根据分析所需,在对话框的右侧按钮进行设置。最后,单击"确定",即可得出决策树结果。

图 12-3 "决策树"对话框 (2)

"输出":单击后出现"决策树:输出"对话框(见图 12-4),用户可分别对"树""Statistics""图""规则"参数进行设定。其中,"树"可设定决策树的方向、节点内容和刻度等,"Statistics"可对"模型""自变量""节点性能"文本框内容进行设定,"图"可选择自变量对模型的重要性,"规则"可设定生成分类规则及其展示规则的方式。

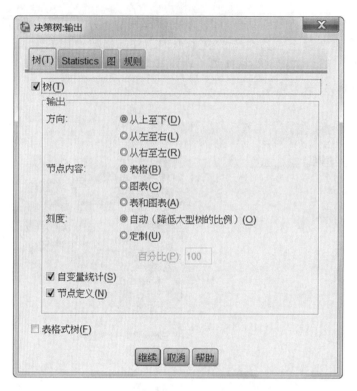

图 12-4 "决策树：输出"对话框

"验证"：单击后出现"决策树：验证"对话框（见图 12-5），用户可使用交叉验证、拆分样本验证，而且可以设定是否显示训练样本与测试样本。

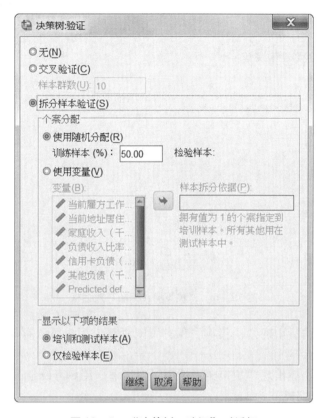

图 12-5 "决策树：验证"对话框

"条件"：单击后出现"决策树：标准"对话框（见图 12-6），用户可以设定树的最大深度及最小个案数；另外，可依调研项目需求分别设定"CRT""修剪""替代变量"。我们以 CART 方法建立决策树，受限于篇幅，仅建立两层深度的决策树。

图 12-6 "决策树：标准"对话框

"保存"：单击后出现"决策树：保存"对话框，用户可以存储终端节点编号、预测值、预测概率等。

"选项"：单击后出现"决策树：选项"对话框，用户可设定误分类策划成本与利润等的分类效果分析。

三、决策树分析结果

根据前述操作步骤，我们以 CART 方法建立决策树，得到输出结果，说明如下。

（一）决策树图

决策树图为决策树分析程序最重要的输出，由图 12-7 可以清楚地看出整个决策树的架构，每个节点都会显示因变量每种分类的观察值数目为 n 和百分比。我们看到在最后叶节点上，决策树会对不同的分类给予不同的颜色以示区别。

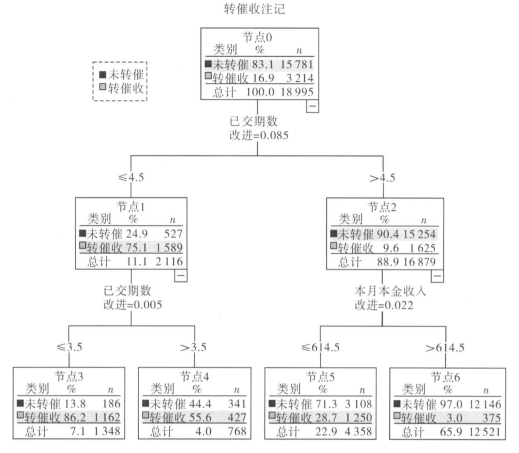

图 12-7 决策树

(二) 模型汇总

模型汇总表主要展示了模型所用的增长方法、因变量、自变量、验证、树的深度、结果等一系列内容,直观地使用户了解本次分析的决策树的内容。根据设定所得到的决策树,用于增长树的自变量为已缴期数、本月本金收入、作业中心、利率加减码,节点数为 7,终端节点数为 4,深度为 2,见表 12-4。

表 12-4 模型汇总

指定	增长方法	CRT
	因变量	转催收注记
	自变量	性别、是否愿接受交叉销售、作业中心、利率加减码、本月本金收入、已缴期数
	验证	—
	最大树深度	2
	父节点中的最小个案	100
	子节点中的最小个案	50
结果	自变量已包括	已缴期数、本月本金收入、作业中心、利率加减码
	节点数	7
	终端节点数	4
	深度	2

（三）分类结果分析表

分类结果主要用于评估决策树模型的预测正确率。表 12-5 为分类结果表，由表可以得出，该决策树模型的总体预测能力为 88.7%。

表 12-5 分类结果

已观测	已预测		
	未转催	转催收	正确百分比
未转催	15 254	527	96.7%
转催收	1 625	1 589	49.4%
总计百分比（%）	88.9%	11.1%	88.7%

第三节 人工神经网络分析

人工神经网络（artificial neural network，ANN），是近年来在数据挖掘中被广为应用的分析技术之一，主要可以用于预测任务。该模型以并行分布的处理能力、高容错性、智能化和自学习等能力为特征，将信息的加工和存储结合在一起，以其独特的知识表示方式和智能化的自适应学习能力引起各学科领域的关注。

一、人工神经网络分析基本原理

(一) 人工神经网络模型

人工神经网络（ANN）方法起源于生理学和神经生物学中有关神经细胞计算本质的研究工作。如图12-8所示，人类的大脑主要由成为神经元（neuron）的神经细胞组成，神经元通过被称为轴突（axon）的纤维丝连在一起。当神经元受到刺激时，神经脉冲通过轴突从一个神经元传到另一个神经元。一个神经元通过树突（dendrite）连接到其他神经元的轴突，树突是神经元细胞体的延伸物。树突和轴突的连接点被称为神经键（synapse）。神经学家发现，人的大脑通过在同一个脉冲反复刺激下改变神经元之间的神经键连接强度来进行学习。

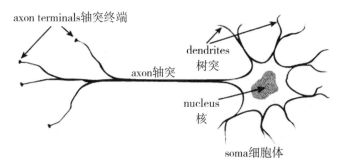

图12-8 神经元结构

所谓神经网络就是一组相互连接的输入输出单元，这些单元之间的每个连接都关联一个权重。在网络学习节点通过调整权重来实现输入样本与其相应（正确）类别的对应。由于网络学习主要是针对其中的链接权重进行的，因此神经网络的学习有时候也被称为链接学习。图12-9为人工神经网络的模型。网络的输入层和输出层之间可能包含多个中间层，这些中间层被称为隐含层（hidden layer），隐含层中的节点成为隐含节点（hidden node）。这种结构被称为多层神经网络。一般的神经网络大多是这样的结构模型。

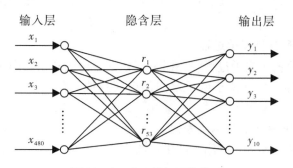

图12-9 人工神经网络模型

(二) 感知器

感知器是由美国科学家 Frank Rosenblatt 于 1957 年提出的,其目的是模拟人脑的感知和学习能力。感知器是最早提出的一种神经网络模型。它特别适用于简单的模拟分类问题,如线性可分的模式。感知器的神经元的激发函数是符号函数,最简单的感知器输出为 0 或 1,即将输入向量分成了两个部分,用 0 和 1 来区分。感知器神经元模型见图 12-10。

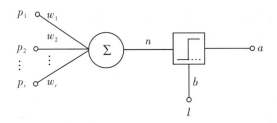

图 12-10 感知器神经元模型

(三) 人工神经网络的算法

人工神经网络的算法很多,本教材作为入门介绍,以下只针对人工神经网络分析中较常用的反向传播(back-propagation,BP)算法进行简单介绍。

BP 算法是由 Rumelhart 和 Meclelland 于 1985 年提出的一种结构比较简单但具有很强学习能力的算法。BP 网络不仅含有输入节点和输出节点,而且含有一层或多层隐(层)节点。输入信号先向前传递到隐藏节点,经过作用后,再把隐藏节点的输出信息传递到输出节点,最后给出输出结果。节点的激发函数一般选用 S 型函数。

BP 算法的学习过程可以分为两个子过程,即工作信号正向传递子过程和误差信号反向传递子过程。

1. 工作信号正向传递子过程

输入信号从输入层输入,然后被隐藏层的神经元进行运算处理,最后传递到输出层产生输出信号。在工作信号正向传递的过程中,神经网络的内部链接权值保持固定不变,每一层神经元的状态只影响和它直接相连的后继层神经元的状态。如果输出层不能得到预期的信号,则学习转入误差反向传递子过程。

2. 误差信号反向传递子过程

在误差信号反向传递子过程中,误差信号从输出层开始反向传递回输入层。误差信号每向后传递一层,位于两层之间的链接权值和前一层神经元的阈值都会被修正。

综合上述,BP 算法的基本流程如下。

第一步:构造初始神经网络,随机初始化神经网络的权值和节点阈值。

第二步：把训练样本集中的每个样本输入到神经网络，计算每个神经元的输出。

第三步：利用能量函数计算神经网络对于该样本的能量值，计算每个神经元节点所产生的误差，反向传递该误差，修正各个权值和阈值。

第四步：重复第二步和第三步，直到算法终止条件成立时终止。

（四）BP 算法的问题

1. 局部最优解问题

局部最优解是影响 BP 算法分类准确率的最主要问题之一。原始的 BP 学习算法无法避免局部最优解的问题，一旦 BP 算法错误地收敛于局部最优解，前馈神经网络的分类准确率将很难得到保证。

2. 知识覆盖问题

知识覆盖问题也会影响 BP 算法的分类准确率。如果对后来样本的学习会导致已经学习到的样本知识的丢失，则丢失样本所包含的分类知识将不能被运用到数据分类过程中，从而使某些样本无法被正确分类。

3. 平滑区问题

某些情况下前馈神经网络的权值和阈值调节会出现平滑区问题。在这些区域，权值和阈值在每个学习周期的调节量都微乎其微，从而导致在有限的学习周期内，网络的分类误差居高不下。

（五）人工神经网络的特点

经过几十年的发展，目前神经网络已经形成了数十种网络。由于结构不同，应用范围也不同，但都有如下的共同特点。

1. 学习能力

学习能力是神经网络的重要表现，即通过训练可抽象出训练样本的主要特征，表现出强大的自适应能力。

2. 分布式

神经网络中，信息分散分布在神经元的链接权上，只有将许多神经元的权值联合起来才能发挥作用，个别神经元受到损坏，并不会影响整体性能，这使神经网络表现了强大的稳定（robust）性能。在输入信号受到一定扰动时，输出不会有较大的畸变；并且，这种信息分布的特性使经过训练后的神经网络有强大的联想能力。

3. 并行性

各个神经元在处理信息时是各自独立的，它们分别接受输入，作用后产生输出，是一种并行的处理机制。

4. 非线性

神经网络可以有效地实现输入空间到输出空间的非线性映射，对于大部分无模型的非线性系统，神经网络都能很好地进行模拟。

二、人工神经网络分析操作步骤

SPSS 中的人工神经网络包括多层感知器（MLP）或者径向基函数（RBF）两种方法。感知器适合简单的模式分类问题，我们通过对权值的训练可以使感知器神经元的输出能代表输入模式进行分类。而基于局部逼近网络的径向基函数只需对少量权值进行调整，所以该法在逼近能力、分类能力和学习速度上比较快速。由于两种方法的操作步骤一样，以下以多层感知器方法进行操作说明。

> 【例 12-2】使用与上节相同的银行个人借贷信息数据集（信贷数据.sav），采用 SPSS 人工网络分析中多层感知器的方法进行建模。

在 SPSS 主界面中，选择"分析"—"神经网络"—"多层感知器"，弹出"多层感知器"对话框，用户可从左边变量列表框中，分别选择因变量、因子及协变量至右边对应的文本框内，用户可根据分析所需，在对话框的上方选项卡进行设置，单击"确定"，即可得出神经网络结果，见图 12-11。

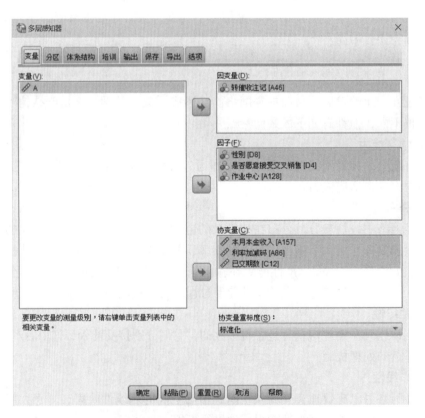

图 12-11　"多层感知器：变量"对话框

"分区":用户可设定培训、检验及支持的分区数据集,主要用于区分训练与测试数据集。(见图12-12)

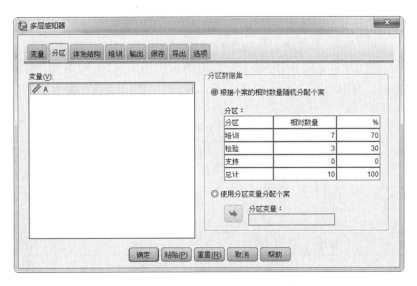

图12-12 "多层感知器"下的"分区"对话框

"输出":用户可根据所需要的输出结果,在"网络结构"及"网络性能"文本框中进行选择,见图12-13。

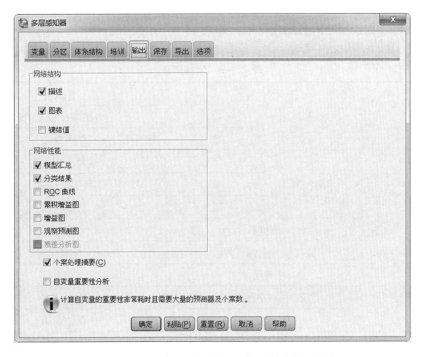

图12-13 "多层感知器"下的"输出"对话框

三、人工神经网络分析结果

根据上述步骤的操作,得到输出结果,说明如下。

(一) 案例处理汇总

案例处理汇总主要展示出分析的数据情况。由表 12-6 可知,本范例共有 18 995 笔案例,其中训练样本有 13 302 笔 (70%),测试样本有 5 693 笔 (30%)。

表 12-6 案例处理汇总

样 本	n	百分比 (%)
训练	13 302	70.0
测试	5 693	30.0
有效	18 995	100.0
已排除	0	
总计	18 995	

(二) 网络信息

网络信息主要展示了神经网络的主要架构,其中说明了神经网络里面的输入层、隐藏层和输出层的情况。这个表格的优势是简单明了,虽然可能不如神经网络图直观,不过可以有效地把信息展现出来,如表 12-7 所示。

表 12-7 网络信息

输入层	因子	1	性别
		2	是否愿接受交叉销售
		3	作业中心
	协变量	1	本月本金收入
		2	利率加减码
		3	已缴期数
	单位数		10
	协变量的重标度方法		标准化
隐藏层	隐藏层数		1
	隐藏层 1 中的单位数		7
	激活函数		双曲正切

续表 12-7

输出层	因变量	1	转催收注记
	单位数		2
	激活函数		Softmax
	错误函数		交叉熵

（三）多层感知器图

多层感知器图主要以图形的方式展示神经网络模型。图中总共有输入层、隐藏层和输出层三层，在层与层之间有许多线连接着，说明不同层单位之间的关联情况，见图 12-14。

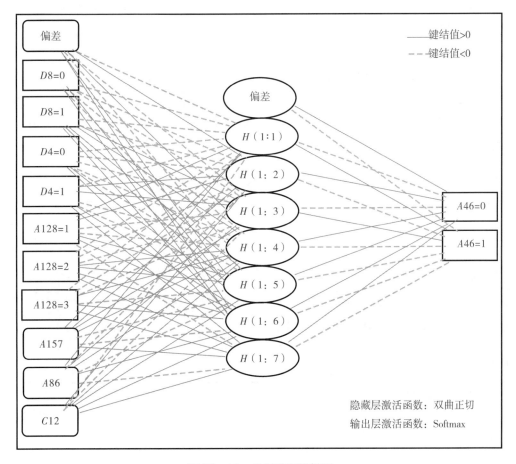

图 12-14 多层感知器模型

(四) 模型汇总

模型汇总主要用来评价模型的状况,即模型的准确率、中止使用的规律、百分比错误预测等。由表 12-8 可知训练模型百分比错误预测为 6.8%,测试模型百分比错误预测为 7.6%,表示利用神经网络方法可以得到很高违约预测率。

表 12-8 模型汇总

训练	交叉熵错误	2 236.104
	百分比错误预测(%)	6.8
	中止使用的规则	错误未减少的 1 连续步骤
	培训时间	0:00:00.43
测试	交叉熵错误	1 055.537
	百分比错误预测(%)	7.6

注:因变量为转催收注记

(五) 分类结果分析表

分类结果同样是用于评估神经网络模型的预测正确率。表 12-9 为 SPSS 软件输出的分类结果表,由下表可以看出,该神经网络训练模型的总体预测能力为93.2%,测试模型的总体预测能力为 92.4%。

表 12-9 分类结果

样本		已预测		
		未转催	转催收	正确百分比(%)
训练	未转催	10 735	358	96.8
	转催收	547	1 662	75.2
	总计百分比(%)	84.8	15.2	93.2
测试	未转催	4 506	182	96.1
	转催收	252	753	74.9
	总计百分比(%)	83.6	16.4	92.4

注:因变量为转催收注记

本 章 小 结

本章讨论大数据挖掘技术。随着科技的快速发展、企业市场调研的规模扩大,所收集到的数据也随之增大。伴随企业调研数据的大量积累而来的是大数据挖掘技术的发展。数据挖掘已经在许多领域中得到了广泛的应用,例如医疗、零售、金融、社交媒体等行业,并深入人们的生活之中。

进行数据挖掘前,首先,要确认数据挖掘的任务类型,其次,再根据不同的任务类型的性质来选择适合的数据挖掘方法。总的来说,常用的数据挖掘方法主要分为预测与描述两大类,有推断预测、分类区隔与规则探索三项任务。本章还介绍了较常用的决策树与人工神经网络的基本概念及 SPSS 操作分析。

复习思考题

1. 列举生活中的大数据挖掘的案例。
2. 了解决策树的意义与使用。
3. 说明大数据挖掘的分类、任务与使用方法。

课后案例

海尔:大数据营销的真实故事

有一个听起来很有趣的故事。

SCRM(社交化客户关系管理)会员大数据平台从亿万人群中精准预测出住在北京景泰西里小区的外企高级经理陈然可能需要购买能除 $PM_{2.5}$ 的海尔帝樽空调,果然,陈然在获得海尔提供的精准信息服务后高兴地在 2013 年 5 月 1 日购买了帝樽空调。

让我们来看看这个有趣的故事是如何折射大数据时代的。

一、杂乱无章还是井然有序

上海虹桥新城小区;

北京景泰西里小区;

外企高级经理陈然;

海尔除 $PM_{2.5}$ 帝樽空调;

旅游杂志;

厄瓜多尔足球名将格隆;

海尔智能平板电视。

这是排版出现乱码了吗?当这七行混杂着地名、杂志、家电、人物的文字出现时,可能你会这么想。

的确,如果从"文字"的角度看,它们是如此的杂乱无章。但如果切换为"大数据"的视角,它们却可能是如此的井然有序。

海尔 SCRM 会员大数据平台就是这样一个帮助企业切换视角,在网络化时代为用户提供精准营销与互动服务的平台。这个平台 2013 年 1 月已经开始运营。

二、弱水三千，只取一瓢

2012 年，海尔创新推出帝樽空调。因其外形由方到圆的颠覆性创新，被 ICEC 评为"影响世界的十大创意产品"。这款产品已被数以万计的用户选购。

如何精准地预测还有哪些用户可能选购？如何及时送去个性化的服务方案？这是每个营销人员殚精竭虑寻找的答案。

2013 年 4 月，海尔把探针伸入了 SCRM 会员大数据平台，提取数以万计的海尔帝樽用户数据，与中国邮政的名址数据库匹配，建立"look-alike"模型。

这个模型可以将已经购买帝樽空调的几万名用户所在的小区分成几类，并打上标签。拥有帝樽用户的上海虹桥新城小区被打上了一系列标签。

再把这些数据标签映射回中国邮政的名址数据库，找到有相似特点的所有小区。这类小区在北京有 65 处，北京景泰西里小区就是其一。

事实上，这一数据处理过程有点"物以类聚、人以群分"的哲学意味。

然而，纵使人以群分，终究千人千面。

帝樽空调有很多特点：健康，除 $PM_{2.5}$；舒适，3D 立体送风；智能，smart 风随人动。同样住在北京景泰西里小区的业主，谁更关注"健康"？谁最在乎"舒适"？谁又偏爱"智能"？

"Water, water, everywhere, nor any drop to drink."（水啊，水啊，无处不在，却不知哪滴止渴。）两百多年前英国诗人塞缪尔《古舟子咏》中的这一句，就像专为形容这而作。

幸运的是，大数据的到来让我们今天的营销就像恋爱时寻找意中人，能从茫茫弱水三千，精准取一瓢饮。

海尔 SCRM 会员平台同几家旅游、健康类杂志合作，作为杂志订户关怀活动的一部分，为北京地区订户提供购买帝樽空调的优惠。

就像判断一个人的品位可以先看他交什么样的朋友，同样，看一个人的特点可以先看他订阅什么样的杂志。

北京景泰西里小区有人订阅旅游杂志，其中一位是陈然。显然，他对环境、自然应该感兴趣。

海尔 SCRM 会员大数据平台由此预测：陈然极有可能对帝樽空调除 $PM_{2.5}$ 的功能感兴趣。

大数据大海捞针，陈然这位潜在用户终于浮出水面。

几天后，陈然收到了海尔投递的一封直邮单页，除了送去公益环保知识之外，重点介绍了帝樽空调的除 $PM_{2.5}$ 功能。

5 月 1 日，陈然带着收到的直邮单页，来到北京杨桥国美店。

陈然对店员说，他这段时间正在费力寻找能除 $PM_{2.5}$ 的空调，恰好收到了海尔给他直邮的资料，上面的内容正是他想看到的，省掉了他到处搜寻的时间。

现场体验海尔帝樽空调后，陈然付款购买了一套。

成交后，陈然登录海尔官方网站，自主注册为海尔"梦享+"会员。

通过海尔的精准营销，陈然享受到了个性化服务。

三、不是结束，只是开始

故事结束了吗？不，只是开始。

海尔不是把成交看成销售的结束，而是看成互动的开始。

5月6日，通过陈然留下的手机号码，"梦享+"会员专线400-999-8888回访陈然，告知他不仅可以通过购买获得会员"消费积分"，而且可以通过互动获得会员"创新积分"。

交流中，陈然还透露出打算购买彩电。

当天，陈然关注了海尔官方微博。相应地，SCRM大数据平台获取了他在微博上的公开数据。

微博的文字、照片、视频等结构化数据和非结构化数据往往能完整地勾勒出博主的性格、兴趣、形象。陈然的微博同样如此。

海尔SCRM会员大数据平台利用智能语义分析工具，从陈然的微博中得出信息：陈然是一名体育爱好者。微博中不断出现的格隆就是例证。格隆是厄瓜多尔的一位足球名将。

爱看足球，则一定常看电视体育节目，对画面流畅一定很看重。

很快，海尔SCRM会员大数据平台将海尔智能电视高速画面无拖尾的特点精准地推送给了陈然。

不过，这一次不再是直邮单页，而是SCRM会员大数据平台触发电子邮件。因为陈然自主注册会员后，SCRM会员大数据平台已经获得了他自愿提供的电子邮箱地址。注册会员时，陈然接受了"同意信息推送服务"条款。

5月12日，陈然再次购买了一台海尔彩电。

陈然很高兴，作为用户，他说："海尔的这种精准服务信息是我需要的。"

彩电送货安装后，陈然在自媒体微博上发帖讲述这次愉快的购物体验，传播口碑："海尔售前售后服务都很好。"

还记得开头的那七行看似杂乱无章的文字吗？在SCRM会员大数据平台上，海尔与用户互动梳理，它们变得如此井然有序。

所谓"有序"，是沿着英国维克托·迈尔-舍恩伯格《大数据时代》一书中的逻辑依次铺陈的：

基于数据分析信息；

基于信息做出预测；

基于预测优化用户体验。

让人放心的是，海尔SCRM会员大数据平台有着严格的消费者隐私保护与数据安全规范。其获取的数据来源于用户、服务于用户：来自用户在互联网上发表的公开信息，以及注册海尔会员时自主填写的信息。海尔分析这些数据的目的只有唯一的指向:预测用户需求,优化用户体验,就如帮助陈然省下四处寻找除 $PM_{2.5}$ 空调的时间。

来自美国的 Acxiom 公司是海尔 SCRM 会员大数据平台的主要运营服务商。成立于 1969 年的 Acxiom 是全球营销技术和服务领域公认的领导者,曾获得国际隐私专业人员协会(IAPP)所颁发的"隐私保护先锋奖"(Privacy Vanguard Award)。为更好地服务于中国区的客户,Acxiom 与 AMT——中国领先的"管理 + it"咨询服务机构进行战略合作,致力于通过先进的大数据平台帮助更多客户实现真正的个性化精准营销。

四、若环无端,莫辨首尾

伏尔泰曾说过:谁不具有他的时代之精神,将会经历他的时代的所有不幸。

第三次工业革命的浪潮将企业、用户都推到了网络化的浪尖。你无法改变风向,但可以调整风帆。

海尔将风帆指向了"网络化战略",与用户虚网互动、实网体验,打造出无边界的企业、无尺度的供应链,即平台型企业、大规模定制。

2012 年,海尔创新会员制,吸引用户自主注册,建立了一个精准细分、高活跃度的 SCRM 会员大数据平台。

这一大数据平台定位于与企业内部的全流程数据动态打通,以用户最佳体验为导向,驱动产品数据、销售数据、供应链数据、服务数据等全流程数据优化增值,同时与企业外部的全网络数据动态连接,最终形成全流程用户体验生态圈。

建平台获取数据不是目的,用平台黏住用户才是根本。

先有设计还是先有营销?先有销售还是先有服务?如果在一个基于大数据平台的网状节点组织里,这是在"为错误问题寻找正确答案"。

陈然在与"梦享 +"会员专线 400 - 999 - 8888 互动时,说他父母家用的是海尔燃气灶,但因为小区年代久,燃气不稳定,点火费劲。他听说海尔开发了零水压洗衣机,问能否开发零气压燃气灶。这一建议通过 SCRM 大数据平台传导到企划平台闭环优化。

海尔有一个营销理念:用户参与设计才是真正的营销。事实上,在 SCRM 大数据平台上与陈然的互动已经不只是精准营销,而是让用户参与设计,与用户分享价值。

易经乾卦:"群龙无首,吉。"闻一多在《古典新义》中说:"群龙无首,群,读为卷。"卷龙,分不出首尾,是吉利的象征。

陈然与基于大数据平台的开放的海尔网状组织任一节点接触,都将触发整张网络的联动。营销可以驱动企划,售后可以拉动售前,企业围绕用户精准服务,用户参与企业前端设计,内部与外部没有边界,员工与用户不分你我。

摘录自 http://blog.ceconlinebbs.com/BLOG_ARTICLE_241170.HTM

主要参考文献

[1] [美] 伯恩斯,布什. 营销调研 [M]. 6版. 于洪彦,金钰,译. 北京:中国人民大学出版社,2011.

[2] [美] 帕拉苏拉曼,格留沃,克里希南. 市场调研 [M]. 2版. 王佳芥,应斌,译. 北京:中国市场出版社,2010.

[3] [美] 迈克丹尼尔,盖兹. 市场调研精要 [M]. 范秀成,杜建刚,译. 北京:电子工业出版社,2010.

[4] [美] 萨德曼,布莱尔. 营销调研 [M]. 宋学宝,等译. 北京:华夏出版社,2004.

[5] [美] 麦克丹尼尔,盖茨. 当代市场调研 [M]. 李桂华,等译. 北京:机械工业出版社,2011.

[6] [美] 丘吉尔,拉柯布奇. 营销调研:方法论基础 [M]. 王桂林,赵春艳,译. 北京:北京大学出版社,2010.

[7] [美] 齐克芒德,巴宾. 营销调研精要 [M]. 应斌,王虹,等译. 北京:北京大学出版社,2010.

[8] [美] 谭,斯坦巴克,库马尔. 数据挖掘导论 [M]. 完整版. 范明,范宏建,等译. 北京:人民邮电出版社,2011.

[9] 侯贵生,罗玉婵. 市场调研实务 [M]. 武汉:华中科技大学出版社,2010.

[10] 雷培莉,姚飞. 市场调研与预测 [M]. 北京:经济管理出版社,2004.

[11] 黄孝俊. 市场调查分析 [M]. 杭州:浙江大学出版社,2002.

[12] 王峰,葛红岩. 市场调研 [M]. 上海:上海财经大学出版社,2013.

[13] 张梦霞. 市场调研方法与应用 [M]. 北京:经济管理出版社,2011.

[14] 欧阳卓飞. 市场营销调研 [M]. 2版. 北京:清华大学出版社,2012.

[15] 汤杰,郭秀颖. 市场调查与预测 [M]. 哈尔滨:哈尔滨工业大学出版社,2011.

[16] 范冰,范伟达. 市场调查教程 [M]. 3版. 上海:复旦大学出版社,2012.

[17] 陆军,梅清豪. 市场调研 [M]. 3版. 北京:电子工业出版社,2012.

[18] 王旭. 市场调研 [M]. 北京:高等教育出版社,2012.

[19] 王德章. 市场调查与预测 [M]. 北京:高等教育出版社,2013.

[20] 许以洪,石梦菊,李玉凤. 市场调查与预测 [M]. 2版. 北京:机械工业出版社,2015.

[21] 简明,金勇进,蒋妍. 市场调查方法与技术 [M]. 3版. 北京:中国人民大

学出版社, 2012.
- [22] 王璐, 王沁. SPSS 统计分析基础、应用与实战精粹 [M]. 北京: 化学工业出版社, 2012.
- [23] 倪雪梅. 精通 SPSS 统计分析 [M]. 北京: 清华大学出版社, 2010.
- [24] 张红坡, 张海锋. SPSS 统计分析实用宝典 [M]. 北京: 清华大学出版社, 2012.
- [25] 李洪成. SPSS 18 数据分析基础与实践 [M]. 北京: 电子工业出版社, 2010.
- [26] 张庆利. SPSS 宝典 [M]. 北京: 电子工业出版社, 2011.
- [27] 刘震. SPSS 统计分析与应用 [M]. 北京: 电子工业出版社, 2011.
- [28] 朱明. 数据挖掘导论 [M]. 合肥: 中国科学技术大学出版社, 2012.
- [29] 陈一君, 周永丽, 金小琴, 等. 市场调查与预测 [M]. 成都: 西南交通大学出版社, 2010.